GOLDMANN
ESOTERIK

Auf der Suche nach gangbaren Wegen der Selbstverwirklichung wenden sich heute immer mehr Menschen den alten meditativen Schulungswegen des Fernen Ostens zu. Nur den wenigsten ist allerdings bewußt, daß sich auch im Nahen Osten, der Wiege unserer eigenen Kultur, ein ausgefeiltes meditatives System entwickelt hat, dessen lange geheimgehaltene Lehren und Praktiken den spirituell Suchenden unserer Kultur erst heute zugänglich gemacht werden.

'Abd al'-Qadir as-Sufi, ein in England lebender und lehrender moderner Sufi-Meister, zeigt in diesem Buch, daß es – wie in anderen Weltregionen – auch im Islam die Mystiker waren, die die unverfälschte »innere« Lehre ihres Religionsstifters verwirklicht und bewahrt haben.

Qadir führt den deutschen Leser, der bisher nur wenig über die meditative Praxis der Sufis, der Mystiker des Islam, in Erfahrung bringen konnte, in diesem Buch erstmals in die Kosmologie und die grundlegende Lehre des sufischen »Pfades der Liebe« ein.

'Abd al-Qadir as-Sufi

DER PFAD DER LIEBE

Wesen und meditative Praxis der sufischen Mystik – eine Einführung in die »innere Lehre« des Islams.

GOLDMANN VERLAG

Titel der Originalausgabe: The Way of Muhammad
Einzig berechtigte Übersetzung aus dem Englischen
von Christian Quatmann.

Made in Germany · 7/86 · 1. Auflage
Lizenzausgabe mit Genehmigung des Otto Wilhelm Barth Verlags
im Scherz Verlag, Bern und München

Umschlaggestaltung: Design Team München
Druck: Elsnerdruck, Berlin
Verlagsnummer: 11773
CG · Herstellung: Sebastian Strohmaier
ISBN 3-442-11773-9

Inhaltsverzeichnis

بسم الله الرحمن الرحيم

»Wenn du dich auf eine Reise machst,
so wirst du ans Ziel gelangen –
und möge Allah, Er sei gepriesen,
dich und uns geleiten!«

Schaich al-Akbar,
Die Mekkanischen Offenbarungen

Die Überlieferungskette (ar. isnâd) der Tarîqa

Der Qutb des Universums, der Schaich al-Kâmil,
Sajjidina asch-Schaich Muhammad ibn al-Habîb
Sidi Muhammad ibn 'Alî
Sidi al-'Arabî al-Huwârî
Sidi Muhammad al-'Arabî
Sidi Ahmad al-Badawî
Sidi Mawlajj al-'Arabî ad-Darqawî
Sidi 'Alî al-Dschamal
Sidi al-'Arabî ibn 'Abdullâh
Sidi Qâsim al-Khassasî
Sidi Muhammad ibn 'Abdullâh
Sidi 'Abdur-Rahmân al-Madschdhûb
Sidi 'Alî ad-Dawwâr
Sidi Ibrâhîm al-Fahham
Sidi Ahmad Zarrûq
Sidi Ahmad al-Hadramî
Sidi Jahjâ al-Qadîrî
Sidi 'Alî Wafa'
Sidi Muhammad Wafa'
Sidi Dâwûd al-Bachilî
Sidi Ahmad ibn 'Ata-illâh
Sidi 'Abdu'l 'Abbâs al-Mursî
Sidi Abu'l Hasan asch-Schadhilî
Sidi 'Abdu's-Salâm ibn Maschîsch
Sidi Muhammad ibn Harazim
Sidi Muhammad Sâlih
Sidi Abû Madjân al-Ghawth

Mawlana 'Abd al-Qadîr al-Dschilânî
Sidi Abû Sa'd al-Mubârak
Sidi Abu'l-Hasan al-Hakkarî
Sidi at-Tartusî
Sidi asch-Schiblî
Der Imâm al-Dschunaid
Sidi as-Sarî as-Saqatî
Sidi Ma'rub al-Charkî
Sidi Dâwûd at-Ta'î
Sidi Habîb al-'Adschamî
Sidi Hasan von Basra
Sajjidina 'Alî ibn Abî Tâlib, möge Allah mit ihm zufrieden sein und seinem Gesicht Ehre erweisen.
Der Meister des ersten und des letzten, möge Allah ihn segnen und ihm Frieden gewähren.
Sajjidina Dschibrîl, (Gabriel) der vertrauenswürdige Engel.
Der Eine, dessen Erhabenheit majestätisch ist und dessen Namen und Attribute gänzlich rein sind, der Herr der Welten.

1. Bejahung der Einheit

Es gibt nur eine Methode, der sufischen Erfahrung näherzukommen, und die besteht darin, bei Null anzufangen, das gesamte Weltbild und die Werte-Struktur aufzugeben, die dich bis jetzt geformt haben und die ausschließlich das Ergebnis deiner sozialen und geschichtlichen Prägung sind, welche du mit Millionen anderen Menschen gemeinsam hast, gleich, welche Individualität du in deiner Überlegenheit über jene oder einfach im Gegensatz zu jenen Millionen anderer zu besitzen glaubst. Du hast eine Vorstellung davon, wie die Dinge sind und wie du bist, wie die Dinge sein sollten und wie du sein solltest. Zwischen dich und die Wirklichkeit ist eine mechanisch arbeitende, sich ständig umformende Verbegrifflichung der Lebensvorgänge eingeschoben, die, gemischt mit deinen persönlichen emotionalen Reaktionen auf Ereignisse und andere Menschen, das erst schafft, wovon du glaubst, daß es »du« oder »deine Welt« sei.

Man muß jegliche Vorstellung von einem »Gott« als Erklärung der menschlichen Existenz oder als Schauplatz der Lebens-Erfahrung außer acht lassen. »Religion« als Erklärung oder Schauplatz ist gleichermaßen falsch. Tatsächlich bedeutet die Verwechslung des Namens mit der benannten Sache, des Begriffs mit dem, wofür er steht, die Unmöglichkeit, Zugang zu Tasawwuf zu gewinnen. Phantasiegebilde wie Geschichte, Klasse oder Individualität, die sich heutzutage in den Köpfen der Menschen zu dynamischen Realitäten verdichtet haben, muß man gänzlich beiseitelassen.

Das Subjekt von *Tasawwuf* – dem Sufismus – bist du.

Das Subjekt von Tasawwuf ist die Wirklichkeit.

Laßt uns von vorne anfangen.

Die ganze Geschichte beginnt und endet mit einer Bejahung des Einen.

Aber – wirst du sagen – ich bin ein anderer, es gibt »zwei«, »drei«, »viele«. Johannes ist nicht Arthur und auch nicht Margarethe oder Anna. Genauso ist es. Gerade aufgrund dieser Vielfalt der Erfahrungswelt gibt es die Wissenschaft von der Einheit. Darin ist folglich die Behauptung eingeschlossen, daß du in deinem jetzigen Zustand nicht das Wesen des Mensch-Seins verstehst. Dein jetziger Zustand ist wie ein chronisches Fieber, eine ständige Halluzination. Der Dinge sind viele, sie sind einander fremd, und jedes ist in sich beständig. Tatsächlich gibt es keine Kontinuität, und dennoch beharren wir darauf. Nach einer traumlosen Nacht bin ich heute derselbe, der gestern hier war – jedenfalls bestätigt das jeder in seinem heutigen »Traum«. Sonst wäre ich verrückt.

Das griechische Wort *idiotiki* heißt »privat«. Meine Wirklichkeit wird durch die anderen abgesichert, daher existiere ich. Es sei denn, sie sind nur in meinem Traum. Jedoch wenn ich träume, erscheinen die Gegenstände schemenhaft, im »Wachsein« dagegen sind sie greifbar und deshalb »wirklich«. Wirklich bedeutet greifbar. Aber in meiner Wirklichkeit gibt es Physiker, die mir erzählen, daß jene Greifbarkeit für sie keine Wirklichkeit hat. Wiederum entzieht sich mir das Gegenständliche, und man beweist mir die Nichtigkeit der Formen. So bleibt mir nichts übrig, als mich an eine »geistige Wirklichkeit« zu klammern in einer Welt sich auflösender Formen, von der jene Physiker behaupten, sie sei nur dynamischer Raum. Die Informationen über meine »wirkliche Welt« haben sich als sehr eigenartig und widersprüchlich erwiesen – gelegentlich mit einem ironischen Beigeschmack. Die Person, welche mir die Welt zugewiesen hat, um meine innere Not zu besänftigen, ist – wie ich feststellen muß – in einem noch desolateren Zustand als ich selbst. Genau dieses Subjekt versucht Tasawwuf anzusprechen.

Wenn dich also danach verlangt, die Wirklichkeit zu erkennen, mußt du dich selbst erkennen.

Du bist der Schlüssel, der einzige Schlüssel zur Wirklichkeit. Du bist nichts anderes als ein Spiegel der Wirklichkeit.

Es genügt zu spiegeln.

Aber deine Angst – vor dem, was am Horizont ist und in dir selbst – schneidet dich ab von innerer Ruhe und klarer Widerspiegelung. Dein Verlangen drängt auf beruhigende Gewißheiten wie: »Es ist alles absolut sicher, alles ist wirklich in Ordnung, ich existiere.« Gewißheiten haben im Augenblick keine Bedeutung. Laßt uns dennoch eine Möglichkeit näher betrachten.

Die Möglichkeit besteht darin, daß es jemanden gibt, dem man hinsichtlich der sehr drängenden Frage nach dem Sinn des Lebens vertrauen kann. Da wir selbst in dieser Hinsicht nicht vertrauenswürdig sind, muß es sich dabei um eine ganz spezielle Art von Person handeln. Wie müßten die Fähigkeiten eines Menschen aussehen, dem man in dieser Angelegenheit vertrauen könnte? Es gibt nur eines, was ihn als »Experten« ausweisen könnte, und das wäre sein Wissen darum, wie er sein Leben gänzlich erfüllt, in strahlender, überströmender Heiterkeit leben könnte. Diese Heiterkeit würde der Gemeinschaft um ihn herum ebenso alle Entfaltungsmöglichkeiten belassen, wie sie den für seinen eigenen Seelenfrieden notwendigen inneren Raum zu behaupten wüßte.

Genau wie in Kurosawas Legende *Rashomon* befinden wir uns in einem Dilemma. In dieser Geschichte ist eine Frau vergewaltigt und getötet worden. Jeder Zeuge erzählt, was passiert ist. Doch jeder liefert nur eine Version des Vorfalls, wie er ihn subjektiv erlebt hat. Jede Geschichte widerspricht letztlich der vorhergehenden. Der Liebende, der Bandit, die Ehefrau – jeder ist in seiner privaten Phantasie befangen und besteht darauf, das Leben so zu interpretieren, daß er seine Selbstachtung aufrechterhalten kann. Schließlich erzählt ein alter Holzfäller, der »außerhalb« des Geschehens steht, was wirklich passiert ist. Aber zu diesem Zeitpunkt wagt der

Mann, der die Wahrheit herauszufinden suchte, nicht mehr, irgend jemandem zu glauben; er hat doch reichlich Beweise dafür, daß die Leute nur ihre eigene Version von Ereignissen wahrhaben wollen.

Als der Holzfäller das Dilemma des Mannes sieht und was es aus ihm gemacht hat – er glaubt nicht mehr an die menschliche Existenz als dynamisch funktionierende Wirklichkeit, sie hat sich vielmehr als zerstückelte, subjektive, in ständigem Wechsel begriffene Lüge erwiesen –, bricht der Holzfäller zusammen und weint. Menschlich gesehen ist es das einzige, was er tun kann: sich völlig dem Mann zu öffnen, jegliche Vorstellung von Getrenntheit, Interesse, Heuchelei abzulegen – nur aufzugeben, ohne Widerstand gegen diesen Augenblick und seine einfache Wahrheit: seine Geschichte. Daraufhin weiß der Mann, daß auch er den Widerstand aufgeben muß, er muß seinen Zweifel und sein Mißtrauen und sogar seine eigene Erfahrung abstreifen. Irgendwie ist die Kontinuität des Lebens verloren, solange es nicht zu einer Bejahung dieser Begegnung und ihrer Wirklichkeit kommt. Und die beiden Männer weinen. Sie haben den Augenblick gekostet.

Genau an diesem Punkt beginnt die Tasawwuf-Erfahrung. Sie beginnt mit der Aufgabe aller eitlen Vorstellungen davon, daß es möglich ist, einen Weg aus den Widersprüchen und Schmerzen des gelebten Lebens zu erdenken oder fühlend zu entdecken. Und diese Unterwerfung gilt, während sie sich empirisch an den Schaich richtet, in Wahrheit dem Propheten, Muhammad, der genau zu dem Zweck gesandt ist, dir zu sagen, wie die Wirklichkeit ist.

Was es uns ermöglicht, seine Sendung zu akzeptieren, sind eben genau seine profunde Menschlichkeit, seine abgrundtiefe seelische Intaktheit und seine Uneigennützigkeit.

Und ich schwöre, bei dem, was ihr schaut
Und was ihr nicht schaut,
Siehe, es ist wahrlich die Rede eines edeln Gesandten,

Und nicht ist's die Rede eines Poeten. Wenig ist's, was ihr glaubt.
Und nicht ist's eines Wahrsagers Wort. Wenig ist's, an was ihr euch mahnen lasset.* (Koran 69.38–42)

Bei der Feder und was sie schreiben,
Du bist nicht, bei der Gnade deines Herrn, besessen!
Und siehe, dir wird wahrlich ein unverkürzter Lohn,
Und siehe, du bist wahrlich von edler Natur,
Und du sollst schauen und sie sollen schauen,
Wer von euch der Verrückte ist. (Koran 68.1–5)

Mu'adh ibn Dschabal sagte: »Der Gesandte Allahs gab mir einen Befehl und sagte: ›Oh Mu'adh, ich befehle dir, Allah zu fürchten, die Wahrheit zu sagen, den Eid zu halten, in deinen Handlungen loyal zu sein, falsche Handlungen zu unterlassen, für deinen Nachbarn zu sorgen, Mitleid mit den Waisen zu haben, zurückhaltend in der Rede, großzügig in der Austeilung von Grüßen zu sein, gute Taten zu tun, deine Erwartungen zu beschränken, an der Lehre festzuhalten, den Koran zu studieren, das Leben jenseits dieser Welt zu lieben, bezüglich des Letzten Gerichts auf deiner Hut und in deinen Handlungen demütig zu sein. Ich verbiete dir, die Kenner des Korans zu schmähen, einen ehrlichen Mann der Lüge zu bezichtigen, einem Mann schlechter Handlungen zu gehorchen, einem gerechten Mann den Gehorsam zu verweigern, ein Land ins Chaos zu stürzen; und ich befehle dir, Allah angesichts jedes Steines, Baumes oder Dorfes zu fürchten und Reue zu zeigen für jede falsche Handlung, sei sie geheim oder öffentlich.‹«

An dieser Stelle tauchen Forderungen auf, die ganz eindeutig keinen Sinn ergeben: Furcht vor Allah, Liebe zum Leben jenseits dieser Welt, auf der Hut zu sein bezüglich des Letzten Gerichts, Reue für falsche Handlungen zu zeigen.

* Für Zitate aus dem Koran wurde die Übertragung aus dem Arabischen von Max Henning herangezogen, erschienen bei Philipp Reclam jun., Stuttgart 1960.

Ist es denn nicht sicher, daß wir von Furcht frei sein und sie nicht einfach in eine Gottes-Idee hineinprojizieren und ihr einen Namen geben wollen? Was liegt jenseits dieser Welt? Soweit wissen wir darüber nichts. Welches Letzte Gericht? Diese Reue klingt doch gewiß nach Schuld?

An diesem Punkt müssen wir uns davor hüten, genau die Werte-Struktur, derer wir uns ja entledigen wollten, weiter mit uns herumzuschleppen und sie genau in diesem Stadium vorgetäuschter Klarheit und Vorurteilslosigkeit wiederum anzuwenden. Wenn der Gegenstand von Tasawwuf Sünde und Buße und der gesamte Schuld-Mechanismus ist, den der moderne Mensch vernünftigerweise entschlossen ist abzuschütteln, dann sind wir wieder am Ausgangspunkt angelangt. In diesem Stadium unserer Untersuchung sind wir uns also schon darüber im klaren, daß die Schuld/Erlösungs-Sprache des Christentums für eine hoffnungslose Dialektik steht, welche einer Neurose übergestülpt ist, anstatt sie bloßzulegen. Sei dem, wie es wolle, wir jedenfalls wollen nun diese verwirrende Sprachgewohnheit beiseitelassen und einmal sehen, was wir mit den verbleibenden Geboten anfangen können. Abgesehen von diesen gerade genannten subjektiven und augenscheinlich »religiösen« Vorschriften, sind alle übrigen von zwischenmenschlichem Interesse und von Güte diktiert. Ein Mensch mit solchen Eigenschaften verdient gewiß, daß wir ihm offen gegenübertreten und ihn nachahmen. Laßt uns ein wenig näher auf den Charakter dieses Menschen, Muhammad, eingehen.

Sein Name bedeutet der Lobenswerte.

Muhammad war nachsichtig, ehrlich, gerecht und keusch. Seine Hand berührte niemals die Hand einer Frau, über die er keine Rechte hatte, mit der er keine intime Beziehung unterhielt, von Gesetzes wegen keine Ehe eingehen konnte. Er war der denkbar großzügigste Mann. Am Ende des Tages hatte er weder eine Dinar noch einen Dirham in der Tasche. Hatte er doch etwas übrig, und niemand war da, dem er es hätte geben können, weil die Nacht zu plötzlich hereingebrochen war, so ging er nicht nach Hause, bevor er nicht seinen Überschuß einer bedürftigen Person gegeben hatte. Er wurde niemals um etwas gebeten, ohne dem Bittsteller zu willfahren. Den Bedürftigen stellte er über sich und seine Familie, und so kam es, daß sein Kornvorrat für das Jahr oftmals vor dem Ende des Jahres erschöpft war. Er selber flickte seine Sandalen und Kleider, übernahm Aufgaben im Haushalt und aß gemeinsam mit seinen Frauen. Er war scheu und starrte anderen Leuten nicht ins Gesicht. Er akzeptierte die Einladung von Sklaven und Freien gleichermaßen und nahm Geschenke an, gleichgültig, ob es sich um einen Schluck Milch handelte oder um ein Kaninchenbein; andererseits trug er gelegentlich aus Hunger zwei Steine um die Magenpartie gebunden.

Er aß, was gerade da war, und enthielt sich keiner erlaubten Speise. Er nahm das Essen nicht liegend zu sich. Er besuchte Feste, ging zu Kranken, nahm an Begräbnissen teil und bewegte sich ohne Wache unter seinen Feinden. Er war der demütigste Mann, der schweigsamste, ohne beleidigend zu wirken, und der beredsamste, ohne langatmig zu sein. Er war ständig frohgemut, ohne sich von den Affären der Welt beeindrucken zu lassen. Er ritt zu verschiedenen Zeiten ein Pferd, ein männliches Kamel, ein Maultier, einen Esel; je nach Situation ging er barfuß und barhäuptig. Er liebte Wohlgerüche und ekelte sich vor Gestank. Er saß bei den Armen und aß mit ihnen. Er tyrannisierte niemanden und akzeptierte die Entschuldigung desjenigen, der um Vergebung bat.

Er machte Späße, aber er sprach immer die Wahrheit. Er lachte, brach jedoch niemals in unkontrolliertes Gelächter aus. Seine Mahlzeiten und seine Kleidung waren nicht besser als die seiner Sklaven. Das Verhalten dieses makellosen Menschen-Führers war nicht durch Erziehung in ihn gelegt. Er konnte weder lesen noch schreiben, er wuchs gemeinsam mit Schafhirten in einem von dem Wissen der »zivilisierten« Welt unberührten Land auf und war ein Waise ohne Vater und Mutter. Er weigerte sich, seinen Feind zu verfluchen, und sagte: »Ich bin gesandt, um zu vergeben, nicht, um zu verfluchen.« Verlangte man von ihm, er solle jemandem Schlechtes wünschen, so segnete er den Betroffenen statt dessen.

> Anas ibn Mâlik, sein Diener, sagte: »Er sprach mir gegenüber niemals die mißbilligende Frage aus: ›Warum hast du das getan?‹ Darüber hinaus kam es nie vor, daß seine Frauen mich getadelt hätten, ohne daß er sagte: ›Laßt es gut sein. Es sollte so passieren‹.«

Wenn ein Bett da war, schlief er darin, war keines da, so legte er sich auf die nackte Erde. Er war immer der erste, der seinen Gruß anbot. Reichte er jemandem die Hand, so ließ er niemals zuerst die Hand seines Gegenüber los. Er stellte einen Gast über die eigene Person und bot diesem solange das Kissen an, auf dem er normalerweise ruhte, bis der andere es annahm. Seine Genossen nannte er bei ihrer *Kunja* (ehrender Beiname), um ihnen derart Ehre zu erweisen, und die Kinder ebenfalls, um ihre Herzen weich zu machen. Streit gab es nicht in seiner Gegenwart. Er sprach nur die Wahrheit. In Gegenwart seiner Genossen war er derjenige, der am meisten lächelte und lachte; er zollte dem, was sie sagten, Bewunderung und verhielt sich wie ihresgleichen. Niemals hatte er an seinem Essen etwas auszusetzen. Wenn es ihm schmeckte, aß er es, wenn nicht, dann verzichtete er darauf. Wenn es ihm nicht schmeckte, verdarb er jedoch nicht anderen die Freude daran. Sehr scharfe Speisen aß er nicht, und er aß, was er vor sich auf dem Teller hatte, innerhalb seiner Reichweite; dabei benutzte er drei Finger. Den Teller säuberte er mit den Fingern, und dann sagte er: »Der letzte Brocken ist besonders gesegnet.« Er wusch seine Hände nicht, bevor er nicht sämtliche Speisereste von ihnen abgeleckt hatte. Milch nahm er in einem Zug zu sich, während er Wasser nur schluckweise trank.

Sajjidina 'Alî, sein engster Vertrauter, sagte: »Unter allen Menschen war er am großzügigsten, offenherzigsten, wahrheitsgetreuesten und zuverlässigsten; er hatte den angenehmsten Charakter und zeigte gegenüber seiner Familie wahren Edelmut. Wer immer ihn unerwartet sah, empfand Ehrfurcht vor ihm, und wer immer mit ihm vertraut war, liebte ihn.«

Er selber sagte: »Ich bin al-Qautham«, was soviel heißt wie: »Ich bin der vollkommene, fehlerfreie Mensch.«

Es ist dieser Mann, an den wir uns wenden in unserem Versuch, die Erfahrung des Tasawwuf zu verstehen, die Wissenschaft vom Selbst. In unserer Unterwerfung unter den Schaich unterwerfen wir uns dem Mann, der selber all jene Aspekte seines Verhaltens gemeistert hat, die nicht in Übereinstimmung mit der »Unermeßlichkeit seiner Selbst-Form« waren, welche die des Propheten ist. Wir begehen keine Fehler und bleiben innerhalb des Bereichs existentieller Erkenntnis. Der Prophet soll weder angebetet, vergöttlicht noch in ein Symbol verwandelt werden. Wir akzeptieren ihn als jemanden, der das So-Sein der Dinge bezeugt, als eine vollkommen offene Person, die sich in fließender, harmonischer Übereinstimmung mit dem gelebten Leben befindet und es von innen wie von außen kennt.

Einmal kam ein Mann zu ihm, den seine Gegenwart in einen Zustand übermäßiger Ehrfurcht versetzte und der ihm gegenüber unterwürfig wurde. Er sagte zu ihm: »Beruhige dich, ich bin kein König; ich bin nur der Sohn einer Frau der Quraisch, der getrocknetes Fleisch ißt.« Wurde er beim Namen genannt, so lautete seine Antwort: »Zu Diensten.« Der Schaich ist einfach der Mann, der seine Selbst-Form völlig aufgegeben hat und umgeben ist von der Aura dieses makellosen Verhaltens. Der Prophet hatte gesagt: »Ich bin gesandt, um die edlen Eigenschaften des Charakters zu vervollkommnen.«

Es ist von grundlegender Bedeutung, diese Ausgangsposition festzuhalten. Wir sehen nicht klar, wir wissen nicht, was passiert, wir sind auf der Suche nach einem vertrauenswürdigen Zeugen für das Ereignis Leben. Irrsinnige, Dichter und Okkultisten haben wir aufgrund unserer Vernunft als Zeugen abgelehnt: Der Zeuge muß ohne egoistische Interessen sein, und er muß im Besitz der höchsten gesellschaftlichen und menschlichen Qualitäten sein. Es genügt nicht, daß er ein irgendwie überlegenes, mit Macht begabtes Individuum sei, z. B. yogische Kontrolle über Körper und Geist hat; wesentlich ist, daß er gänzlich in Frieden lebt und daß er diesen Frieden in die gesellschaftliche Umgebung, die Alltagswirklichkeit des Menschen, hineinträgt und so in ihr leben kann. In dem Propheten der Wirklichkeit, Muhammad, Friede sei mit ihm, begegnen wir einem Mann mit all diesen Eigenschaften. Er hat ein Buch hinterlassen, den Koran, und bisher haben wir die Bedeutung und Gültigkeit dieses Buches noch nicht befriedigend erklärt – im Augenblick beharren wir auf einem eher existentiellen Zugang zu dem, was wir suchen. Wir halten uns an den Mann. Er hat unsere eigene Erkenntnis bestätigt, nämlich, daß wir weit davon entfernt sind, die Wirklichkeit zu verstehen, aber dennoch müssen wir irgendwie soviel Vertrauen aufbringen, daß wir an seine Heiterkeit und seine tiefe Menschlichkeit glauben. Er hat gesagt: »Der Mensch lebt wie im Schlaf, und wenn er stirbt, erwacht er.« Dies bestätigt nur unsere ursprüngliche Erfahrung, Schlafwandler zu sein, unerwacht gegenüber dem wahren Geschmack des Lebens, und die Aussage enthält keinen Trost und könnte ein bloßer Römischer Zynismus sein. Dennoch, es gibt einen anderen auf uns gekommenen Ausspruch von ihm, der lautet: »Stirb, bevor du stirbst!«

Daraus folgt, daß es eine Wissenschaft vom Erwachen noch in der Welt der Körper gibt.

Aber der Gesandte starb vor vierzehnhundert Jahren, und das Buch, das er hinterlassen hat, sieht den anderen auf den ersten Blick verdächtig ähnlich; und wir hatten doch einen

Punkt erreicht, wo nur die unmittelbare Erfahrung uns noch würde überzeugen können. Genau an dieser Stelle eröffnet sich das Grundelement der Lehre des Tasawwuf: die Übertragung.

Unser Anliegen ist die Veränderung des Selbst, die Unterwerfung des Selbst, der Friedensvertrag mit unseren widerstreitenden Kräften – und wir haben verstanden, daß unsere Selbst-Form sich nicht um die Vernunft schert, und noch schlimmer, sie weist sogar eine besonders gefährliche Fähigkeit zur Selbst-Zerstörung auf.

Das Leben kann in seinen beiden Extremen entweder organisierter Selbstmord oder ein endloser Dämmerzustand sein.

Rational aufbereitete Aufklärung kann folglich bestenfalls eine Projektions-Fläche für dieses selbstzerstörerische, in Selbstbetrug befangene Etwas – das Selbst abgeben. Genau das Wissen darum, was falsch ist, scheint die Hoffnungen, mit denen wir es ausstatten, zu betrügen, und anstatt uns zu befreien, hält es uns nur um so mehr gefangen und lähmt uns, und eben gerade die Ausweglosigkeit unserer Selbst-heit, von der wir glauben, daß wir sie endlich sehen, bringt uns knirschend in einem Zustand unentrinnbarer Selbst-Bewußtheit zum Stehen – zu Eis erstarrt. Worin besteht denn dann die Methode des Friedenspropheten oder, wie er sich selbst vorzugsweise nennt, des Propheten der Unterwerfung?

Er ist einfach da, und er fordert die Menschen auf, ihm zu folgen, bei ihm zu sein und zu leben, wie er lebt. Das ist alles – oder scheint jedenfalls alles zu sein. Doch es ist tatsächlich alles.

Er hat gesagt: »Wenn ein Mann bei einem Volk lebt, wird er ein Teil davon«, und ebenfalls: »Ein Mann schließt sich dem Lebensstil seines Freundes an, daher achte ein jeder von euch darauf, wessen Gesellschaft er wählt.« Wir wissen schon in unserem barbarischen Zustand, daß ein Mann, sperrt man ihn zusammen mit Irren in einen Raum, höchstwahrscheinlich in seiner Selbst-Erfahrung ebenfalls in Fragmente zerbrechen wird; und wenn er sich der Gesellschaft von Fixern aussetzt, wird er über kurz oder lang den entsprechenden Gewohnheiten unterliegen; noch deutlicher ausgedrückt: Ein Mann wird mit seinem Eintritt in die Armee zum Soldaten. Er wird in die entsprechende Form »gedrillt«, die Selbst-Form wird umstrukturiert und in einem Sinne gefestigt, der als männlich, heroisch und brutal gilt.

Ein Mann, der die Gesellschaft von Frauen vorzieht und die Gegenwart von Männern meidet, wird, auch wenn er sich sexuell ausdrücklich als Mann zeigt, dennoch in subtiler Weise eine weibliche Selbst-Form und das entsprechende Verhalten annehmen. Oder um ein noch enger gefaßtes Beispiel zu geben: wenn du mit jemandem, der wütend ist, in einem Raum bist, wirst du auf die eine oder andere subtile Weise an dem Gemütszustand jener Person teilhaben. Entweder du gehst in die »Defensive«, oder du greifst den anderen wegen seiner Wut an. Bist du mit einem Depressiven zusammen, so bist du entweder ebenfalls depressiv, oder du fühlst dich irgendwie herausgefordert, dem Sumpf des alles verschlingenden Energie-Tiefstands einer solchen Person einen Widerstand entgegenzusetzen; entweder wirst du gleichfalls depressiv werden oder im Gegenteil aus Opposition besonders aufgekratzt. Mit anderen Worten, es herrscht ein ständiger Austausch hinsichtlich der Energie-Formen des Selbst, und sie kämpfen miteinander auf der sozialen genau wie auf der innerpsychischen Ebene. Ist das Verhalten von außen kontrolliert, so kommt immer ein Punkt, an dem von innen her ein Ausbruch erfolgt, sobald die äußere Situation es zuläßt.

Nun können wir von der umkämpften Position des Selbst aus, wie wir es vorfinden, nichts anderes tun, als uns darüber im klaren zu sein, daß es zu seinem innnersten Wesen gehört, den Kampf fortzusetzen, das Ende der Feindseligkeiten zu sabotieren; denn es gedeiht nur im Kampf und scheint aus seiner eigenen fortgesetzten Selbstzerstörung seine Lebenskraft zu beziehen. Das bedeutet, daß das Selbst geradezu den Umgang sucht, der es ständig in einem Teufelskreis des Leidens gefangenhält. Wenn du den Wunsch nach Bestrafung hast, wirst du nicht ruhen, bis du deinen Peiniger gefunden hast. Du magst eine Vielzahl von Versuchen anstellen, in dem verzweifelten Verlangen zu beweisen, daß du »raus« willst, aber sieh doch einmal, welch grausames Schicksal dir immer wieder einen destruktiven Partner zuspielt. Mit anderen Worten, für das umkämpfte Selbst stellt sich der andere mit ziemlicher Sicherheit als der Feind heraus, und die Hölle werden letzten Endes immer die anderen Leute sein.

Um zu unserem Ausgangspunkt zurückzukehren; wir waren uns darin einig, daß, nachdem wir das Selbst als eine Endlos-Schleife wiederholter Kämpfe erkannt haben, wir mit dem ganzen Leidens-Spiel Schluß machen müssen, um die tiefe, grundlegende seelische Gesundheit wiederzufinden, die wir so sehr ersehnen und welche wir nur in dieser uneingeschränkt ausgeglichenen Figur des Muhammad, Friede sei mit ihm, erkennen können. Wir möchten, um es so zu sagen, unsere Muhammad-Natur wiederherstellen. Das Mittel dazu ist die Übertragung.

Es genügt, einfach mit jemandem dazusitzen, damit die Übertragung stattfinden kann. Anstatt weiterhin Partner für den Kampf und für neuen Schmerz zu suchen, wenden wir uns jetzt an den Schaich, der in vollkommenem Frieden mit sich ist, völlig abgewandt von all dem Zittern in uns und gänzlich enthaltsam bezüglich Lob und Tadel, den beiden Drogen, von denen das Überleben unseres Selbst abhängt. »Der Schaich ist ansteckend«, sagte ein Schüler des Schaich al-Kâmil. Wenn du in der Sonne sitzt, wirst du von ihr gebräunt, das genügt. Im Augenblick wissen wir nicht, warum; wir haben noch keine Wissenschaft, die uns sagt, warum und wie das alles vonstatten geht; jedenfalls ist dieser Standpunkt sicherlich nicht in Übereinstimmung mit der etablierten mechanistischen Psychologie, die zurückzulassen uns so schwerfällt; denn sie ist eine Psychologie, die auf genau der Dialektik basiert, die uns zu Gefangenen macht.

Der Schaich ist nur das lebendige Vorbild – er ist kein Prophet, denn die Botschaft ist schon verkündet. Dennoch könnte man sagen, er *ist* die Botschaft. Er ist ein Koran und ein *Furqân* (Unterscheidender). Er ist eine Ansammlung von Formen, ein Vereiniger, und er ist ein Trenner, ein Unterscheider, jemand, der seine Wahl trifft, der auswählt und verwirft, ohne inneren Kampf.

Wir müssen unsere Vorstellung von dem ganzen quacksalberischen, projektiven Autoritäts-Konzept des Guru reinigen, das in unserer Gesellschaft so vorherrschend ist. Der Schaich ist nicht, und das sei ein für allemal klargestellt, ein Super-Führer, eine Machtfigur, eine Autorität. Er wird dir nicht sagen, wie du dein Leben leben sollst, welches Haus du kaufen und welchen Job du annehmen sollst, obwohl er über diese Dinge sehr wohl Bescheid wissen mag. Er übernimmt in keiner Weise die Last deiner Probleme, und zwar genau deshalb, weil vom Standpunkt seiner tiefen seelischen Gesundheit aus diese Probleme gar nicht existieren. Er ist bloß ein Spiegel, in dem du vielleicht, wenn du die nötige Geduld aufbringst, schließlich dich selbst siehst. Er besitzt Offenheit und Leere. Er hat seine Kreatürlichkeit einschränkungslos akzeptiert, sein zunehmendes Alter, den Wechsel der Jahreszeiten und die Monotonie der Tage, die alle einander gleichen. Und aus diesem Grunde ist er gänzlich von uns abgewandt; er grüßt uns, er gibt uns zu essen und erteilt uns seinen Rat, aber er wird davon nicht absorbiert, für ihn gibt es kein »Ja« auf unser »Nein« und keine Zurückweisung unseres »Ja«. Auf eine bestimmte, beinahe beleidigende und beängstigende Art und Weise nimmt er uns kaum zur Kenntnis. Wir könnten ihn töten. Das ist ihm wirklich egal! Was geht dann aber in diesem Mann vor sich? Aus unserer angekränkelten Sicht scheint er über ein Super-Abwehr-System zu verfügen, um das wir ihn beneiden können. Er ist unangreifbar, wir sind verletzlich. Er gewinnt, wir verlieren.

Wir sehen die Dinge immer noch so. Daher beschließen wir, ihn zu imitieren. Wir gehen zu dem Meister im Fechten, um das Töten zu lernen, und wir erkennen nicht, daß er uns lehrt, ohne es auszukommen.

Was tut er denn nun eigentlich? Welche sind die Mittel seiner unbeugsamen Kraft? Sie sind, was uns nicht weiter überrascht, einigermaßen verwirrend. Erstens schläft der Schaich überhaupt nicht oder nur sehr wenig, vielleicht allerhöchstens zwei oder drei Stunden. Lassen wir einmal dieses Ergebnis von Jahren harter Arbeit außer acht, dann können wir nicht umhin einzusehen, daß jenes Erwachen, von dem der Prophet der Unterwerfung sprach, nicht ein beliebiger innerer Bewußtseinszustand war, sondern Bewußtsein schlechthin.

Seine Existenz richtet sich auf einen »Gegenstand« – er befindet sich in einem konstanten Zustand der Bewußtheit, der Sammlung, oder man könnte auch sagen Er-innerung; denn er ist da, er existiert vor unseren Augen, und er er-innert die Fülle, indem er sie in sich hineinnimmt. Seine Wirklichkeit besteht darin, daß er sich in permanenter, unaufhörlicher Kommunikation mit der Wirklichkeit selbst befindet. Er hat das Selbst unterworfen, der Kampf ist vorüber, und dennoch ist da jemand – ein Mann, der ein wenig ißt und schläft, redet und dasitzt. Wenn jedoch seine Selbst-Form weiterhin existiert, dann nur, indem sie alles in sich aufnimmt, nichts ausschließt und alles umfaßt. Wir behandeln ihn als Meister und erweisen ihm äußerste Ehrerbietung, jedermann verbeugt sich vor ihm, und er sieht das alles, und es ist ihm völlig gleichgültig. Die Leute fallen über ihn her und kritisieren ihn, sie klagen ihn des Betrugs an, und ihm ist das völlig egal. Er ist Meister – aber er ist das nur auf der Grundlage einer absolut gegenteiligen Haltung – er ist Sklave.

Er ist nicht unser Sklave oder irgend jemandes Sklave oder der Sklave irgendeiner Sache. Er ist der Sklave des »Es«, genau dieser Wirklichkeit, die wir kennen und erfahren wollen. Er hat sein »Ich« unterworfen und das »Er« inthronisiert, für die Araber das Pronomen der Abwesenheit. Ständig bezeichnet er die Wirklichkeit, seine Wirklichkeit, als »Er«. Er ist eine Anwesenheit, die eine Abwesenheit anspricht, und dennoch erfahren wir ihn innerlich als eine Abwesenheit, die eine Anwesenheit zum Ausdruck bringt. Er ist die Versklavung in Perfektion. Er ist gebunden, gänzlich eingeschränkt, ohne Wahl, hilflos, gehorsam. Er tut, was zu tun ihm befohlen ist. Er beugt und wirft sich zu Boden vor dieser Wirklichkeit, er ruft ihren Namen Tag und Nacht, er bittet und bittet – aber niemals um dieses oder jenes, niemals um Formen. Er bittet um dieses Nicht-Ding, dieses strahlende Nichts, das die Myriaden von Formen hervorgebracht hat; er bittet immer wieder um dieses »Es«, und er erhält genau das »Es«, welches er erfleht hatte; daher sehen wir ihn immer ausgefüllt und zufrieden. Er mag krank sein oder Schmerzen leiden, er mag abgebrannt sein, aber er ist zufrieden, alles ist ihm wohlgefällig; denn anscheinend kommt jenes Fließen des »Es« in all diesen offenkundig negativen Ereignissen niemals zu einem Stillstand. Noch befremdlicher ist für uns die Tatsache, daß trotz Armut und Krankheit auf eine unerklärliche und geradezu beängstigende Weise diesem Zentrum der Unterwerfung, dem Schaich, Güter und Geld zufließen. Wir beobachten ebenfalls, daß alles, was zu ihm hineinkommt, eigentlich von ihm ausgeht. Er ist bloß ein Strudel an Energie, und das Geld wird verteilt, und die Leute werden ernährt und gekleidet, und er tut weiter nichts, als sich zu beugen, sich niederzuwerfen und in Lobpreisungen zu ergehen vor dieser Wirklichkeit in ihrer grenzenlosen Großzügigkeit, ihrem Mitgefühl und ihrer Vorsorge, so daß wir ihn nicht ansehen können, ohne an »Es« erinnert zu werden.

Wiederum ist es gefährlich, unsere alten vorgefaßten Vorstellungen eines Ethos anzuwenden, die besagt, wir müßten kämpfen und arbeiten und miteinander wetteifern, um eine gesunde Gesellschaft zu sein. Erinnern wir uns daran, daß die arbeitende, konkurrierende, kämpfende Gesellschaft sich in einer furchtbaren Raserei von Wettbewerb und Kampf verzehrt hat, die nur leider die Biosphäre, in der wir arbeiten, um zu leben, zerstört hat. Für den Augenblick wollen wir deshalb ganz offen versuchen herauszufinden, welches System der »Anrufung« der Schaich praktiziert und wie seine Resultate aussehen.

Der Schaich spricht von sich selbst als dem *Nur-i-Muhammad*, dem Licht Muhammads; das heißt, er ist eine leuchtende Form dieser Vervollkommnung des Menschen, er ist der Gipfel dessen, was das Menschen-Geschöpf in seiner totalen Verwirklichung sein kann.

Faßbar ist für uns die Tatsache, daß der Schaich in einer dialogischen Beziehung zur Wirklichkeit steht, er spricht zum »Es«, und das »Es« spricht zu ihm. Dies kann man entweder als Hirngespinst oder als grundlegenden Zustand von seelischer Gesundheit hinnehmen. Wir erkennen, daß er in der Welt sozial funktioniert und all jene edlen Tugenden verkörpert, die so anziehend auf uns wirkten und uns gleichzeitig so rätselhaft erschienen, als wir entdeckten, daß ein Mann sie besitzen und in der Welt leben kann. Wir beobachten ebenfalls, daß diese dialogische Beziehung nur selten eine unmittelbare Bitte um einen spezifischen Gegenstand enthält, sondern hauptsächlich der Lobpreisung der grenzenlosen Energie der Wirklichkeit und der ihr wesenhaften Freigebigkeit, ihrem Mitgefühl und ihrer Fülle gilt – er ist damit beschäftigt, die Wirklichkeit zu preisen und ihren Ruhm zu singen. Parallel dazu finden wir ihn in einem ständigen Prozeß innerer Einstimmung, einer Reinigung dieser glatten Oberfläche seiner inneren Wirklichkeit von allem Groben und jeglichem Makel.

An jedem neuen Tag verfeinert er sich und bittet um Verfeinerung, er schleift sich und bittet darum, geschliffen zu werden. Daher ist er aufgrund dieses Zeugnisses gegenüber seinen eigenen Handlungen völlig offen, er steht ständig unter Beobachtung, ist in ständiger Erneuerung begriffen in diesem dynamischen Austauschprozeß, in dem er mit seiner eigenen Wirklichkeit steht – der Zustand der Ruhe, der sich um den Wellen-Impuls, der seine Existenz ist, einzustellen scheint, erhält seine Klarheit durch den rhythmischen Akt von Erneuerung und absoluter Hingabe. Dies entspricht genau der Haltung des Gesandten der Unterwerfung, Muhammad, Friede sei mit ihm, der, wenn er irgendeine Angelegenheit in Angriff nahm, sie der Wirklichkeit anheimstellte und seine eigene Stärke und Kraft aufgab und um Führung bat mit den Worten: »O Allah, zeige mir die Wahrheit als Wahrheit, und ich werde ihr folgen. Zeige mir das zu Verwerfende als das zu Verwerfende, und laß es mich meiden. Beschütze mich, wenn Zweifel an der Wahrheit in mir auftauchen und ich dann meiner Neigung folge ohne Deine Führung. Laß mich in meinen Neigungen Dir gehorsam sein, und möge der Einklang, in dem ich mit Dir stehe, Dir wohlgefällig sein. Zeige mir den rechten Weg in all den Belangen, über deren Wahrheitsgehalt ich mir im Zweifel bin, obwohl es die Zweifel nicht ohne Deine Erlaubnis gäbe. Wahrlich, Du führst, wen immer Du willst, auf den rechten Weg.«

Liest man diese Stelle sehr sorgfältig, so zeigt sich ein überraschend subtiles Gleichgewicht in der Art, wie der Gesandte das »Es« zugleich als anders-als-er anspricht und parallel dazu anerkennt, daß seine ganze Selbst-Form in ihrer Abgetrenntheit diesem »Es« angehört. Seine Zweifel und die Hinnahme seiner Zweifel entspringen einer Quelle, die nicht mehr dem »Ich« des Fragenden angehört. Das »Ich«, das fragt, ist hilflos. Das »Du«, das angesprochen wird, ist allumfassend.

Für den Mann, der in der Nachfolge Muhammads steht, Friede sei mit ihm, gibt es nichts außerhalb des Prozesses der Wirklichkeit. Es gibt keinen Beobachter, es gibt keinen Zuschauer, es gibt kein fremdartiges Geschöpf in einer fremdartigen Welt in einem fremdartigen Universum. Es wäre Phantasterei, sich vorzustellen, man sei außerhalb des Prozesses. Wir sind innerhalb des Prozesses, wir sind der Prozeß – wenn ich nicht hier wäre, bräuchte ich mich mit nichts herumzuplacken. Diese unausrottbare Lüge der Selbst-heit ist der Stoff, aus dem Konflikt und Leiden gemacht sind. Ich sehe mir die Formen da draußen an und bin verängstigt und verwirrt, ich fühle mich entfremdet. Ich versuche die Ausstattung meines Exils so angenehm wie möglich zu gestalten. Ich wähle diesen Berg oder die Gestade jenes Ozeans, weil sie mir gefallen und ich die Hoffnung hege, sie möchten sich in Einklang bringen lassen mit meinem gequälten inneren Selbst. Ich wähle diese Person und nicht jene, weil ich das Gefühl habe, zwischen uns bestehe eine gewisse Gemeinsamkeit. Aber schon bald irritiert mich diese Person, ihre fortwährende Gleichheit mit sich selbst erscheint mir wie eine leere Verspottung meiner Individualität, und ich sehne mich nach einem anderen Menschen; der Sturm im Gebirge ist nur das Echo meiner eigenen inneren Wirrnis, und ich sehne mich nach einer Landschaft, die das Gegenteil meines zusammenphantasierten inneren Selbst darstellt. All das entspringt meiner Vorstellung, außerhalb des Prozesses zu sein, wobei ich entweder den hoffnungslosen Versuch anstelle, mich anzupassen und den Einklang herbeizuführen, oder versuche, von der gänzlich unaufhebbaren Andersheit der Schöpfung und der Geschöpfe nicht gänzlich überwältigt zu werden.

Der Mann Muhammad betont die Einheit. Er sagt »Eins«, nicht »zwei«. Daher sagt nicht er es, sondern das »Es« sagt es durch ihn und mit seiner Hilfe, so daß er sagt: »Ich bin nur ein Sklave der Wirklichkeit, dennoch bin ich der Gesandte der Wirklichkeit.« Anders ausgedrückt, ich erzähle euch nur, wie die Wirklichkeit ist. Aber es kommt nicht von mir, denn es gibt kein »Ich«, es gibt nur einen Brennpunkt der Kommunikation. Wir hören auf einer bestimmten Wellenlänge eine Rundfunkstation, aber die Atmosphäre ist nichts weiter als Signale in Form von Schwingungen, die Senderfrequenz und das Signal bilden eine Wirklichkeit. Daher stammt diese Sammlung dessen, was ist, sein Koran, nicht von ihm, sondern von jenem »Es« und – wie wir notwendig fortfahren müssen – die Botschaft geht von jenem »Es« an jenes »Es«, denn etwas anderes als jenes »Es« – außerhalb des »Es« und innerhalb des »Es« – gibt es nicht. Das ist nicht kompliziert. Es werden zwei Dinge gleichzeitig ausgesagt.

Wenn du »Eins« sagst, kannst du nicht das Andere sagen. Wenn du beides sagst, näherst du dich einem neuen Weg, die menschliche Existenz zu verstehen.

Die Botschaft des »Es« lautet:

Im Namen Allahs, des Erbarmers, des Barmherzigen!
Sprich: Er ist der eine Gott,
Der ewige Gott;
Er zeugt nicht und wird nicht gezeugt,
Und keiner ist ihm gleich. (Koran 112.1–4)

Das ist die Wirklichkeit. Das ist die existentielle Situation. Und sie hat einen Namen. Sie hat einen Namen, damit wir andeuten können, wofür es keinen Namen gibt, es ist der Name für das, was nicht dies und nicht jenes ist: Allah.

Allah – man benennt es mit einem persönlichen Namen; denn ein persönlicher Name enthält keine Definition, er deutet nur auf etwas hin. »Johannes« definiert nicht Johannes, es deutet nur an, daß er da ist. »Allah« definiert nicht Allah, es ist unsere Andeutung, daß Er gegenwärtig ist, obwohl Er nicht an irgendeinem Ort ist. Es gibt keinen Gott. Unter demselben Vorzeichen kann man sagen, es gibt kein »Ich«, das Gott verwerfen könnte; denn sonst wäre ich gottgleich – also eine Macht, die dieses oder jenes setzen könnte.

Erde ist eine Macht, aber Wasser spült über sie hinweg und zerstört sie. Wasser ist eine Macht, aber Luft verwandelt es in Dunst. Luft ist eine Macht, aber Feuer verschlingt sie, und Feuer ist eine Macht, aber Erde bringt es zum Verlöschen. Und so weiter. In der Welt der Formen gibt es keinen Gott.

Das eine ist dem anderen nicht absolut überlegen. Allah ist in dieser Erklärung des Propheten nicht als der Urgrund des

Seins oder als seine Infra-Struktur dargestellt, noch wird das »Es« als identisch mit der Gesamtheit der Formen dargestellt.

Womit wir konfrontiert werden, ist eine kompromißlose Bejahung der Einheit. Eine Wirklichkeit, von der die Formen nur die Erscheinung sind. Die Formen werden gewiß ernstgenommen, und es gibt sogar eine ganze Wissenschaft, die sich damit beschäftigt, wie man sich unter Formen zu verhalten hat, wie sie anzusehen und zu behandeln sind, die eigene Form eingeschlossen. Aber in der Bejahung der Einen-Wirklichkeit werden die Formen zunichte.

Kein Gott. Nur Allah.

Das Folgende ist die Erläuterung dieser Frage durch den größten aller Meister, Schaich Ibn 'Arabî*:

> Unsere Schlußfolgerungen über Ihn entsprechen unserem eigenen Selbstverständnis. Wir schreiben Ihm nicht eine Eigenschaft zu, die wir nicht selbst besitzen, mit Ausnahme einer besonderen Ihm wesentlich zukommenden Autonomie. Da wir Ihn nur durch und aus uns kennen, statten wir Ihn mit all dem aus, womit wir auch uns selbst ausstatten. Aus diesem Grunde kam die Göttliche Botschaft zu uns in der Sprache unserer Mittler, und folglich hat er Sich Selbst durch uns beschrieben. Wenn wir Zeugnis ablegen, legt Er Zeugnis von Sich Selbst ab. Zweifellos sind wir zahlreich als Individuen und Typen, aber unsere Basis haben wir dennoch in einer Wirklichkeit, die uns alle vereint. Daher wissen wir mit Sicherheit, daß es Unterschiede gibt zwischen den Individuen. Wenn dem nicht so wäre, gäbe es keine Verschiedenartigkeit in dem Einen. Gleichermaßen sind wir in all unseren Aspekten durch das beschrieben, womit Er Sich Selbst beschreibt. Es muß einen Unterschied geben, und der ist kein anderer als unser Angewiesen-Sein *(iftiqâr)* darauf, daß Er existiert. Un-

* Muhjiddîn Muhammad ibn 'Arabî, 1165–1240 n. Chr. (Anm. d. Übers.)

sere Existenz ist von Ihm abhängig aufgrund unserer Möglichkeit. Er ist von dem unabhängig, was uns von Ihm abhängig macht. Deshalb kann man auf Ihn die Beschreibung »Vor-endlose-Zeit« und »Nicht-Zeit« anwenden, worin die Anfänglichkeit negiert ist, welche das Entstehen der Existenz aus der Nicht-Existenz nahelegt. Obwohl Er der Erste ist, kann man Ihm dies nicht als Eigenschaft zuschreiben, und deshalb nennt man Ihn den Letzten. Wäre Seine Anfänglichkeit die Anfänglichkeit der Existenz von Begrenztheit gewesen, könnte man von Ihm nicht sagen, Er sei der Letzte für die Begrenzten, denn es gibt kein Letztes für das Mögliche, da der Möglichkeiten endlos viele sind. Eher könnte man sagen, Er ist der Letzte, weil die ganze Angelegenheit zu Ihm zurückkehrt, nachdem sie uns zugeschrieben worden ist. Daher ist Er der Letzte im Ur-Formbild Seiner Anfänglichkeit und der Erste im Ur-Formbild Seiner Letzt-heit.

Er sagt weiter:

Daher ist das Universum selbst der Schleier, welcher es verhüllt, und es kann die Wirklichkeit nicht wahrnehmen, weil es sich selbst wahrnimmt. Es ist ständig hinter einem Schleier verborgen, der nicht gelüftet wird, da es weiß, daß es verschieden ist von seinem Schöpfer aufgrund des eigenen Angewiesen-Seins auf Ihn. Es hat keinen Anteil an der wesenhaften Notwendigkeit, die der Existenz Allahs angehört, deshalb kann es Ihn niemals wahrnehmen. So gesehen ist Allah dem Wissen der unmittelbaren Erfahrung und des wie immer gearteten Augenscheins niemals zugänglich, weil die Zeit-Formen hier keine Gültigkeit haben.

So sind wir schon jetzt – wie es scheint – gegen eine unmöglich zu überwindende Schranke geschleudert worden. Es scheint so, als sei das Seiende ein unkennbares Nichts, wenn auch ein erstaunlich fruchtbares Nichts, dem ohne Ende eine Fülle von Formen entströmt. Und an diesem Punkt tritt der Schaich auf und sagt, daß wir Ihn nicht durch unmittelbare Erfahrung oder direkten Augenschein kennen können. Worum geht es denn eigentlich – wir waren nicht auf der Suche nach einem in sich abgerundeten metaphysischen System, wir stellten unsere Nachforschungen an, weil es uns dazu drängte, in unseren Herzen den strahlenden Frieden der Vollkommenheit zu erfahren.

Der Schaich al-Akbar hat gesagt:

> Einige von uns ließen durchblicken, daß Nicht-Verstehen der ganzen Frage Bestandteil ihres Wissens sei, und sagten: »Das Unvermögen, eine Wahrnehmung zu erlangen, ist die Wahrnehmung.« Es gibt unter uns welche, die wissen und die nichts Derartiges äußern würden: und das ist das Beste, was sich darüber sagen läßt. Das Wissen verleiht niemandem das Unvermögen zu wissen, wie die erstgenannten behaupten, sondern eher schon könnte man sagen, das Wissen verleiht ihm das Schweigen, welches das Unvermögen ebenfalls zur Folge hat. Dies ist das höchste Merkmal dessen, der ein Wissen von Allah hat.

Und so kehren wir zu unserer ursprünglichen Wahrnehmung des Schaich zurück, der in seiner Vermittlung des Nur-i-Muhammad uns mit jemandem konfrontiert, der gänzlich hilflos ist. Sajjidina 'Umar, der zweite Chalif des Gesandten, sagte: »Wäre ich doch der Staub der Straße.« Die Vollkommene Frau, die Frau des Gesandten, 'Âischa, sagte: »Wäre ich doch ein Blatt an jenem Baum.« Der Gesandte nannte sich selbst den Sklaven Allahs. Schaich ibn al-Habîb, der sich selbst als den Sklaven der Sklaven bezeichnete, sagte in seinem Diwan: »Unter Sklaverei verstehe ich das gänzliche Entkleidetsein von jeglicher Macht und Stärke und Fähigkeit und sogar von der Handlungsmöglichkeit, Dinge für sich selber zu erlangen.«

Dies ist natürlich eine so völlig befremdliche Vorstellung, daß sie unsere schlimmsten Ahnungen über Asketizismus und Fatalismus und all die anderen Etiketten unserer Erziehung bestätigt; die ganze Geschichte endet schließlich in von Krankheiten verseuchtem Schmutz und mit Bettlern, die in den Städten faul in der Gosse liegen. Das Arbeits-Ethos erhebt sich bedrohlich, und der Kampf zeigt sein heroisches Antlitz, und die militant leuchtenden Fahnen von Arbeit und Fortschritt und Gesellschaftsvertrag erheben sich in uns mit dem altbekannten Adrenalinstoß der dialektischen Raserei. Wir müssen uns gedulden und diesen gänzlich außergewöhnlichen Standpunkt für den Moment beiseite lassen, in dem Bewußtsein, daß die Auseinandersetzung mit ihm die ganze Frage dessen umfaßt, was man die *Hikma*, die Weisheit, genannt hat, den Weg des Menschen von Anbeginn seiner Geschichte.

Wir haben zur Kenntnis genommen, daß die Grundlage, auf der die gesamte Weisheits-Methode des Vollkommenen beruht, die Betonung, und zwar die kompromißlose Betonung, der Einheit ist. Die Einheit aller Lebensvorgänge ist der Schlüssel zum Verständnis des gesamten Komplexes der sufischen Wissenschaften. Die existentielle Einheit aller Lebensvorgänge ist deshalb das Fundament der Weisheit des Weisen, und seine Weisheit ist entsprechend die Wirklichkeit seiner sklavischen Hingegebenheit an die unendliche Pracht dieser Universellen Wirklichkeit.

Der Gesandte sagte, und er deutete damit den Weg: »Der Lebensvollzug ist identisch mit dem Verhalten.« Und es ist die Wissenschaft vom Selbst, die wir auf unserer Reise zunächst verstehen lernen müssen. Wegen der grundlegenden Struktur dieses vereinheitlichenden Ansatzes werden wir dann unversehens zu unserem Ausgangspunkt zurückkehren, und zwar zur Einheit, oder wie sie in der technischen Sprache des Sufismus heißt, *Tawhîd*.

In der Zwischenzeit »wird das Universum in unaufhebbarer Gegenwart fortbestehen«, wie der Schaich al-Akbar es ausdrückt.

2. Die Wissenschaft vom Selbst

Wenn du reflektierst, dann gibt es Zeichen in der Nafs, weil der gesamte Makrokosmos der Existenz darin enthalten ist. Im Prozeß der Reinigung dehnt sich die Nafs durch die Kraft der Wirklichkeit aus. Jetzt sage nicht: »Wie?« oder »Wo?« oder »Was?«.
Sie dehnt sich aus aufgrund des von Allah in sie gesetzten Vertrauens – und Gott-heit kennt keine Begrenzung. Die großen Männer haben sich als unfähig erwiesen, dieses Vertrauen zu ertragen, und dennoch muß der Mensch die Kraft dazu aufbringen, und darin besteht die höchste Aufgabe.
Aus dem Diwan des Vollkommenen Schaichs (Muhammad ibn al-Habîb)

In den Mekkanischen Offenbarungen des Schaich al-Akbar erzählt dieser von al-Dschunaid, dem Imâm der Meister, möge ihm Allah gnädig sein, der gefragt wurde: »Was ist dir zugekommen von dem, was gewährt wurde?« Und seine Antwort lautete: »Für dreißig Jahre unter dieser Treppe zu sitzen.« Dann zitiert er den Schaich Abû Jazîd, möge er Allah wohlgefällig sein, der gesagt hat: »Euer Wissen entstammt den Toten, und wir haben es von dem Lebendigen, der unsterblich ist.« Wir haben uns bereits einem Weg des Lernens verschrieben, welcher fortschreitendes Faktenwissen als Erkenntnis-Prozeß verwirft. In den Wissenschaften geht es uns nur um das, was wir aufgrund unmittelbarer Erfahrung als gültig akzeptieren können. Die Sprache kann deinen Zustand nicht verändern, und es ist der Zustand der Angst und des Konfliktes, den es zu heilen gilt.

Worüber wir uns zunächst einmal Klarheit verschaffen müssen, ist die Art der Arbeit, der wir uns unterziehen müssen, und sie darf nicht mit der strukturalistischen Erziehung verwechselt werden, die wir uns gezwungen sahen aufzugeben. Der Schaich al-Akbar definiert – wiederum in seinen Mekkanischen Offenbarungen – das Problem folgendermaßen:

> Daher soll der Mann, der im Besitz von *Himma* (brennende Begeisterung, Sehnsucht) ist, geistig zurückgezogen mit Allah leben. Seine Gabe und Seine Gnade kommen zu einem solchen Mann aus einem Wissen, das jeder sprachgebundenen Person in der Welt verschlossen ist. Außerdem kann kein spekulativer Denker oder Logiker diesen Zustand erreichen. Er ist jenseits der Wahrnehmung des Verstandes.
> Wissen gibt es auf drei Ebenen:
>
> 1. Das Wissen des Verstandes *('Aql)*: Es ist jegliches Wissen, welches du durch notwendige Schlußfolgerung erlangst oder als Resultat von Spekulation in einer Beweiskette, wobei die Bedingungen des Auffindens jener Beweiskette und ihrer Form in der Welt des Denkens strukturiert sind. Das Denken sammelt und selektiert aus dieser Form des Wissens. Aus diesem Grund sagt man im spekulativen Denken, daß dieses Gültigkeit und jenes keine Gültigkeit besitzt.
> 2. Die zweite Art des Wissens ist das Wissen um die Zustände *(Ahwâl)*, und man gewinnt Zugang zu ihm nur durch unmittelbare Erfahrung. Ein Mann des Verstandes kann es weder eingrenzen noch es zur Basis eines Beweises machen, wie z. B. das Wissen um die Süße des Honigs, die Bitterkeit der Aloen, das Vergnügen der geschlechtlichen Vereinigung und Leidenschaft und die Ekstase und

die Sehnsucht. Daher handelt es sich hier um ein Wissen, das niemand besitzen kann, ohne davon durchdrungen zu sein und es zu erfahren.

3. Die dritte Art des Wissens ist das Wissen um die Geheimnisse *(Asrâr)*, und es ist das Wissen, welches sich über die Bedingungen des Verstandes erhebt. Es ist ein Wissen, welches die Vollkommene Dynamik der existentiellen Erfahrung dem Herzen einhaucht. Keine Art des Wissens ist edler als dieses allumfassende Wissen, welches alle gewußten Dinge enthält.

Wisse daher, der Weg zu Allah, Er sei gepriesen, ist derjenige, welchen die Elite der Vertrauenden gegangen ist auf ihrer Suche nach Befreiung, nicht jedoch die Massen, die sich mit anderem beschäftigen als dem, wofür sie geschaffen sind.

Es gibt vier Wege: Suche, Ursachen, Verhaltensmuster und Wirklichkeiten.

Es gibt für die Berufenen drei Aggregatzustände, die ihnen vorbehalten sind, und die sie auf diese Wege führen:

das Recht Allahs,
ihr eigenes Recht
und das Recht der Schöpfung.

Die Rechte, die Allah, Er sei gepriesen, über sie hat, bestehen darin, daß sie Seinen Ruhm verkünden und kein Ding mit Ihm in Verbindung bringen.

Das Recht der Schöpfung über sie besteht darin, daß es eine Straße gibt, die die Geschöpfe gehen können, indem die Schöpfung sie von Bösem fernhält, sie auf der einen Seite beschränkt und ihnen andererseits ein gutes Leben gewährt aufgrund der Praxis dessen, was gestattet ist.

Es gibt keinen Weg zur Harmonie des Zieles außer durch die Sprache (Zunge) der Straße *(Scharî'a)*.

Das Recht, das ihnen selbst zukommt, besteht darin, daß sie auf keinem Pfad fortschreiten müssen, der ihnen nicht Glück und Befreiung verheißt.

Die vier vom Meister erwähnten Pfade entsprechen den vier Wahrheiten, mit deren Hilfe wir unserem eigenen Verständnis näherkommen wollen. Aber bevor wir uns näher auf die einzelnen rituellen Übungen einlassen können, muß noch einmal festgestellt werden, daß unser ganzes Unternehmen auf unserer Sicherheit hinsichtlich des richtigen Ansatzes des Schaichs basiert und auf einer völligen Aufgabe jeglicher vorgefaßten Meinung, Vorstellung oder Spekulation, die man über die Gültigkeit oder Nicht-Gültigkeit des entsprechenden Bemühens aufstellen könnte. Diese Selbst-Aufgabe verlangt, daß man sich sogar jenseits der Grenzen des Verstandes völlig den Anweisungen und Geboten des Schaichs fügen muß. Das ist für sogenannte gebildete Leute nur schwer zu akzeptieren. Diese Verwirrung hat zwei Ursachen: Erstens sind solche Leute an die Vorstellung gewöhnt, daß der Lehrer ebenso fehlbar ist wie sie selbst, vielleicht sogar in einem höheren Maße, und wenn diese Ansicht auf den Schaich anwendbar wäre, hätten sie allen Grund, ihm zu widersprechen und sich ihm in manchen Fällen zu widersetzen. Zweitens hängt der Suchende immer noch einer Idee oder Vorstellung von »Freiheit« oder »Unabhängigkeit« an, wodurch er außerhalb der Lebenssituation steht.

Da es die einzige Absicht des Schaichs ist, den Suchenden auf den Pfad seiner eigenen Möglichkeiten zu führen und in ihm Zufriedenheit mit der Gesamtheit dessen, was ihn umgibt, zu erwecken, haben jene Konflikte, die unsere Abwehr hervorrufen, für den Schaich keinerlei Wirklichkeit und zeigen sozusagen nur die Temperatur des allmählich gesundenden Patienten an. Anders ausgedrückt, diese Unterwerfung basiert auf der Tatsache, daß der Schaich selbst ein vollkommen strahlender und hingegebener Sklave der Wirklichkeit ist. Schlimmer als Meinungsverschiedenheiten über Verhaltensweisen sind Wortgefechte. Zwischen den Leuten des Weges gibt es keine Debatten. Verschiedene Meister mögen verschiedene Methoden anwenden, aber Streitereien gibt es niemals. Folgt der Meister der Scharî'a, kann man ihn nicht in Frage stellen – das ist der einzige äußere Maßstab für einen Suchenden, wenn er seinen Lehrer auswählt. Wie der Schaich al-Kâmil sagte: »Selbst wenn ein Mann durch die Luft zu dir geflogen kommt; folgt er nicht der Scharî'a – verlasse ihn!«

Die Suche ist jener Energie-Impuls, der in einer Person auftaucht und sie auf den Pfad des Erwachens und der Wirklichkeit bringt, heraus aus dem Schlaf ihrer früheren Existenz und den entsprechenden Phantasien, welche sie bis dahin fälschlich für den Zustand des Wachseins gehalten hat. Anfangs drückt sich dieser Impuls in Form von Rastlosigkeit und Unzufriedenheit mit der Welt und der Belohnungs-Struktur der materiellen Existenz und den Belohnungs-Angeboten zwischenmenschlicher Beziehungen aus. Wenn der einzelne die illusorischen Beziehungen abzulehnen beginnt und die sogenannte »wirkliche« Welt den Charakter von Unwirklichkeit annimmt, können zwei Dinge passieren:

Entweder zieht das Individuum sich aus der herzlosen Lebenssituation zurück und stellt sein eigenes Gesetz der Wirklichkeit mit den entsprechenden Belohnungen auf – das Individuum mag sich sogar dafür entscheiden, auf eine sehr effektive Weise den Körper zu verlassen, den Kommunikationsfluß des zentralen Nervensystems zu unterbrechen und einen Standpunkt außerhalb der Reichweite des totalitären, feindlichen Weltgeflechts einzunehmen. Dabei benutzt es seinen Körper gleichsam als eine Kolonie oder eine Raumstation, wohin und von wo es gelegentliche Signale aussendet. Dieser Zustand ist gelegentlich als Wahnsinn oder Schizophrenie beschrieben worden; im Augenblick können wir ihn jedoch nur als ein extremes, kompromißloses Abwehr-System ansehen, das auf der Illusion basiert, der Feind sei »draußen«. Tatsächlich hat jedoch der Irre, der glaubt, dich getäuscht zu haben, sich selbst betrogen, denn der Feind war »innen«.

Die zweite Möglichkeit besteht in einer Art innerem Zusammenbruch, gewissermaßen einem existentiellen Totalschaden, aus dem der Fahrer, das Subjekt, anders als im ersten Bild, irgendwie unbeschädigt hervorgeht. Die gesamte Maschinerie seines bisherigen Lebens jedoch ist niemals wieder straßenverkehrstauglich. Er muß all die inneren Bilder seines Geistes loslassen, und es ist ihm nicht mehr möglich, das Wirklichkeits-Spiel, das er aufgrund von Erpressung so lange ernst genommen hat, fortzusetzen. Die Zwecke und Ziele haben sich ihm als wertlos enthüllt, die Neon-erleuchtete Welt ist dem Glanz des Sonnenlichts ausgesetzt gewesen, und alles, was er tun kann, ist, die falschen Lichter auszudrehen und sich der natürlichen Energie-Quelle zuzuwenden, die sich ihm offenbart hat. Vom Standpunkt der Gesellschaft aus gesehen könnte man ihm viele Etiketten verpassen: Politisch gesehen ist er ein Anarchist, hinsichtlich seines Verhaltens ein Introvertierter in der Krise, ein Neurotiker, sozial gesehen ist er vielleicht ein Drop-out oder ein Asozialer. Das Entscheidende ist, daß in ihm etwas in Bewegung geraten ist – wo vorher eine statische und erstarrte Struktur war, hat sich mit ihrem Zusammenbruch Energie eingestellt – ein neues Streben. Das große Beispiel für diesen Zustand im Tasawwuf ist der Fall des Imâm al-Ghazzâli, des Bezeugers des Islams, eines der großen Meister des Weges.

Abû Hâmid, wie al-Ghazzâli* unter den Sufis genannt wird, starb im Jahre 1111 n. Chr. in Tus. Als er, der er schon als großer Gelehrter unter dem Schutz des Sultans einen festen Platz an der Universität von Bagdhad einnahm, eine fest verankerte Reputation als Philosoph erlangt hatte, wurde er plötzlich von überwältigenden Zweifeln bezüglich der Wirklichkeit all dessen, was er wußte oder zu wissen glaubte, und hinsichtlich des tiefsten Wesenskerns des gelebten Lebens befallen.

Er fragte sich deshalb:

* Sein voller Name lautet: Muhammad Abû Hâmid al-Ghazzâli (Anm. d. Übers.)

Siehst du nicht, daß du im Schlaf deine Träume für unzweifelhaft wirklich hältst? Bist du erwacht, erkennst du sie als das, was sie sind – substanzlose Phantasien. Wer kann dir dann Sicherheit geben hinsichtlich der Verläßlichkeit einer Existenz, welche du im Wachzustand aus der Sinneserfahrung und dem Denken herleitest? In Relation zu deinem gegenwärtigen Zustand mögen Wahrnehmung und Denken wirklich sein, aber es kann ebensogut möglich sein, daß du in eine andere existentielle Situation gerätst, welche zu deinem gegenwärtigen Zustand im selben Verhältnis steht wie dieser zu den Bedingungen, denen du im Schlaf unterworfen bist. In diesem neuen Bereich des Verstehens wirst du zu der Erkenntnis gelangen, daß die Schlußfolgerungen des Verstandes bloße Phantasien sind.
Dieser mögliche Zustand entspricht vielleicht dem, was die Sufis *'Hâl'* nennen, was nach ihrer Aussage einem Modus der Erfahrung gleichkommt, in dem sie, völlig in sich zurückgenommen und unter Aufhebung von Sinneserfahrung und gedanklichen Bildern, fähig sind zu sehen. Vielleicht entspricht auch der Tod diesem Modus der Erfahrung, gemäß der Aussage des Fürsten der Gesandten, der sagte: »Der Mensch schläft, und wenn er stirbt, erwacht er.« Im Verhältnis zu jener Zukunft ist unser gegenwärtiges Leben vielleicht wirklich nur ein Traum, und der Mensch wird nach seinem Tod die Dinge als das Gegenteil dessen ansehen, was er jetzt vor Augen hat: Dann wird er die Worte des Korans verstehen: »Heute haben wir den Schleier von euren Augen genommen, und eure Sicht ist klar.« Gedanken dieser Art drohten meinen Verstand zu zerrütten, und ich suchte nach einem Ausweg daraus. Aber wie?

Die Qual steigerte sich, bis das gesamte System seines häuslichen Lebens, seine intellektuellen Bestrebungen, seine Reputation und seine formalen Akte der Anbetung jeglichen Sinn verloren.

Schließlich sah ich ein, daß die einzige Voraussetzung für die Befreiung die Aufgabe von Ehre und Reichtum sei und die Zerstörung aller Bindungen an das mir bekannte Leben. An einem Tag entschloß ich mich, Bagdhad zu verlassen und alles aufzugeben, am nächsten änderte ich wiederum meine Meinung.

Diese Spannung hielt während des Jahres 1096 n. Chr. für länger als sechs Monate an. Ihren Höhepunkt erreichte sie, als er sich vor seinen Studenten erhob, um eine Vorlesung zu halten, und feststellte, daß er stumm geworden war. Das Schweigen, das ihm aus der Tiefe seiner Existenz heraus auferlegt worden war, brachte auch die noch übriggebliebenen Strukturen seiner geordneten Lebensweise zum Einsturz. Er konnte weder essen noch trinken, und die Ärzte erwarteten seinen Tod. Plötzlich lag der Weg offen vor ihm, und was bis dahin unmöglich erschienen war, wurde plötzlich sehr einfach. Öffentlich verkündete er, er begebe sich auf die Pilgerschaft nach Mekka, während er insgeheim plante, sich nach Syrien abzusetzen. Seine Entscheidung, den mit großem Prestige ausgestatteten Lehrstuhl aufzugeben, erregte erhebliches Aufsehen, dessen Auswirkungen auch überall in der islamischen Welt außerhalb des Irak spürbar waren. Die Leute machten den Chalifen verantwortlich, andere die Madrasa, wo er lehrte, aber nichts konnte seine weitere Entwicklung aufhalten. Mit einer klaren, alles einbeziehenden Entschlossenheit regelte er all seine Angelegenheiten; er ließ seine Frau und seine Kinder gut versorgt zurück, so daß er sich mit seiner Bettelschale in die Wüste aufmachen konnte, um die Gesellschaft der *Sûfî-Zawijjas* (Einsiedler) zu suchen, in deren Umgebung er sein neues Leben zu beginnen hoffte. In dieser Umgebung folgte er dann zehn Jahre lang der Lebensweise der Sufis; danach fühlte er sich bereit, in die Welt zurückzukehren, um auf dem Weg der Übertragung das zu vermitteln, was er an Klarheit gewonnen hatte.

Ich erfuhr aus sicherer Quelle, daß die Sufis die wahren Pioniere auf dem Weg zu Allah sind, daß es nichts Schöneres gibt als ihr Leben, nichts Lobenswerteres als ihre Verhaltensregeln und nichts Reineres als ihr Benehmen. Die Intelligenz von Denkern, die Weisheit von Philosophen, das Wissen der höchstentwickelten Intellektuellen, all das würde man umsonst zusammenfassen, um die jeweiligen Wissenschaften und das Benehmen dieser Leute zu verbessern – es wäre unmöglich. Bei den Sufis sind Ruhe und Bewegung, Außen und Innen von Licht durchdrungen.

Die Suche, die zunächst als innerer Kampf, als Unordnung und Bewegung in Erscheinung tritt, wird schließlich unter dem Impuls der sufischen Übungen umgestaltet analog der Ausrichtung von Eisenspänen entsprechend der Kraft des Magneten, der sie angezogen hat. Suche ist jene Fähigkeit, die der Meister Dschalâlud-Dîn Rûmî, möge er Allah wohlgefallen, innere Verwandtschaft genannt hat. Sie entspricht nicht nur dem Energieimpuls des Magnetfeldes, sie entspricht der tatsächlichen Empfänglichkeit des Eisens dafür, angezogen zu werden, oder des Strohs, von Bernstein angezogen zu werden. So daß wir sagen können, daß die Suche selbst das innere Wesen des Subjekts zum Vorschein bringt. Die Erscheinung des Bernsteins zeigt uns, was das Stroh wirklich ist, nämlich eine angezogene Substanz. Nicht jeder Stoff wird magnetisch angezogen, und nicht jede Person hat den Drang, die Suche zu beginnen.

Der Koran sagt: »Allah führt auf seinen Weg, wen Er will, und Allah läßt irregehen, wen Er will.«

Daher kann man die Suche, hat sie einmal begonnen, auch anders benennen; denn sie ist immer noch die eine Form der Energie, nur hat sie eine andere Richtung genommen. Einmal der Führung eines Schaichs untergeordnet, heißt dieser Impuls *Himma,* was Sehnsucht oder Hunger nach der Erkenntnis der Wirklichkeit bedeutet. Himma ist ein Schlüsselbegriff in unserer Wissenschaft. Es ist ein Vermögen, das wir erwecken müssen, und die erstrebenswerteste Kraft. Himma ist das Streben selbst, und dennoch ist es notwendig, daß wir danach streben. Himma erzeugt Himma. Das Angewiesensein des Suchenden auf Himma ist durchgängig das Hauptthema im Diwan des Vollkommenen Schaichs.

> Und, o mein Gefährte, Himma mußt du besitzen, dann kannst du, wenn es dich danach verlangt, zum Ziel aller Gnostiker aufbrechen.

An anderer Stelle deutet er an, daß es das Mittel der Einswerdung aller Erfahrung ist:

> Für Seine Freunde tritt die Hinwendung zu Ihm *(Dhikr)* an die Stelle all dessen, das anders-als-Er ist. Wenn du Himma besitzt, gibt es das Gegenteil von Allah nicht.

Oder es wird wiederum als ein Vermögen dargestellt, welches in seiner Vollendung der Dynamik der Übertragung des Schaichs entspricht. In seiner Darlegung, wie man einen wahren Meister erkennt, beginnt er folgendermaßen:

> Seine Kennzeichen sind: ein Licht, das nach außen dringt, und ein Geheimnis, das ihm innerlich durch seine Himma erscheint.

In seinem Kleineren Lied erklärt er es zu einer der drei Grundbedingungen, deren der Eingeweihte zur einheitlichen Erfassung dieser Wirklichkeit bedarf:

> Wer immer Dhikr, Fikr und Himma besitzt, wird in jedem Augenblick die Grenzen der Andersheit überschreiten.

> Er wird eine sein Verlangen übersteigende Gnosis erlangen und ein sicheres Wissen über die Geheimnisse des menschlichen Daseins gewinnen.
> Er wird sehen, daß die Reinheit des Weges in der Getrenntheit liegt, welche, im Grunde genommen, der Ursprung der Wirklichkeit ist.

In *Der Burâq des Tarîq* rät er:

> Erwecke dein Himma mit Sehnsucht und Verlangen, und gib dich nicht zufrieden mit weniger als dem Immer-Fortbestehenden.

Aus all dem können wir ersehen, daß Himma der höchste Energie-Impuls ist, dessen das Menschen-Geschöpf fähig ist; es ist jene Bewegung in einem Mann oder einer Frau, welche sie aus diesem ganzen natürlichen Verfalls-Prozeß des Organismus herausreißt und sie erhebt und in Bewegung setzt mit einer Energie, die jenseits jeglicher anderen Energie liegt, die sie besitzen, nicht, um nach irgendeiner bestimmten Errungenschaft zu streben, sondern nach der Wiederherstellung der Verbindung mit der Wirklichkeit selbst. Himma ist Lebens-Energie, es steht für eine Bewegung, die der absteigenden Kurve unserer zellularen Existenz entgegenläuft, und es liegt außerhalb der Selbst-Bezogenheit des sozialen Impulses.

Der Akademiker erweist sich als unfähig, diese Energie zu verstehen, denn sie ist nicht ein Prinzip, sondern eine Kraft, woraus das Mißverständnis über den sogenannten Asketizismus resultiert. Das Fasten, der Mangel an Besitz und die Ärmlichkeit der Kleidung fortgeschrittener Sucher wurden als Ausdruck von Masochismus und Selbstbestrafung angesehen, eine Meinung, welche in sich wiederum nichts anderes ist als eine jener höchst subjektiven Projektionen, die man objektives Denken nennt, um das eingebaute Werturteil gegen eben das, wovor ihre Verfechter sich fürchten, zu verhüllen. Es können zwei Situationen entstehen, welche äußerlich dieselbe Silhouette aufweisen, während sie innerlich verschiedene Dimensionen der Wirklichkeit ausdrücken. Wie hinsichtlich jedes anderen Aspekts des Selbst, das den Weg eingeschlagen hat, gibt der Prophet, Friede sei mit ihm, für die grundlegende Situation ein Beispiel:

Man erzählt, er sei mit seinen Gefährten durch Medina gegangen, als ein Mann ihm zurief: »Ich bin *miskîn*«, was in der Sprache des Korans nicht nur Armut, sondern Armut ohne Überlebenskampf, Elend, bedeutet. Der Gesandte antwortete ihm und sagte: »Armut ist mein ganzer Ruhm.« Sie gingen weiter, als ein anderer Mann den gleichen Ausruf tat. Diesmal runzelte der Gesandte die Stirn und sagte: »Armut ist nahe an der Verhüllung der Wahrheit!« Das heißt nahe an der Verhüllung des wahren Wesens des Lebens, welches alles trägt und für es sorgt. Dann wandte er sich seinen Begleitern zu und bemerkte, daß die zwei offensichtlich widersprüchlichen Feststellungen sie verwirrten. Der erste Mann, erklärte er, sei wirklich im Zustand von Miskîn gewesen, und zwar innerlich und äußerlich. Der zweite sei jedoch »in seiner Armut reich« gewesen, denn innerlich fand er Genuß daran. Der Mann, der Dinge aufgibt oder sich einer scheinbar harten Disziplin unterwirft, ermangelt jeglicher Empfindung von Selbstbestrafung und der entsprechenden Motivierung, wenn der Ursprung seiner Handlungen sein Himma ist. Es gehört nämlich zum Wesen des Himma, dem Suchenden jegliche Handlung angenehm zu machen, wenn sie ihn zu dem Gesuchten hinführt. Ohne Himma könnte man die Handlungen als Teil eines neurotischen Verhaltensmusters ansehen. Das Ergebnis der Handlungen des einen Mannes wird eine Öffnung für die Heiterkeit und die Weisheit sein, welche die Früchte von Himma sind, während die gleichen Handlungen im zweiten Fall entweder in die Krise oder den Zusammenbruch führen werden.

Der persische Meister al-Hudschwiri identifiziert Himma in der gleichen Weise mit dem Akt der Übertragung wie der

Schaich al-Kâmil in seinem Diwan und führt gleichzeitig ein Prinzip des Weges ein, das unvermeidlich aus dem Wirklichkeits-Bild hervorgeht, welches die Weisheit uns Schritt um Schritt eröffnet.

> In Farghana in einem Dorf namens Ashlatak lebte ein alter Mann, der einer der Vier (Weisen) der Erde war. Sein Name war Bab 'Umar – alle Derwische jenes Landes verleihen ihren großen Schaichs diesen Titel –, und er hatte eine alte Frau namens Fâtima. Ich kam von Uskand, um ihn zu sehen. Als ich unter seine Augen trat, sagte er: »Warum bist du gekommen?« Ich erwiderte: »Um den Schaich in Person zu sehen, damit er in Freundlichkeit (d. h. Übertragung) mich ansehe.« Er sagte: »Ich habe dich ständig gesehen seit dem und dem Tag, und ich wünsche dich zu sehen, solange du meinem Blick nicht entzogen wirst.« Ich rechnete zurück, und der Tag, den er genannt hatte, war genau der Tag, an dem ich den Weg eingeschlagen hatte. Der Schaich sagte: »Entfernungen zu überwinden, ist kindisch. Von nun an besuche mich mittels Himma. Es lohnt sich nicht, irgendeine Person aufzusuchen (in diesem Zusammenhang) – und körperliche Gegenwart bringt keinen Gewinn.« Dann bat er Fâtima, etwas zu essen zu bringen. Sie brachte einen Teller frischer Trauben, obwohl es dafür nicht die richtige Jahreszeit war, und einige frische, reife Datteln, die in Farghana unmöglich zu besorgen sind.

Auf die Wirklichkeit dieser Erfahrung, worin Übertragung ohne »körperliche Anwesenheit« stattfindet, wird auch in der Eröffnung des »Größeren Liedes« des Schaich al-Kâmil hingewiesen:

> Wenn du dich dorthin erheben möchtest, wo Liebende leben, wende dich Laila zu mit aufrichtig liebendem Herzen.

Und schicke alle fort, die Ihre Liebe leugnen.
Reise zu den Liebenden in jedem Land.

Wenn dein Herz aufrichtig liebt, dann sieht es die Liebenden, ohne den Ort zu verlassen.

Wir haben nun also gesehen, daß Himma die Dynamik der Liebe selbst ist, obwohl wir noch nicht so weit sind, sagen zu können, was denn nun eigentlich Liebe ist. Schaich al-Kalabadhi sagte:

Der Suchende ist in Wirklichkeit das Gesuchte und das Gesuchte der Suchende. Daher sagt Allah: »Er liebt sie, und sie lieben ihn« (Koran 7.44), und auch: »Wohlgefallen hat Allah an ihnen, und sie sollen Wohlgefallen finden an ihm« (Koran 5.119). Wenn Allah einen Menschen sucht, ist es für diesen Menschen unmöglich, Allah nicht zu suchen: Derart hat Allah den Suchenden zum Gesuchten und das Gesuchte zum Suchenden gemacht.

An dieser Stelle eröffnet er uns die Unteilbarkeit der dynamischen Lebens-Energie. Er erweitert diese Aussage noch, indem er uns zeigt, daß es Leute auf dem Weg gibt, die, weit davon entfernt zu kämpfen, einfach mitgezogen und für das Wissen geöffnet werden, und zwar in einem genau umgekehrten Himma-Vorgang – Himma kommt zu ihnen und erleuchtet sie. In diesem Beispiel ist das Gesuchte ein Mann des Weges, und das Suchende ist die Wirklichkeit selbst:

Trotzdem ist in der Sprache der Sufis der Suchende ein Mensch, dessen Bemühen der Offenbarung, die ihm zuteil wird, vorhergeht, während der Gesuchte jener ist, dem die Offenbarung zuteil wurde, bevor er anfing, sich zu bemühen. Der Suchende wird in Allahs Worten beschrieben: »Und diejenigen, welche für uns eiferten, wahrlich, leiten wollen wir sie auf unseren Wegen« (Koran 29.69).

Ein solcher Mensch wird von Allah gesucht, der sein Herz zur Umkehr bewegt und ihm Himma einflößt, damit er aufgerüttelt werde, für Ihn zu arbeiten, sich Ihm zuzuwenden und Ihn zu suchen: Dann gewährt Er ihm die Offenbarung der Stufen des Geistes. So erging es Harithath (einem Gefährten des Gesandten), der sagte: »Ich wandte mich von dieser Welt ab und dürstete während des Tages und wachte in der Nacht.« Dann sagte er weiter: »Und es war, als sehe ich den Thron meines Herrn hervortreten!« Mit diesen Worten deutete er an, daß die Offenbarung des Unsichtbaren ihm widerfuhr, nachdem er sich von dieser Welt abgewandt hatte. Der »gesuchte« Mensch andererseits wird von der Wirklichkeit gewaltsam aus seinem bisherigen Leben herausgerissen, und ihm wird die Offenbarung der Stufen des Geistes zuteil, damit er durch die Macht der Vision aufgerüttelt werde, für Allah zu arbeiten und sich Ihm zuzuwenden und die ihm von der Wirklichkeit auferlegten Lasten zu tragen. Entsprechend verhielt es sich auch mit den Magiern Pharaos. Nachdem sie die Offenbarung empfangen hatten, war es für sie ein leichtes, die Drohungen Pharaos zu ertragen, denn sie sagten: »Wir werden dich niemals über das stellen, was uns an Zeichen der Offenbarung geworden ist . . ., entschließe dich also, wozu du dich entschließen mußt.«

(An dieser Stelle sollte erklärt werden, daß in der Offenbarung des Korans das Treffen zwischen Sajjidina Mûsâ [Moses], dem Propheten der Wirklichkeit, und Pharao eigentlich ein Aufeinandertreffen von zwei verschiedenen Standpunkten gegenüber der Wirklichkeit ist. Der Pharao war kein bloßer Herrscher, sondern auch ein Hierophant mit großem Wissen, welches ihm yogische Macht über Formen verlieh, so daß er in der Lage war, Lebensvorgänge formal zu manipulieren. Mûsâs Wissenschaft war eine der Einheit und hatte mit der inneren Erfahrung der Wirklichkeit zu tun und war –

so gesehen – machtlos, während der Pharao über Macht verfügte. Mûsâ war in der Lage, Wissen zu übertragen und dessen Gültigkeit den Anhängern Pharaos zu demonstrieren, aber die Macht Pharaos blockierte dessen innere Fähigkeit zu erkennen, daß die Quelle seiner eigenen Macht dem Leben selbst entsprang, von dem er nur einen unendlich kleinen Teil repräsentierte. Es ist wichtig, im Gedächtnis zu behalten, daß seine Frau – dem Propheten Muhammad nach, Friede sei mit ihm – jedoch eine vollendete Meisterin war und daß Pharao selbst, als er vom Roten Meer eingeschlossen war, die Wahrheit von Mûsâs Lehre bestätigte. Sein Körper wurde über die Zeit gerettet und wird unversehrt mumifiziert bis zum Ende der Welt erhalten bleiben, als Bestätigung dafür, daß er Macht über Formen hatte; derart mußte seine eigene über den Tod hinausreichende Selbsterhaltung ihm noch vom Leben als Geschenk gegeben und konnte von ihm nicht aus eigener Kraft sichergestellt werden.)

So treffen wir gleich am Anfang unseres Weges auf etwas, das ein ständiges Thema in unserem gesamten Lern-Prozeß sein wird. Wenn die Wirklichkeit Eine ist, dann führt schließlich alles zurück zum Einen, und in dieser Welt der Formen führt alles zu seinem Gegenteil, denn es gibt keine Dialektik unabhängig von der Beschreibung und keinen Konflikt außerhalb der Phantasie. Deshalb muß man sich nach Himma, das eine Sehnsucht ist, sehnen; das Eine, dem die Sehnsucht gilt, ist die verursachende Kraft oder der »Sehnsuchts-Impuls«, und der Weg ist nichts weiter als das Verlangen dieser unerschöpflichen Energie. Daraus folgt, daß das Ziel, das wirklich Existente, der Augenblick, unmittelbar hier sein muß, genau jetzt in dieser Gegenwart, in der wir und die Schöpfung unaufhörlich sein werden – und darin besteht die Bedeutung der Koranischen *Âja* (Vers): »Wahrlich, Allah ist auf einem geraden Weg.« Die ganze Angelegenheit ist ein göttliches Ereignis, so daß al-Dschunaids Antwort auf die Frage, was er gewonnen habe, nichts anderes sein konnte als das Leben, das er gelebt hatte, sein in innerer Kontemplation »Für-dreißig-Jahre-unter-der-Treppe-Sitzen«. Er hatte die bewußte, völlig wache Wahrnehmung seines eigenen Lebens gewonnen – darin bestand der unschätzbare Gewinn des Meisters.

Kausale Erklärungen oder Schleier oder Hindernisse oder die ganze Struktur unseres Selbst, dessen Illusionscharakter zwischen uns und einer klar-sichtigen Wahrnehmung der Wirklichkeit in ihrem So-Sein ohne jegliches phantasierte Zentrum eines Selbst steht, müssen wir über Bord werfen. Wenn wir den Wunsch haben, uns aus dem Gefängnis unserer eigenen Selbst-Erfahrung zu befreien, müssen wir uns freimachen von ihren Fallen und Methoden, uns in dieser falschen Situation einzuschließen. Die *Nafs* – der Begriff steht für das erfahrende Selbst – wird in der sufischen Terminologie in sehr verschiedener Weise beschrieben und definiert, und diese wechselnde Perspektive ist frei gewählt und nicht ein Zeichen von Differenzen innerhalb der Theorie. Sowohl die eine wie auch die andere Aussage darüber ist wahr – die Nafs ist in sich eine Nicht-Wirklichkeit, und man kann sie verschieden erfahren und sich ihr methodisch verschieden annähern und sie auf verschiedene Weise bloßlegen. Das Wort leitet sich von NFS her – »verletzen, indem man den bösen Blick auf jemanden richtet«. So weist es in seiner tiefsten Bedeutung auf eine Energie-Form hin, die destruktiv mit sich selbst in einem Konflikt liegt und sich durch ihre eigene innere Aktivität Schaden zufügt. Adverbiell benutzt bedeutet es »absichtlich«, »aus eigenem Antrieb«, »zu meinem eigenen Vergnügen«. Hier erkennt man die Nafs als einen einfachen Akt von Selbst-Interesse und Befriedigung. Das Wort »scheinen/glänzen« kommt ebenfalls aus dieser Wurzel, und ohne daß uns das nach dem, was wir gerade festgestellt haben, noch überrascht, kann es ebenfalls »jemand, der etwas verlangt oder wünscht« bedeuten – so daß wir mit diesen drei Aspekten des Wortes schon die Basis-Doktrin über die Nafs, wie sie der Imâm al-Ghazzâli in koranischer Sprache skizziert, vor uns haben.

AN-NAFS AL-AMMÂRA: Die gebieterisch-einflüsternde Nafs. Sie ist gänzlich böse. Sie wird von Leidenschaften völlig beherrscht und gehorcht deren Diktat freudig. Alle Energien sind hier auf unmittelbare Befriedigung erpicht. Sie kann eine höhere Nafs nicht unterscheiden. Die niedrige Nafs ist das Ideal geworden. Diese Menschen finden Vergnügen daran, andere zu ähnlichen Taten zu beeinflussen wie ihre eigenen, auf die sie stolz sind. Einer echten Begegnung sind sie nicht zugänglich und verändert werden können sie nur durch die absolute Wirklichkeit *(al-Haqq)*. »Versiegelt hat Allah ihre Herzen und Ohren, und über ihren Augen ist eine Hülle, und für sie ist schwere Strafe.« (Koran 2.6)

AN-NAFS AL-LAWWÂMA: Die verklagende Nafs. Sie ist unentschlossen in der Wahl zwischen gut und böse, in der Folge einem ständigen inneren Ringen ausgesetzt. Mal ist sie das eine, mal das andere – zu beidem imstande. Sie ist durchaus fähig, zwischen den beiden Nafs zu unterscheiden, der höheren und der niedrigen, aber sie ist ganz und gar unfähig, den Impulsen der niedrigen Nafs zu widerstehen, wenn diese hervorbrechen, da sie Wissen hat ohne Willen. Änderung kommt durch die Gemeinschaft mit jemandem, der dieses Stadium hinter sich hat, und durch gemeinsame spirituelle Übung, welche die Kraft gibt, schlechtes Handeln aufzugeben und die Nafs umzuwandeln. »Und ich schwöre bei der sich selbst verklagenden Seele.« (Koran 75.2)

AN-NAFS AL-MUTMA'INNA: Die befriedete Nafs. Hier ist die Nafs gefestigt, gut, ist erleuchtetes Bewußtsein. Sie hat *an-Nûr* empfangen, Licht, also handelt sie in Übereinstimmung mit diesem. Sie ist vernünftig, alles Bösen ledig, und das Gute gedeiht in ihrer Umgebung. Die Unterscheidung zwischen den beiden Arten der Nafs vergeht, denn die niedrige Nafs ist erloschen und die wahre

> Nafs ist der Meister. Der Mensch lebt im Zustand völliger Freiheit. »O du beruhigte Seele, kehre zurück zu deinem Herrn zufrieden, befriedigt, und tritt ein unter meine Diener, und tritt ein in mein Paradies!« (Koran 89.27–30)

Die obige Beschreibung der Nafs in ihren Zuständen zählt die einzigen grundlegenden Möglichkeiten auf, welche die äußersten Grenzen darstellen, innerhalb derer jede individuelle Phantasie-Geschichte ausagiert wird. Die Nafs im Zustand ihrer größten Reduziertheit und daher Aktivität läßt sich mit dem Zustand des Kindes gleichsetzen; allerdings verbirgt das infantile Verhalten sich dabei in der Situation des Erwachsenen und bietet daher einen monströsen Anblick. Das heißt, der Beobachter findet, daß das Verhalten einer solchen Person dem eines kleinen Kindes gleicht – gleichzeitig ist der Beobachter bestürzt über die Macht, Effektivität und Reichweite des destruktiven Handelns, welches, dem Kinderzimmer entschlüpft, in dem größeren Laufgitter der »Geschichte« sich austobt. Für die meisten Menschen ist es beinahe unmöglich, aus ihrer eigenen unterdrückten Position heraus zu glauben, daß eine solche Person sich tatsächlich nur austobt, und sie weigern sich standhaft, die wahnsinnigen Ereignisse, in die sie verwickelt werden, zur Kenntnis zu nehmen, und zwar trotz ihrer eigenen Situation. Nichtsdestoweniger, diese Nafs kann unmöglich funktionieren, wenn sie nicht das Bild einer pseudo-erwachsenen Nafs vor sich hat, gegen welche sie anspielen kann; denn ihre destruktiven Energien richten sich gegen das Selbst-Bild, wie es sich am klarsten in Autoritätsfiguren, seien sie nun Eltern oder Pseudo-Eltern, widerspiegelt. Auf einer globalen Ebene ist diese Nafs leicht wiederzuerkennen: Napoleon, Churchill, Hitler und so weiter. Sie sind das Mark dessen, was als Geschichte bekannt ist, und das wiederum ist nichts anderes als das gewalttätige Vordergrund-Geschehen, erfunden, um die Aufmerksamkeit von der tieferen Hintergrund-Unwirklichkeit des persönlichen Kampfes der Nafs abzulenken, welcher in sich wiederum nur eine weitere Phantasie ist. Daher ist, von diesem Standpunkt aus betrachtet, die Politik in einer bestimmten Situation eine Phantasie-Struktur mit der Funktion, den inneren Konflikt einer Nafs zu bemänteln, der auf der Ereignis-Ebene ausgetragen wird. Die existentielle Vitalität dieses Kampfes verdunkelt nur das eigentliche Dilemma der Nafs, welches die Phantasie-Struktur ist, die es aufzudecken gilt, um die »Geschichte« zum Stehen zu bringen. Die Nafs hat in ihrer Schlauheit die brillante Ablenkung des »Weltgeschehens« geschaffen, so daß sie notfalls immer auf Gewalt zurückgreifen kann, um andere davon abzulenken, die wahre innere Gewalttätigkeit zu erkennen, welche sie zum Ausdruck bringt – oder darauf, die illusionäre innere Gewalttätigkeit der Wirklichkeit der Dinge zuzuschreiben. Wir haben es hier also mit einem Bild des menschlichen Lebens zu tun, in dem der Schauplatz des Handelns, der Schauplatz des Geschehens nichts als eine durch eine Illusion bemäntelte Illusion ist, die in einer zusammenphantasierten Umgebung vorgestellten Wesens ausgelebt wird. Der Schaich al-Akbar sagt:

> Daher gehorcht Er, Er sei gepriesen!, Sich in Seiner Schöpfung Selbst, wenn Er es so wünscht; und Er ist gerecht zu Sich in Hinsicht auf das, was Er für Sich bestimmt hat aus der inneren Notwendigkeit Seines Rechtes heraus – und es handelt sich dabei um nichts anderes als um leere Wahngebilde auf ihren leeren Thronen. In diesem Widerhall ist das Geheimnis, worauf wir anspielen, zu finden – für denjenigen, der geleitet ist.

Ohne Zweifel ist diese Konzeption des Illusionscharakters von Geschehen schlechthin und besonders der Erscheinungswelt für Menschen, die unter dem Einfluß der sehr wirkungsvollen Konditionierung der heutigen Gesellschaft erzogen worden sind, emotional sehr verwirrend. In diesem Stadium ist es sehr gefährlich, auf einen oberflächlichen akademischen »Realismus« hereinzufallen, der sich aufbrausend auf den »Bleib-auf-dem-Fußboden«-Empirismus des gesunden Menschenverstandes berufen wird, welcher besagt: Der Tisch ist hier, und ich bin hier, und damit basta.

Wir sind nicht hier, um zu versuchen, mit neurotischen Menschen über die Wahrheit der existentiellen Situation zu verhandeln, und zwar mit solchen, die sich in ihrem eigenen Weltbild vor sich selbst verbergen und ganz dem daraus resultierenden Wahnsinn, der unsere gegenwärtige Situation ist, hingegeben sind. Der Zusammenhang, in dem wir die Nafs untersuchen, ist das reale Dasein von Männern, die jene Phantasie-Erfahrungen überwunden haben, welche Krieg und Verbrechen und Wahnsinn zur Folge haben, und derart einen umfassenden Blick sowohl für die schöpferischen als auch für die destruktiven Möglichkeiten des Menschen gewonnen haben. Unser Mitmensch mit dem »gesunden Menschenverstand« hat sich schließlich nicht nur als unfähig erwiesen, die erhabenen Möglichkeiten des Menschen-Geschöpfs zu erfassen, sondern er hat auch gänzlich darin versagt, die wahnsinnigen und selbstmörderischen Tendenzen seiner Mitmenschen im Zaume zu halten, die sich darin erweisen, daß erlaubter Völkermord Kennzeichen unseres Jahrhunderts auf gesellschaftlicher Ebene ist und daß Verbrechen und Wahnsinn die privaten Bedingungen unseres Lebens sind. Eine wahre Wissenschaft der Nafs muß die Kraft besitzen, sich mit den bösen Aspekten der Nafs auseinanderzusetzen. Unter »böse« verstehe ich dabei nicht das, was die Eltern verbieten, sondern was dem Subjekt selbst schadet. Es sollte deshalb in der Lage sein, die notwendigen Mittel und Wege zu verstehen, um das Selbst umzuformen, so daß alle negativen Energien Schritt für Schritt durch positive, schöpferische Energien ersetzt werden können. Die erste dieser beiden Energieformen nennen wir Ursachen und die letztere Verhaltensmuster.

Es ist verständlich, daß die Leute vor Wörtern wie »falsch« und »richtig«, »gut« und »böse« Angst haben, denn diese Benennungen führen wiederum zu Wörtern wie »Schuld«, wodurch das gesamte Bestrafungs-Syndrom aktiviert wird. An dieser Stelle muß man eines der Kernprinzipien des Edlen Weges begreifen. Wir haben es schon aus dem Diwan des Vollkommenen Schaichs zitiert:

».. . die Reinheit des Weges ist Getrenntheit, welche, richtig ausgedrückt, der Ursprung der Wirklichkeit ist.«

Niemand weiß besser als die Sufis, daß die Struktur der Erfahrungswelt dualistisch ist. Tawhîd verleugnet diese Tatsache an keiner Stelle, wie der Schaich al-Kâmil nachdrücklich feststellt. Würden wir keine Dualität erfahren, so gäbe es kein Bedürfnis nach einer Wissenschaft von der Einheit. Es ist Kennzeichen eines Pseudo-Sufis, daß er sich weigert, sich an die Übungen der Trennung und der Straße zu halten, während er Anspruch auf Einheit und auf den Weg erhebt. Es hat keinen Sufi gegeben, der sich nicht ehrfürchtig und demütig dem Geheimnis der Existenz genähert hätte, wie ein Sklave, der vor seinen Herrn tritt. Es kann von Liebendem und Geliebtem keine Rede sein, solange der Sklave nicht gehorsam geworden ist, nicht aufgrund von Tyrannei, sondern aufgrund der Unterwerfung der Kreatur unter ihre Kreatürlichkeit; und es kann auch so lange keine Rede von beidem sein, wie die Unterwerfung des Sklaven ihn nicht gegenüber seinem wahren Wesen als Chalifen der Wirklichkeit geöffnet hat. Wenn ein Mann sagt, er brauche sich nicht zu verbeugen und niederzuwerfen und zu fasten und rituelle Waschungen vorzunehmen, so stellt er sich über den Meister und ist derart, während er äußerlich alle Aufgaben der sufischen Übungen erfüllen mag, innerlich tief verwickelt in jenen »monströsen« infantilen Kampf gegen die Eltern. Die Pseudo-Sufis sind alle von dieser monströsen Art, autoritär, dominierend und äußerlich gütig – ihre Anhänger sind unvermeidlich heimgesuchte Kinder, die verzweifelt versuchen, der dominierende Vater zu werden mit Hilfe einer Art ritueller Magie; dafür unterwerfen sie sich den »Übungen«. Da jedoch die Übungen nur einem Zweck dienen, nämlich dich zu Boden zu zwingen, gedemütigt, erniedrigt, gebrochen, damit du schließlich völlig hingegeben die Wirklichkeit akzeptierst, endlich offen und empfänglich für den unendlichen Reichtum der Schöpfung, für die unendliche Fülle der Wahrheit bist, ist es kaum überraschend, daß ihre Unternehmungen in Spaltung und Zusammenbruch enden.

Es gibt keinen Meister des Weges, der nicht seine menschliche Verpflichtung, sich zu beugen und zu Boden zu werfen und zu fasten, akzeptiert hätte, und zwar in einem Maße, daß er unter allen Menschen der am rückhaltlosesten Hingegebene ist und der in der Pflichterfüllung Sorgfältigste. Schaich al-Akbar, das heißt der Größte Meister, stellt in der Eröffnung der *Mekkanischen Offenbarungen*, seiner unübertroffenen Abhandlung über den Weg, kategorisch fest, daß keine Übertragung möglich ist, es sei denn, sie kommt von einem Nachfolger des Gesandten Muhammad, Friede sei mit ihm. Er beschreibt sehr lebendig die letzte Pilgerreise des Gesandten nach Mekka und seine Aufforderung an die Leute um ihn herum, zu bestätigen, daß er ihnen das gesamte Wissen darüber, wie man auf diesem Planeten in Harmonie mit der ganzen Schöpfung und in unmittelbarer innerer Kenntnis der Wirklichkeit leben könne, vermittelt habe:

> Dann sagte er: »Hat es euch erreicht?« Sie sagten: »Ja, es hat uns erreicht, o Gesandter Allahs!« Er sagte, möge Allah ihm Frieden geben: »O Allah – ich bezeuge es.«

Und dem Zeugnis des Propheten fügt der Meister sein eigenes hinzu wie ein demütiger, gewöhnlicher Sklave:

> Ich glaube an alles, was ihm offenbart wurde, Friede sei mit ihm, aus meinem Wissen heraus und aus meiner Nicht-Kenntnis dessen, was Er ihm gegeben hat.

Indem wir uns den Anweisungen unseres Schaichs fügen, der wiederum ein Anhänger und Erbe der Weisheit des Schaich al-Akbar ist, schreiten wir weiter fort, mit den Übungen des Edlen Weges zu beginnen, in der Hoffnung auf eine Führung, die uns diese dualistische Welt verstehen lehrt und uns dennoch irgendwie – obwohl wir uns des offenen Widerspruchs bewußt sind – die Erfahrung der Einheit geben wird. Worauf beruht das Verstehen nun eigentlich?

Vorausgesetzt, wir haben den Gesandten als verläßlichen Zeugen für die innere Wahrheit der menschlichen Existenz anerkannt, so kopieren wir ihn, indem wir unseren Schaich akzeptieren, in der ersten Übung des Weges.

Wudû

Schaich Shibli, der Schüler al-Dschunaids und ein Schaich unseres Schaichs, sagte: »Wudû ist Trennung. Salât ist Vereinigung.« Die Bedeutung und die Wirkung von Wudû geben der gesamten Struktur der Übungen, denen du dich unterziehen wirst, ihre Grundlage; daher ist es wesentlich, die tiefgreifende Bedeutung dieses Ritus zu erfassen. Das Sich-zu-Boden-Werfen *(Sudschûd)* und mit ihm das ganze rituelle »Gebet« *(Salât)* ist nicht gültig, wenn ihm nicht Wudû vorhergeht oder ein früherer Wudû noch in Kraft ist. Der *Wudû* ist eine formalisierte Waschung von Händen, Mund, Nasenlöchern, Gesicht, rechtem Arm, linkem Arm, Kopf und Hals, Ohren, rechtem Fuß und linkem Fuß, begleitet von angemessenen Gebeten *(Du'âs)*. Die Handlung ist äußerlich eine Säuberung und innerlich eine Reinigung. Die Verrichtung des Wudû wird schnell und gründlich vorgenommen, wobei sichergestellt sein muß, daß das Wasser jeden Teil der gewaschenen Glieder benetzt. Der Schaich al-Kâmil pflegte zu sagen: »Vollziehe Wudû wie ein *Madschdhûb* (heiliger Narr) und Salât wie ein sterbender Mann.« Die Wirkung des Wudû wird gebrochen durch Urinieren, Exkretion, das Loslassen von Blähungen und den Geschlechtsakt. Im letzteren

Fall kann die rituelle Reinheit nur durch *Ghusl,* was den vollen Akt der Reinigung bedeutet, formal der Waschung des ganzen Körpers, wiederhergestellt werden. Der Handlung des Wudû folgt eine Erklärung der *Schahâda,* der Bestätigung der Einheit Allahs und der Autorität des Propheten. Die Erfahrung der Waschung ist ihre eigene Erklärung, denn die betroffene Person spürt die Schockwirkung des reinen Wassers, welche die Nafs zwingt, sich von der sie jeweils verfolgenden Phantasie ab- und der unmittelbaren Wirklichkeit von Wasser und Körper zuzuwenden, der Wirkung des Augenblicks. Diese Erfahrung bringt dich zu Sinnen, sie reißt die Nafs aus jenem falschen Traumzustand von Benommenheit, welcher eine illusionäre Einheit vorgaukelt, während in Wirklichkeit sich die Nafs einfach vom Körper gelöst hat, der ihre eigene Totalität ausmacht. Und das bringt uns zu unserer ersten Begegnung mit einer Situation, auf die wir an jeder Station des Weges stoßen werden, obwohl wir schon indirekt darauf angespielt haben in unserer Geschichte der beiden armen Männer, die der Prophet in Medina traf. Jeglicher Zustand der Ausgeglichenheit und Harmonie und jede Stufe und Ebene des Wissens haben eine ihnen entsprechende Schatten-Form, die das Gegenteil der Wissenschaft von der Weisheit darstellt und als neurotisches Syndrom bezeichnet werden könnte. Beispielsweise und offensichtlich ist die gründliche Ausführung von Wudû als Voraussetzung für die fünf täglichen rituellen Andachten das Zeichen des *Mumin* (jemand, der der Wirklichkeit vertraut), entsprechend dem Ausspruch des Gesandten: »Haltet euch an den geraden Pfad, stellt keine Berechnungen an, wisset, daß eure beste Handlung Salât ist und daß nur ein Mumin Wudû sorgfältig beachtet.« (Thauban hat es berichtet, und Mâlik überlieferte es.) Gleichzeitig ist es möglich, einen Mann zu entdecken, der Wudû bis ins Letzte gründlich ausführt, so daß, während man äußerlich an ihm keinen Fehler finden kann, man innerlich spürt, daß in seiner Ausführung der

Riten etwas Störendes ist, etwas, das den Charakter von Besessenheit hat.

Uqba ibn 'Amir berichtet den folgenden Ausspruch des Gesandten: »Wenn ein Unterworfener Wudû richtig ausführt und dann zwei *Rak'as* (bestimmte Folge von Niederwerfungen) macht, wobei er in ihrem Vollzug innerlich wie äußerlich bei der Sache ist, so ist ihm das Paradies sicher.« Muslim hat es überliefert.

An dieser Stelle führt der Prophet aus, daß eine Handlung ohne innere Anteilnahme sinnlos ist. Die Schlußfolgerung aus dieser Doppelbödigkeit einer Situation ist, daß es durchaus möglich ist, jemanden zu sehen, der offensichtlich durch ein umfassendes Verständnis des Weisheits-Verhaltens veredelt ist und sich innerlich dennoch in einem Zustand von Konflikt und Unwissenheit befindet. Dies ist für die Leute des Weges die Scheidelinie zwischen Weisheit, welche identisch ist mit dem Weg des Propheten, und irgendeiner Religion – wenn man sie als Anhaften an Formen betrachtet, als Heuchelei und die innere Ablehnung sinnvoller Formen.

Abû Huraira berichtet den folgenden Ausspruch des Gesandten: »Wenn ein Unterworfener oder ein Vertrauender im Verlauf von Wudû sein Gesicht wäscht, wird jede falsche Handlung, die er mit seinen Augen betrachtet hat, aus seinem Gesicht verschwinden, zugleich mit dem Wasser oder mit dem letzten Tropfen Wasser. Wenn er seine Hände wäscht, löst sich jede schlechte Handlung, die sie begangen haben, von seinen Händen zugleich mit dem Wasser oder mit dem letzten Tropfen Wasser. Und wenn er seine Füße wäscht, verläßt jede schlechte Handlung, auf die seine Füße zugegangen sind, seine Füße zugleich mit dem Wasser oder dem letzten Tropfen Wasser, so daß er als Resultat frei von Übertretungen sein wird.« Muslim hat es überliefert.

Aus all dem geht klar hervor, daß wir es mit einem Prozeß wirkungsvoller Reinigung zu tun haben, der den menschlichen Verhältnissen angepaßt ist. Jedes Geschöpf hat seine eigene Weise, sich zu pflegen. Die Körperpflege der Katze ist förmlich und wesentlicher Bestandteil ihres Lebens. Ein Zeichen dafür, daß ein in Gefangenschaft gehaltenes Tier seinen Lebensrhythmus verliert und krank wird, ist, wenn es aufhört, sich zu pflegen. Dieser Akt des Wudû ist auf ganz die gleiche Weise für den Menschen notwendig. Es liegt im Wesen des Menschen zu glauben, seine Handlungen hafteten als geistige Formen an ihm, die er »mit sich herumschleppt«, bis diese imaginäre Last das Leben für ihn unerträglich macht und er darunter zusammenbricht. Ein Mensch, der jegliche Anerkennung einer Unsichtbaren Wirklichkeit beiseite geschoben und jeglichen Glauben an eine einheitliche, gütige Energie, die die totale Existenz des Kosmos regiert, verworfen hat, ist verständlicherweise weit davon entfernt, von dieser unglücklichen Tendenz – an der geistigen Form seiner Handlungen festzuhalten und sich durch seine eigene illusionäre Selbst-heit belastet zu fühlen – befreit zu sein. Diese Selbst-heit ist für ihn nichts anderes als diese Zuschreibung von Fehlern und Mißerfolgen einerseits und Triumphen und Freuden auf der anderen Seite.

Durch seine gleichzeitige Einwirkung auf die Körperoberfläche und das Erfahrungszentrum führt Wudû im Bewußtsein immer wieder einen Bruch zwischen Handlungen und der Nafs herbei. Handlungen haben keine Wirklichkeit. Das ist die Schockwirkung der ersten rituellen Handlung des Weges. Der Wudû seinerseits ist dem Hadîth zufolge nutzlos, wenn er nicht von dieser lebendigen inneren Wahrnehmung begleitet wird. Das ist der Grund dafür, warum es für die Ausführung des Wudû wesentlich ist, den Höchsten Namen dabei auszusprechen; denn der Akt der Anrufung der Wirklichkeit während des Rituals ist ein Führer auf dem Wege zur Vereinigung der inneren und der äußeren Aspekte des Geschehens. Wenn jemand mit der Übung des Wudû beginnt, wird er feststellen, daß es zwei grundlegende Tendenzen des Mißbrauchs gibt: Die eine Art des Mißbrauchs besteht darin, unachtsam und unpräzise in der Ausführung der getrennten Handlungen jedes Stadiums der Waschungen zu sein; die zweite Art des Mißbrauchs besteht darin, den ganzen Vorgang im Zeitlupen-Tempo zu absolvieren, in Selbstverliebtheit, als würde man sich salben. Jedes dieser Extreme muß man sorgfältig vermeiden, bis die Mitte gefunden ist, welche die Handlung mit Kraft und Würde erfüllt und mit Anonymität, so daß deine Ausführung des Rituals der deines Nachbarn gleicht. Es gibt keine Individualität in irgendeiner der grundlegenden Übungen.

Wir kommen nun zur Grundlage des Wudû, wodurch wir auf die tiefe Bedeutung und den profunden Effekt der Grundübungen aufmerksam werden, ohne welche der Wert der höheren Übungen nicht nur beeinträchtigt, sondern ihre Ausführung ernsthafte und schädliche Folgen für die Nafs haben würde. Anrufung ohne Wudû führt garantiert zu einer destruktiven Krise der höheren Nafs und ebenfalls des Verhaltens-Rhythmus und der Harmonie der Person, die derartiges versucht. Dies entspricht der gefährlichen und heimtückischen Übung der Pseudo-Sufis, deren Ziel selbstverständlich Manipulation und nicht Befreiung ist. Deshalb schließen sie die Unterscheidung zwischen den verschiedenen Ritualen und ihrer sinnvollen Anordnung aus ihrer Vorgehensweise aus.

Auf den Wudû, welcher die Basis der Übungen ausmacht, folgt der Ghusl. Er ist einfach eine Erweiterung des Wudû, nur daß er die Waschung des ganzen Körpers mit fließendem oder über ihn ausgegossenem Wasser einschließt und so die vollkommene rituelle Reinigung bewirkt. Dies ist am Anfang des Weges notwendig als Unterstreichung der Einheit und als Anerkennung des Propheten, und es ist die letzte Handlung, die an einem Menschen vor seinem Begräbnis vollzogen wird, wenn der Körper gewaschen wird, bevor er der Erde, aus der er gemacht ist, zurückgegeben wird. Die andere Gelegenheit, die den Ghusl verlangt, ist der Zeitpunkt nach dem Geschlechtsverkehr. Diesmal ist der Akt der Trennung wiederum einer der körperlichen Sauberkeit und bewirkt ebenfalls einen Bruch zwischen der Energie des Geschlechtsverkehrs und der Energie der absoluten Hingabe, dem Genuß der Liebe einerseits und dem Loslassen im Akt der geistigen Übungen andererseits. Diese Argumentation enthält keine eingebaute Zensur, im Gegenteil, es ist der Akt des Ghusl, welcher der sexuellen Handlung Gültigkeit und Bestätigung verleiht, sie besiegelt und zum Abschluß bringt. Diese Handlung ist ebensosehr der Abschluß des Liebesaktes wie eine Vorbereitung auf wirkungsvolle Salât. Deshalb sollte der Akt des Ghusl nicht aufgeschoben werden, sondern so unmittelbar wie möglich auf die Beendigung der geschlechtlichen Vereinigung folgen.

Auf der niedrigsten Stufe der rituellen Waschungen steht die Waschung von Anus und Sexualorganen nach der Defäkation oder dem Urinieren – dieser Akt wird abgeschlossen durch das Auswaschen von Urinflecken, die sich vielleicht in der Unterwäsche gebildet haben. Hier handelt es sich um die grundlegende Unterscheidung, die gesundes Erwachsenen-Verhalten definiert. Die grundlegende Unterscheidungsunfähigkeit ist das Unvermögen des Kleinkindes, Kot und Nahrung auseinanderzuhalten. Die gesamte Schuld-Struktur, deckt man sie in der Art moderner Therapien auf, zeigt sich uns als diese Ur-Schuld, die dem ängstlichen Kind, das bezüglich der Identität der Dinge verwirrt ist, von Eltern vermittelt wird, die selber schon schuldig sind. Erwachsene, die in dieser Gesellschaft aufgewachsen sind, welche diese Unterscheidung nicht förmlich festgelegt hat, gelangen schließlich ganz eindeutig dazu, Nahrungsmittel wie Kot zu behandeln, und die Verschwendung von Nahrungsmitteln wird für sie zu einer gesellschaftlichen Gewohnheit, und zwar in der gleichen Weise, wie das Aufessen jedes Krumens und die Nicht-Verschwendung von Nahrung Teil der Weisheits-Lehre ist.

Hier haben wir nun die grundlegende Übung, auf welcher die vollkommene Unterscheidungsfähigkeit hinsichtlich verschiedener Verhaltens- und Wahlmöglichkeiten basiert. Der Gesandte sagt: »Der Schlüssel zum Paradies ist Salât, und der Schlüssel zur Salât ist Wudû.« Dschabir hat es berichtet, Ahmad hat es überliefert. Der Schaich al-Kâmil sagte: »Die Gültigkeit deines Salât hängt davon ab, ob du dein Wudû ausgeführt hast. Die Gültigkeit des Wudû basiert auf dem Ghusl, welcher ihm zum rechten Zeitpunkt vorhergegangen ist, und die Gültigkeit von Ghusl wiederum setzt voraus, daß man den Anus und den Penis vorher gewaschen hat. Folglich basiert deine gesamte innere Wirklichkeit auf dem natürlichen Akt des Waschens von Anus und Penis.« Der Wudû ist ein Versiegeln des Körpers, wodurch der Akt der Salât vorbereitet wird. Deshalb brechen das Fahrenlassen von Blähungen, Ausscheidungen, Auswurf und Menstruation den Wudû. Seine Wirkung besteht einerseits darin, im Individuum eine bewußte Annahme seiner selbst zu bewirken. Es soll sich als diesen offenen, fließenden Organismus von Aufnahme und Ausscheidung akzeptieren. Die Verpflichtungen von Wudû und Ghusl beinhalten keinerlei Verheimlichung des Lebensprozesses, keine Schuld, keine Phantasie – diese Geschehnisse sind natürlich und haben ihre natürlichen Mittel der Reinigung: Die Wirkung von Wudû besteht darin, eine scharfe Unterscheidung zwischen diesen energetischen Aktivitäten, die alle mit Produktion und Reproduktion zu tun haben, und der höheren Nafs, welche eine völlige Trennung von ihnen erfordert, ohne Unterdrükkung ihres Tätigwerdens oder unseres Bewußtseins davon herbeizuführen. Der letzte Höhepunkt dieser Riten ist die Waschung der Toten.

Wir waschen unsere eigenen Toten, die Männer die Männer und die Frauen die Frauen.

So kommen wir zu Lebzeiten in den Genuß des Privilegs, andere für das Grab zu bereiten. In diesen Riten wird der Körper von allem Überflüssigen geleert, der Mund wird geschlossen; dann wird der ganze Leichnam gewaschen und mit Kampfer behandelt in einer Art abschließender Versiegelung, so daß der Körper eher austrocknet als verwest. Dann wird er in weiße Tücher eingewickelt und in die Erde zur Ruhe gelegt. Weihrauch wird entzündet, um das höhere Selbst der Trauernden zu erwecken. Der Weihrauch entspricht dem Wohlgeruch des Körpers des Individuums, welches seinen Wudû ausgeführt hat und für den Akt der Salât bereit ist, welcher darauf folgt.

»Wudû ist Trennung, Salât ist Vereinigung.« Die pseudo-sufische Lehre, falsche Spiritualität, beruft sich auf die Einheit, und sie instruiert ihre Anhänger dahingehend, daß sie keinem besonderen Weg zu folgen brauchen, da diese Wege ohnehin alle eins sind. Diese Doktrin ist auf Unwissenheit gegründet und zeugt von wenig gründlichem Nachdenken. Sie basiert auf der Erhaltung der erfahrenden Nafs, um die alles kreist, und darauf, sie aufzuwerten und stark und wirkungsvoll für die Welt des Handelns und Geschehens zu machen. Warum soll ich mich auf diese oder jene Weise verbeugen, Gebete auf eine bestimmte Art verrichten – bin ich nicht ständig im Gebet, sagt mir nicht der Koran, daß Allahs Gesicht ist, wohin ich mich auch wende? Dies ist im wesentlichen die oberflächliche Argumentation des Pseudo-Sufis mit seiner Angst vor der Selbstaufgabe. Der Koran hat gesagt, daß, wohin ich mich auch wende, das Gesicht Allahs ist. Er belehrt uns weiterhin darüber, im Akt des Zu-Boden-Werfens eine bestimmte Richtung einzuhalten, wodurch alles menschliche Beten um einen zentralen Punkt herum, die Ka'ba in Mekka, vereinigt wird, so daß ein endloses Rad lebendiger Lobpreisung der Wirklichkeit sich endlos um die vier Wände des leeren Alten Hauses dreht, das von Sajjidina Ibrâhîm (Abraham) zu genau diesem Zweck errichtet wurde. Die Wirklichkeit spricht in dem koranischen Ausspruch zum Gesandten:

Wir sahen dich dein Antlitz in den Himmel kehren, aber wir wollten dich zu einer Qibla wenden, die dir gefallen soll. Wende dein Angesicht nach der Richtung der heiligen Moschee, und wo immer ihr seid, wendet eure Angesichter nach der Richtung zu ihr; und siehe jene, denen das Buch gegeben ward, wissen wahrlich, daß dies die Wahrheit von ihrem Herrn ist. Und Allah ist nicht achtlos ihres Tuns. Brächtest du denen, welchen die Schrift gegeben ward, jegliches Zeichen, so würden sie doch deiner Qibla nicht folgen; und auch du sollst ihrer Qibla nicht folgen; die einen von ihnen folgen nicht der Qibla der anderen. Und wahrlich, folgtest du ihren Gelüsten nach dem, was dir von der Kenntnis zuteil ward, siehe, wahrlich dann wärest du einer der Ungerechten. Sie, denen wir die Schrift gaben, kennen ihn, wie sie ihre Kinder kennen; und siehe wahrlich, ein Teil von ihnen verbirgt die Wahrheit, wiewohl sie sie kennen.

Die Wahrheit ist von deinem Herrn, sei daher keiner der Zweifler. Und jeder hat eine Richtung, nach der er sich kehrt; wetteifert daher nach dem Guten; wo immer ihr seid, Allah wird euch zusammenbringen; siehe, Allah hat Macht über alle Dinge.

Von wannen du immer herauskommst, kehre dein Angesicht in der Richtung der heiligen Moschee; denn siehe, wahrlich es ist die Wahrheit von deinem Herrn, und Allah ist nicht achtlos eures Tuns. Von wannen du immer herauskommst, kehre dein Antlitz in der Richtung der heiligen Moschee, und wo immer ihr seid, kehret euer Angesicht in der Richtung zu ihr, damit die Leute keinen Streitgrund wider euch haben, außer wider die Ungerechten unter ihnen. Fürchtet sie nicht, sondern fürchtet mich; und ich will meine Gnade gegen euch vollenden, und vielleicht werdet ihr geleitet. Demgemäß entsandten wir zu euch einen Gesandten aus euch, euch unsre Zeichen zu verlesen und euch zu reinigen und euch das Buch und die Weisheit zu lehren und euch zu lehren, was ihr nicht wußtet. Drum gedenket mein, daß ich eurer gedenke, und danket mir und seid nicht undankbar gegen mich.«

(Koran 2.139–147)

Diese Passage des Korans ist von entscheidender Bedeutung für die Gültigkeit des Weges insgesamt. Da ist ein Weg, da ist eine Reise, da ist ein Reisender. Wir leben in der Welt der Formen, und die geistigen Formen zu leugnen, heißt, Allah von der Schöpfung auszuschließen und ihn aufgrund eines falschen Esoterizismus dem Gestaltlosen zuzurechnen. Der Koran entzieht der verqueren Denkweise der Unwissenden die Grundlage, indem er die Unwirklichkeit ihrer Ablehnung einer »Qibla« zeigt: »Jeder Mensch hat seine Richtung, die er einschlägt.« Folglich leugnen sie nicht die Richtung, was sie tatsächlich ablehnen, ist diese eine Richtung, die unter Führung der Wissenschaft des Geistes eingeschlagen wird.

Es sind die »Übertragung« und der Gesandte, was sie von ihrem Standpunkt aus ganz zu Recht leugnen; denn ihre Lehre ist erfunden und ihre »Übertragung« hat keinen Ursprung.

Diese Passage bestätigt ebenfalls, daß es das Einschlagen einer Richtung, das heißt die Annahme einer unterscheidenden Wissenschaft ist, wodurch sich der einzelne dem lebendigen Dialog mit der Wirklichkeit öffnet, worin das Geheimnis des Gesandten bestand. »Denke an Mich und Ich werde an dich denken«, ist das unvermeidliche Ergebnis dieses unterscheidenden Prozesses – Einheit ist die Frucht der Getrenntheit.

Entgegen der Lehre der Pseudo-Sufis ermöglicht erst das Einschlagen einer Qibla, ein Verständnis zu gewinnen für die Beziehung zwischen Form und Nicht-Form, zwischen der begrenzten Körper-Selbst-Wirklichkeit des Sklaven und der grenzen-, körper- und selbst-losen Wirklichkeit des Herrn. Man erzählt, daß die Einleitungs-Formel des Schaich al-Akbar, wenn er die Qibla einnahm, um die Salât zu beginnen, lautete: »Ich bin ein *Kâfir* (Ungläubiger) geworden und habe den Gürtel enger geschnallt – Allâhu akbar.« Das heißt, daß er aufgehört hatte, ein wahrer Muslim zu sein – also jemand, der sich einer Wirklichkeit unterwirft, die mit keiner Form in Verbindung gebracht werden kann –, und daß er jemand geworden war, der die Wirklichkeit der Dinge verdeckt – also ein Kâfir. Er hatte den Gürtel, den *Zonnâr*, des Christen enger geschnallt – was bedeutet, er hatte sich eher auf eine bestimmte Richtung fixiert als auf eine andere, er hatte sich damit beschäftigt, die Wirklichkeit zu »lokalisieren«, war dem großen christlichen Mißverständnis hinsichtlich des Wesens der Existenz anheimgefallen. Das *Allâhu akbar*, die Eröffnung des Salât selbst, drückte aus, daß er sich dennoch als Sklave den Geboten seines Propheten unterwerfe und bestätige, daß Allah *»akbar«* sei – größer als irgendein Ereignis oder Vergleich oder Begriff.

Schaich Ibrâhîm Gazur-i-ilâhi sagt in seinem *Irshadat*:

> Der Qiblas sind vier. Die Qibla der Ka'ba, der eigene *Pir* (Sufi-Meister), das Herz, die Wahrheit. Man wende sich der Reihe nach vom ersten zum zweiten, vom zweiten zum dritten und vom dritten zum vierten. Erreicht man in der vorgeschriebenen Salât diese Stadien, um so besser – dann hast du aus Muhammads Becher getrunken, Friede sei mit ihm.

Dann zitiert er die berühmte Âja aus dem Koran: »Wohin immer du dein Gesicht wendest, Allahs Gesicht ist da«, und fährt fort, von einem Madschdhûb zu erzählen, der sich vor allem, was er sah, niederzuwerfen pflegte und erklärte: »O Allah, ich suche deinen Schutz vor *Schirk* (das heißt die Assoziierung irgendeiner Form mit Allah) in allen Dingen.« Dies wäre natürlich die Haltung des Pseudo-Sufis, wenn er sich an seine eigene Argumentation klammern würde; dieser Zustand verlangt wirkliche Ekstase. Masud Beg bemerkte, als er dies sah, gegenüber dem Sohn des Madschdhûb, daß sein Vater in der Praxis von *Schirk* Schutz suche. Das soll heißen, daß er in jeder seiner Niederwerfungen der Wirklichkeit eine »Richtung« gab. Der Sohn erwiderte: »Nenne ihn nicht *Muschrik**, er sieht alles ohne Ding-heit.«

QBL, die Wurzel des Wortes, bedeutet »zugeben, akzeptieren« – und zwar die Existenz von Formen. Bevor wir uns mit den Details des rituellen Aktes des Niederwerfens beschäftigen, wollen wir seine Bedeutung als »Übung«, als die entscheidende »Übung« des Weges näher untersuchen.

Was ist die Salât? Wir haben die Bedeutung ihres »Wohin«, ihrer Richtung festgestellt, nun sollten wir uns klar darüber sein, was sie ist und was sie in uns bewirkt.

Der Akt der Salât ist, wie wir gesagt haben, ein Niederwerfen. Das Stammwort SLA bedeutet »dem Zentrum des Rückens Schmerzen bereiten«, »das Zentrum des Rückens eingebogen haben wie eine Stute vor dem Fohlen«. Die zentrale Bewegung bei der Salât ist das Berühren des Bodens mit dem Kopf, und das heißt *Sadschda* oder *Sudschûd*, von SDSCHD, was soviel wie »demütig sein« und »Anbetung« bedeutet. Daher ist die ganze Sache ein Akt der Demut und ein Akt der Hinwendung. Der Sklave tritt vor und bietet sich an. Es ist eine Öffnung des Selbst für die erhabene Wirklichkeit. Die Folge seiner Bewegungen – Stehen, Beugen, zweimal den Kopf auf den Boden legen, Sitzen –, der ganze Vorgang leugnet die Nafs und bietet die demütige Nafs der Wirklichkeit dar. Das Stehen ist der Zustand, in dem das Selbst noch eine Haltung von Stärke einnimmt, die Verbeugung entspricht dem Gruß, und das Niederwerfen mit dem Kopf auf dem Boden ist der unmittelbare Akt der Unterwerfung. Ein solcher Akt hat den Wert von Millionen verbaler Beteuerungen der Annahme der Wirklichkeit. Es ist der Kopf, der auf die Erde gelegt werden muß. Es ist das überhebliche gedanken-gebundene Bewußtsein, welches das

* Muschrik = einer, der Schirk begeht, d. h. ein Polytheist im weitesten Sinn. (Anm. d. Übers.)

Selbst in den Strukturen der Verblendung gefangenhält, und genau das muß dargeboten werden. Am Ende entspricht die schließlich eingenommene Haltung weder der stolzen Nafs noch der verneinten Nafs: Sie ist ausgewogen zwischen beiden Extremen, entspannt und ausgeglichen – der Sklave sitzt aufrecht und wendet seinen Kopf nach links und rechts, um den Frieden willkommen zu heißen.

Das ist die äußere Beschreibung des Geschehens – innerlich hat der Vorgang ebenfalls eine Struktur. Innerlich ist der Anfang der entscheidende Moment wie äußerlich das Ende. Zur Eröffnung der Salât erhebt der Sklave beide Hände, legt sie hinter die Ohren und läßt sie dann herabsinken, so als lege er die Welt hinter sich – die Hände mit gespreizten Fingern werden langsam gesenkt, als glitten sie durch Wasser. Diese Eröffnung begleitet eine verbale Deklaration: »*Allâhu akbar.*« Das nennt man Takbîr. Imâm Dschunaid, möge Allah Wohlgefallen an ihm finden, sagte: »Alles Geschehen in der Natur hat einen Höhepunkt, und danach fällt es ab; der Höhepunkt der Salât ist die Eröffnung, das Takbîr.« Der Adept muß die Bedeutung dieser Aussage begreifen, bevor der Akt der Salât für ihn fruchtbar werden kann. Imâm Dschunaid lenkt hier die Aufmerksamkeit auf die innere Sammlung, die notwendig ist, um den Akt auszuführen. Vor der Verrichtung des Takbîr besteht die Verpflichtung, den formellen Akt der *Nijja*, das heißt der Absichtserklärung, zu vollziehen, was von außen betrachtet einfach bedeutet, zu sich selbst zu sagen: »Ich habe jetzt die Absicht, die Salât nach Sonnenuntergang zu beten«, oder welche Salât es gerade sein mag. Innerlich bedeutet Nijja die Sammlung und Hereinnahme der gesamten Aufmerksamkeit in die erfahrende Nafs; die gesamte Bewußtheit muß auf den Punkt gerichtet werden, an dem der Kopf in Vollzug von *Sudschûd* (Niederwerfung) den Boden berührt und das Herz auf Allah konzentriert ist. Sehen wir uns an, was notwendig ist, damit man eine gültige Salât verrichten kann. Die Voraussetzungen sind:

1. Die äußere Säuberung des Körpers von Schmutz und die innere Reinigung von Begierden *(Wudû)*.
2. Die äußeren Kleider sollten sauber sein und die Leibwäsche unbefleckt.
3. Der Ort, an dem man sich reinigt, sollte äußerlich frei von Verunreinigung sein und innerlich frei von falschen Handlungen.
4. Beim Einnehmen der Qibla gilt die äußere Qibla der Ka'ba und die innere dem Thron Allahs, womit das Geheimnis göttlicher Kontemplation gemeint ist.
5. Äußerlich sollte man sich im Zustand der Kraft *(Qudra)* befinden und innerlich im Garten von Allahs Nähe *(Qurb)*.
6. Die ehrliche Absicht, sich Allah zu nähern.
7. Das Aussprechen des *Allâhu akbar* im Zustand der Ehrfurcht und Selbst-Auslöschung; im Stehen sollte die Einheit mit Allah hergestellt sein, und der Koran soll genau und mit Bewußtheit rezitiert werden; der Kopf sollte in Demut gebeugt werden und die Hingabe der eigenen Nafs in Erniedrigung vollzogen werden; *Schahâda* (das Glaubensbekenntnis) sollte in höchster Konzentration rezitiert und die Auslöschung der eigenen Attribute begrüßt werden.

Hier handelt es sich um eine Beschreibung des Schaich al-Hudschwiri, und sie gibt ein lebendiges Beispiel für die Vereinigung von innerer Erfahrung und äußerer Wirklichkeit, und eben dies ist das Anliegen von Tasawwuf. Es ist die Klarheit dieser Vereinigung, die es dem Sufi erlaubt, die Fragmentierung der anderen Menschen zu durchschauen, zu erkennen, wie ihre Taten und – speziell heutzutage – ihre Worte ihre innere Wahrheit verlieren aufgrund der Abwesenheit eines inneren Zustandes, der ihnen Wirklichkeit geben würde; der Sufi sieht, wie ihr Herz getrennt ist von ihrer Bestimmung, weshalb sie nicht wissen, wo sie gewesen sind und wohin sie gehen. Die Vereinigung der Nafs hat ihren

Anfang und ihr Ende auf der Gebetsmatte, auf die man sich in Hingabe niederwirft. Darin besteht die große »Übung« – im Unsichtbaren ist sie die »Übung« der Engel und der Dschinn, die die Wirklichkeit aus vollem Herzen bejahen, und sie sind auch in der schließlichen Begrüßung mit dabei; denn der Adept führt diese Begrüßung in jedem Fall aus, auch wenn er oder sie allein ist. Die Salât ist Vereinigung deshalb, weil sie ein vollständiges Sich-Öffnen für den Augenblick bedeutet. Sie ist das Beste von allem, was man tun kann. Das Beste, was man hier und jetzt tun kann. Hier und jetzt: Denn die fünf obligatorischen Andachten finden jeweils zu festgesetzten Zeiten statt, die entsprechend dem Sonnenaufgang bzw. -untergang durch das ganze Jahr hindurch wechseln. Daher bedeutet diese Handlung, während sie eine innere Vereinigung ist, unweigerlich auch einen Akt der Vereinigung vom kosmischen Standpunkt aus gesehen. Unwissenheit heißt, nicht zu wissen, wo man sich befindet; Wissen dagegen heißt, sich bewußt zu sein, daß man genau dort ist, wo man sein sollte. Es gehört eigentlich zu den natürlichsten Selbstverständlichkeiten des Universums, daß das Menschen-Geschöpf in der Morgendämmerung, am Mittag, in der Mitte des Nachmittags, nach Sonnenuntergang und bei Anbruch der Dunkelheit hingestreckt liegen sollte vor der Majestät und Schönheit und Einheit der Wirklichkeit. Hier haben wir Harmonie, kosmisch und innerlich in dem Mikrokosmos des Herzens – hier stehen wir am Beginn der Wissenschaft von der Vereinigung, hier beginnt sich das Herz für die Entdeckung seines wahren Wesens zu öffnen. Hier findet die erste Erfahrung des Sklaven als jemand, der in einer dialogischen Beziehung zur Wirklichkeit steht, statt. Es ist Bewegung, es ist eine Aktivität mit einer abgrundtiefen und erschütternden Wirkung auf die Nafs.

Es wird berichtet, daß, wenn der Gesandte sich zur Salât niederwarf, seiner Brust ein Geräusch, vergleichbar dem eines Kessels mit kochendem Wasser, entströmte. Wenn sein innig geliebter Begleiter Sajjidina 'Alî, möge Allah Wohlgefallen an ihm finden, im Begriff stand, Salât zu verrichten, standen ihm die Haare zu Berge, und er pflegte zu sagen: »Es ist die Stunde gekommen, eine Pflicht zu erfüllen, welche Himmel und Erde nicht tragen können.« Der Meister Sahl at-Tustarî, obwohl im hohen Alter gelähmt, pflegte die Bewegungsfähigkeit seiner Glieder zurückzugewinnen, sobald die Stunde des Gebets nahte, und nachdem er sich fünfmal niedergeworfen hatte, war er unfähig, sich vom Platz zu bewegen.

Schaich al-Hudschwiri erzählt ebenfalls: »Abu'l Chair Aqta' hatte ein Gangrän an seinem Fuß. Die Ärzte erklärten, sein Fuß müsse amputiert werden, er aber ließ es nicht zu. Seine Schüler sagten: ›Schneidet ihm den Fuß ab, während er Salât verrichtet; denn während dieser Zeit ist er ohne Bewußtsein.‹ Die Ärzte folgten diesem Rat. Als Abu'l Chair seine Gebete beendet hatte, stellte er fest, daß man ihm den Fuß amputiert hatte.«

Der Walî Husain ibn Mansûr al-Hallâdsch pflegte innerhalb eines Tages und einer Nacht vierhundert *Rak'as* (Gebetseinheiten) auszuführen. Auf die Frage, warum er sich angesichts seines hohen Grades an Vollkommenheit so vielen Mühen unterziehe, antwortete er: »Schmerz und Freude zeigen deine Gefühle an, aber diejenigen, deren Eigenschaften ausgelöscht sind, fühlen weder die Wirkung des Schmerzes noch der Freude. Gebt acht, daß ihr nicht Trägheit als Reife bezeichnet und das Verlangen nach der Welt als Suche nach Allah.« Hier haben wir ein anderes Beispiel für einen Zustand, der von außen wie die Selbst-Auferlegung von Schmerz aussieht, was man dann Asketizismus nennt, während er innerlich einer Wirklichkeit jenseits der Dichotomie Freude/Schmerz entspricht, weil die Nafs verschwunden ist und niemand da ist, der diese Unannehmlichkeiten fühlen könnte.

Der Imâm der Schaichs sagte:

»Laßt es nicht Zweck eures Betens sein zu beten. Denn ihr habt nicht gebetet, solange ihr nicht Vergnügen und Freude in der Vereinigung mit Ihm erfahrt, dem man nicht nahe kommt, außer durch Ihn Selbst.«

Ibn 'Ata sagte: »Laßt es nicht Zweck eures Betens sein zu beten, ohne Ehrfurcht und Achtung für Ihn, der euch beten sieht.«

Mawlana Rûmî sagt, daß, wenn wir richtig zu beten verstünden, wir zu Beginn des Gebetes in dieser Welt stehen würden, um uns dann in die nächste hineinzubeugen. Daraus wird deutlich, daß die Alchemie des Sich-Niederwerfens nicht nur, wie gehabt, ein psychologisches Sich-Öffnen ist, sozusagen eine Bewußtseins-Einstellung, die durch den Akt des Den-Kopf-auf-den-Boden-Legens verändert wird. Man kann es nicht auf das Niveau einer bloßen Technik reduzieren – man kann es sich nicht einverleiben als ein Mittel, innere Ruhe zu finden, ohne parallel dazu die innere Erkenntnis des So-Seins der Wirklichkeit zu gewinnen.

Nun müssen wir uns dem ganzen Bündel von Ideen, die bis zu diesem Punkt beiseite gelassen wurden, zuwenden, die wir jedoch begreifen müssen, wollen wir zu irgendeinem Verständnis des sufischen Weges gelangen.

Ein Meister sagte, daß ein Mensch, der im Begriff ist zu beten, sich selbst so sehen müsse, als stehe er auf dem Sirât, mit seinem Schaich vor sich an der Ka'ba, das Paradies zur Rechten und das Höllenfeuer zur Linken und über sich Azrael, der Todesengel. Der Sirât ist die enge Brücke (genauer: der Weg über diese), die der Tote nach seinem Ableben zu passieren hat – es gibt eine Überlieferung, nach der der Gesandte gesagt hat, Sirât sei schmaler als die schmalste Schneide eines Schwertes.*

* Hier sei daran erinnert, daß der Betende in seiner wiederholten Bitte um Rechtleitung nach dem Wortlaut des Korans dieses Brückenpfades gedenkt: »Zeige uns den *geraden Weg – Sirâta-l'mustaqîm*«. (Anm. d. Übers.)

Was sollen wir mit einer solchen Feststellung anfangen? Es würde einfach sein, dem heutigen Menschen zu versichern, das alles sei nur symbolisch gemeint; einige Pseudo-Sufis behaupten, der Ausspruch sei für das einfache Volk, aber nicht für »Durchblicker« wie sie, die doch wissen, daß ein All-erbarmender Gott niemanden strafen wird. Andere deuten an, der Ausspruch enthalte eine versteckte Bedeutung, was wiederum die Macht und die kompromißlose Herausforderung jenes Bildes von der anderen Welt verwässert.

Zunächst wollen wir sehen, was der größte Meister dazu zu sagen hat. Wir zitieren deshalb nun die Passage zu Ende, die wir weiter oben untersucht haben:

> Dann sagte er: »Hat es euch erreicht?« Sie sagten: »Ja, es hat uns erreicht, o Gesandter Allahs!« Er sagte, möge Allah ihm Frieden geben: »O Allah – ich bezeuge es.« Ich glaube an alles, was ihm offenbart wurde, Friede sei mit ihm, aus meinem Wissen heraus und aus meiner Nicht-Kenntnis dessen, was Er ihm gegeben hat. Es ist bestimmt, daß es eine festgesetzte Zeit mit Allah gibt. Wenn sie kommt, wird sie nicht verschoben. Ich glaube daran mit einem *Îmân* (Glaube, Vertrauen), der ohne Zögern oder Zweifel ist, so wie ich schon vorher daran geglaubt habe. Ich bin als ein Sklave eingesetzt. Das Grab ist wahr und das Auferwecken der Körper aus dem Grab ist wahr, und das Geradestehen der Menschen vor Allah, er sei gepriesen, ist wahr; daß die Seiten zerblättert werden, ist wahr. Die Sirât ist wahr. Der Garten ist wahr und das Feuer ist wahr. Eine Gruppe im Garten und eine Gruppe im Feuer, sie sind wahr. Die Peinigung einer Gruppe an diesem Tag ist wahr und daß eine andere Gruppe der größten Bedrängnis entgeht. Die Fürbitte durch die Gesandten und die Vertrauenden und das Herausholen aus dem Feuer durch den Barmherzigsten der Barmherzigen ist wahr. Daß die Gruppe unter den Treuen mit ernstlich

schlechten Taten ins Feuer kommt und es unter Fürbitte und Verschuldung wieder verläßt, ist wahr. Die Bestätigung der Vertrauenden und der Menschen der Einheit im Garten ist wahr. Alles, was die Bücher und Gesandten von Allah gebracht haben, sei es (bis dahin) bekannt oder unbekannt, ist wahr.

Nun kann der Suchende entweder das Buch beiseite legen und diese Aussage mit dem Etikett »altmodische Religion« versehen, die den einzelnen nur zusammen mit den anderen Menschen in eine bestimmte Form geistiger und sozialer Sklaverei bindet, was wiederum der Ausbeutung und der Ungerechtigkeit Tür und Tor öffnet, oder er kann diese vorurteilsbeladene Reaktion verwerfen, auf die Etikettierung mit Begriffen verzichten, die für ihn unmittelbar die Vorstellung einschließen, es handle sich hierbei um ein Glaubens-System ... Redet er nicht in der Tat vom Glauben?

Es ist nun an der Zeit für uns, uns mit dem Problem des Unsichtbaren auseinanderzusetzen. Es ist Zeit, Klarheit über diesen wesentlichen Aspekt der menschlichen Existenz zu gewinnen – die beides ist: sichtbar und unsichtbar, ortsgebunden und unabhängig von räumlichen Bestimmungen. Wiederum ist es wesentlich, den grundlegenden Schritt, der auf dem Weg getan wird, zu wiederholen. Und das ist Schahâda, Bezeugung, die Bestätigung der Einheit und der Sendung des einen, der von der Wirklichkeit geschickt ist, Muhammad, Friede sei mit ihm. Der Grad der eigenen Vision hängt, um es gleich zu sagen, von dem Grad ab, in dem wir den verläßlichen Zeugen akzeptieren. Wir können das Unsichtbare nicht sehen, aber wir können die tiefe Menschlichkeit und Heiterkeit des Gesandten und in der lebendigen Situation seine Meister unterscheidend wahrnehmen, welchen er das Wissen und die Wissenschaft von der menschlichen Existenz vermittelt hat.

Wenn wir also entdecken, daß sowohl der Gesandte als auch seine Meister seit undenklichen Zeiten von einer gegenwärtigen Erscheinungswelt und einem verborgenen, immerwährenden Leben sprechen, dann sind wir gezwungen nachzuprüfen, wie sie dazu kommen. Schon aus ihrer Beschreibung wird klar, daß diese Dinge in den Bereich der Offenbarung gehören. Sie sprechen über das, was sie gesehen und erfahren haben. Typisch für diese ungeheuerlichen kosmischen Visionen einer unsichtbaren Wirklichkeit ist – wobei sich »unsichtbar« auf das äußere Auge bezieht –, daß die lebendige und präzise Beschreibung immer von der Anerkennung der Unvollständigkeit des eigenen Wissens um das Unsichtbare begleitet ist und daß ihre eigene Vision nur ein winziges Fragment eines unvorstellbar überwältigenden und dynamischen Schauspiels aufleuchtender Formen ist, das sich unendlich mit der strahlenden und harmonischen Vollkommenheit des Nordlichts entfaltet.

Das größte Werk, welches die sufischen Wissenschaften hervorgebracht haben, sind die *Mekkanischen Offenbarungen* des Schaich al-Akbar. In der Eröffnung dieses gewaltigen Buches, welches unter den Werken der Meister einzigartig dasteht, erzählt er, wie er den Zustand des Wissens erreicht hat, in welchem er all das zu Papier brachte, was in den *Offenbarungen* enthalten ist. Die eigentliche Begegnung im Unsichtbaren, welche der Schlüssel des Buches ist, wird später behandelt und findet angesichts der Ka'ba statt. Wir werden uns später damit beschäftigen, wenn das Verständnis der Ka'ba unser Thema sein wird. Hier ist die Beschreibung des Meisters:

> Gesegnet seien das Geheimnis des Wissenden und sein erhabenes Ziel, die Suche des Wissenden und der Gegenstand seiner Sehnsucht, der Wahrhaftige Meister, der in der Nacht aufbrach zu seinem Herrn, der Nacht-Besucher, der die sieben Pfade zu Ihm gegangen ist, damit derjenige, welcher die Nacht-Reise beendet hat, über die Zeichen und Wirklichkeiten Bericht erstatte und was ihm darüber anvertraut worden ist. Er ist das unglaublichste

der Geschöpfe, die ich während des Schreibens meines Werkes in der Welt gesehen habe, das heißt in den Wirklichkeiten und Spiegel-Formen in der Gegenwart der Majestät. Es war eine Offenbarung des Herzens in einer Unsichtbaren Wirklichkeit. Ich war er, möge Allah ihn segnen und ihm Frieden gewähren, ein Meister in jener Welt, frei von Zielen, der der Vision standhielt, seines Sieges gewiß. Alle Auserwählten Propheten standen vor ihm, und seine Gemeinde, welche die beste Gemeinde ist, umdrängte ihn, und die Engel der Unterwerfung standen um den Thron seiner Vervollkommnung, und die Engel der Geburt von Handlungen standen in einer Reihe vor seinem Thron. Der Siddîq (gemeint ist Abû Bakr) befand sich zu seiner Kostbaren Rechten und der Farûq (hier ist Omar gemeint) zu seiner in Reinheit strahlenden Linken. Das Siegel hatte sich vor seinen Augen gelöst, um ihm von den Geschichten der Idole zu erzählen. 'Alî, möge Allah ihn segnen und ihm Frieden gewähren, segnete das Siegel mit der Zunge. Dhu'n-Nurain lag dort eingehüllt in den Mantel seiner Schande, von Sorge überschattet.
Der Höchste Meister, die süßeste, frischsprudelnde Quelle, das am tiefsten offenbarte und ruhmreichste Licht, wandte sich um und sah mich hinter dem Siegel aufgrund einer Verbindung zwischen ihm und mir im ewigen Ratschluß. Der Meister sagte zu ihm: »Dieser ist deinesgleichen und dein Sohn und dein lustiger Gesell. Errichte den Tamarisken-Mimbar (Kanzel) für ihn vor meinen Augen.« Dann wies er auf mich und sagte: »Muhammad, sei achtsam und preise Den, der mich gesandt hat, und preise mich. Sollte in dir nur ein einziges Haar von mir sein, so kann es keine Trennung von mir ertragen. Es ist das entscheidende Element deiner Identität. Daher wird es nicht zu der Zusammenkunft zurückkehren. Es entstammt nicht der Welt des Leidens; seitdem ich gesandt bin, bewirke ich nur Gutes, und er ist unter jenen, die Preis und Dank aussprechen in der himmlischen Versammlung.«

> Daher errichtete das Siegel den Mimbar in jener allerehrwürdigsten Versammlung, und auf der Seite des Mimbar stand in leuchtendem Licht geschrieben: ›Dieser ist der reinste Muhammadanische *Maqâm* (Aufenthalt). Wer immer es besteigt, hat es geerbt, und die Wahrheit hat ihn als Wächter des Heiligtums der Scharî'a gesandt und ihn bevollmächtigt.‹

Das ganze Werk ist reich an solchen Momenten leuchtender und bewegender Vision, und aus dieser Erfahrung heraus entfaltet der Meister vor uns kristallklar seine Kosmologie und sein Tasawwuf. Der einfache Grund dafür, daß er im Westen so gut wie unbekannt ist, besteht darin, daß die sogenannten Orientalisten starrköpfig darauf bestanden haben, er müsse sich an ihre sehr begrenzte und, von einem globalen Standpunkt aus gesehen, provinzielle Vorstellung davon halten, wie ein Mann sich auszudrücken habe. Nachdem sie ihn einmal als Philosophen eingestuft hatten, war es problemlos, ihn als verworren und in seiner Argumentation unzusammenhängend abzutun. Die Arroganz der deutschen und englischen Akademiker, die ihn solcherart abqualifizierten, verdient eigentlich eine eigene Untersuchung, und der lächerlichste Aspekt der ganzen Angelegenheit liegt in der Tatsache begründet, daß diese Männer keine andere echte Qualifikation dafür hatten, über Muhammad ibn 'Arabî zu schreiben als ihre Fähigkeit, die arabische Sprache zu lesen! Diejenigen, welche sich entschlossen haben, ihn als Mystiker zu akzeptieren – ein dem Islam unerträglicher Begriff –, mußten dann seine Wissenschaft vom Selbst eliminieren als ein die einfache Vision trübendes Element und einigten sich schließlich darauf, die klaren persönlichen Zeugnisse der Erfahrung dem sich auftürmenden Gebäude von Ibn 'Arabîs wissenschaftlichen Erkenntnissen über die Welt der Formen und der Nicht-Formen »vorzuziehen«. Bevor wir uns daranmachen, die Welt der empirischen Wirklichkeit als einen Ort zu zeigen, wo all diese Schranken von Raum und Beständigkeit verschwommen und fließend geworden sind, wollen wir uns noch eine Begebenheit näher ansehen, die der große marokkanische Meister Schaich Darqawî bezeugt und die sich vor zweihundert Jahren in Fez zutrug:

Bei Allah, meine Brüder, ich konnte nicht glauben, daß ein gelehrter Mann die Vision des Gesandten, Friede sei mit ihm, im Wachzustand leugnen könne, bis zu jenem Tag, als ich einige gelehrte Männer in der Qarawijjîn-Moschee traf und mich mit ihnen über diesen Gegenstand unterhielt. Sie sagten zu mir: »Wie soll es denn möglich sein, den Gesandten im Wachzustand zu sehen, wo er doch schon seit über 1200 Jahren tot ist? Es ist nur möglich, ihn im Traum zu sehen; denn er selbst hat gesagt: ›Er, der mich sieht, das heißt in einem Traum, sieht mich in Wirklichkeit, denn Schaitân kann nicht meine Gestalt annehmen.‹« Ich antwortete: »Zweifellos kann er im Wachzustand nur von einem Menschen gesehen werden, dessen Geist – oder besser, dessen Gedanken – einen solchen Menschen aus dieser Welt der Körper in die Welt der geistigen Wesen entrückt haben: Dort wird er ohne den geringsten Zweifel den Propheten sehen.« Sie schwiegen und sagten kein Wort, als ich hinzufügte: »In der Tat kann er in der Welt des Geistes gesehen werden.« Aber nach einer Weile sagten sie zu mir: »Erkläre, wie das vonstatten geht.« Ich antwortete: »Sagt mir selbst, wo sich die Welt der geistigen Wesen im Verhältnis zur Welt der Körper befindet.« Sie wußten nicht, was sie antworten sollten. Und dann sagte ich: »Dort, wo die Welt des Körpers ist, dort ist auch die Welt des Geistes: Dort, wo die Welt der Verderbnis ist, befindet sich auch die Welt der Reinheit; dort, wo die Welt des Königreiches ist, dort ist ebenfalls die Welt des Königtums; genau an der Stelle, wo sich die unteren Welten befinden, findet man auch die höheren Welten und die Gesamtheit der Welten. Es heißt, es gebe 10 000 Welten, jede genau wie diese Welt, wie es im *Hilja al-Awlijâ* (von Abû Nu-ayam al-Isbahani) berichtet wird, und sie alle sind im Menschen enthalten, ohne daß er sich dessen bewußt ist. Nur derjenige, den Allah reinigt, indem er seine Eigenschaften in Seine eigenen aufnimmt, seine Attribute in Seine eigenen, ist sich dessen bewußt. Nun, Allah reinigt viele Seiner Sklaven und hört nicht auf, sie zu reinigen bis zu ihrem Ende.« Der verehrungswürdige Meister und Walî, Sajjid ibn al-Banna, möge Allah Wohlgefallen an ihm finden, sagt in seinen *Untersuchungen*:

»Begreift, denn für Allah seid ihr eine Kopie der Existenz (des Kosmos),
So daß nichts von alledem euch fehlt.
Der Thron und die Fußbank, sind sie nicht in euch?
Die höhere Welt und ebenso die untere?
Der Kosmos ist nur der Mensch in seiner unendlichen Vergrößerung.
Und ihr – ihr seid der Kosmos im kleinen.«

Und der Verehrungswürdige Meister, der Walî al-Mursi, möge er Allah wohlgefallen, sagte:

»O ihr, die ihr im Verstehen eures eigenen Geheimnisses euch verwirrt,
Seht – ihr werdet in euch selbst die ganze Existenz (des Universums) finden.
Ihr seid das Unendliche, betrachtet man euch als den Weg und die Wahrheit,
O Synthese des Göttlichen Geheimnisses in seiner Gesamtheit!«

So haben wir es also einerseits mit einem Meister zu tun, der über eine Begegnung mit allen Propheten spricht und über Initiationen, die stattfinden und ihn für ein Wissen öffnen, das er aus keiner »äußeren« Quelle bezogen und offensichtlich bis zu jener Initiation nicht besessen hat, und auf der anderen Seite steht ein anderer Meister, der behauptet, das Geschöpf sei zusammengesetzt aus allen Formen im Universum.

Der *Kâfir,* das ist jemand, der die Wirklichkeit mit dem Mantel des Scheins zudeckt, würde die Situation etwa folgendermaßen beschreiben: Ein Mensch handelt in der Welt und wird entweder belohnt und findet Vergnügen, oder er wird bestraft und erfährt Schmerzen. Im Extremfall nimmt die geistige Auseinandersetzung mit Schmerz und Vergnügen eine derartige Vorrangstellung ein, daß die Vergnügens-Phantasien und die Schmerzens-Angst ihrer festen Verbindung mit konkreten Anlässen entschlüpfen, sich von Ereignissen unabhängig machen und freischwebend eine Krise in der Erfahrung des einzelnen auslösen, der im Spannungsfeld zwischen seiner verworrenen inneren Wirklichkeit und der bodenständigen, »faktischen« Realität des konkreten Geschehens steht. Diese Krise kann so tiefreichend sein, daß nur die Aufteilung dieser Phantasien in eine eingebildete »Himmel-und-Hölle«-Dichotomie das innere Auseinanderbrechen verhindern kann. Daher werden diese beiden Bezirke oder eingebildeten Bezirke vom Geist ersonnen, um das Übermaß des von dem Phantasiesprudelnden Geist hervorgebrachten Materials aufzufangen. Sie haben ihren Ursprung in der Ur-Angst und der Ur-Befriedigung, welche, wie leicht ersichtlich ist, infantilen Ursprungs sind. Diese Sicht basiert jedoch unglücklicherweise auf der Wirklichkeit der subjektiven Erfahrung und auf dem Vorrang, den wir dem Greifbaren gegenüber dem Nicht-Greifbaren geben. Sie macht keinen Unterschied zwischen der eingebildeten – oder besser »phantasierten« – Form im Geist und der Wahrnehmung einer existenten Form durch den Geist. In der sufischen Darstellung wird deshalb das gesamte geschlossene Welt-System auseinandergebrochen. Die sufische Lehre erklärt nicht, daß, wie gehabt, das Positive jenes Negativen wahr sei – das heißt, sie bestätigt nicht auf vereinfachende

Weise, daß die »innere« Erfahrung der Angst letzten Endes die Hölle ist und synonym mit ihr. Im Gegenteil, sie bestätigt, daß das klinisch-neurotische Krankheitsbild, welches den Charakter einer unerträglichen Hölle der Strafe annimmt oder die Züge einer lotusgleichen Phantasie-Welt der Beglückung, die sich von realen Geschehnissen losgelöst hat, nichts weiter als Illusion ist. Die Illusion basiert auf der falschen Annahme, daß dem Selbst irgendeine Art von grundlegender Wirklichkeit zukommt, daß es beständig und real ist und verantwortlich für seine Handlungen, und daß es für seine Taten bezahlen muß. Die Schuld und die entgegengesetzte Energie, nämlich die Wunscherfüllung, sind Modalitäten, die die Überzeugung voraussetzen, daß Handlungen sich um eine zentrale erfahrende Gestalt gruppieren wie Kristalle um eine Salzformation.

Der Gesandte Allahs hat gesagt, daß die Menschen nicht nach ihren Taten, sondern nach ihren Absichten beurteilt würden. Er hat ebenfalls gesagt, daß niemand wegen seiner Werke dem Feuer entgehen werde. Folglich ist die gesamte Auffassung, die den Menschen mit dem Himmel/Hölle-Zustand verknüpft, eine Phantasie. Das ist es nicht, was über das So-Sein der Dinge vorgebracht wird. Neurose bedeutet die Trennung von dem Gesamtgeschehen, welches das Göttliche selbst ist. Wenn du für dich selbst eine losgelöste Wirklichkeit setzt, verurteilst du dich dazu, auch deinen eigenen Phantasie-Himmel und deine eigene Phantasie-Hölle zu setzen. Leute, die die Göttliche Wirklichkeit leugnen, brechen unter innerer Qual zusammen und erfahren und fürchten die Hölle der Gegenwart und eine unerträgliche Zukunft. Gleichermaßen erleben sie ekstatische Zustände in ihren Köpfen, welche sie himmlisch nennen, die jedoch private Täuschungen sind, zu denen sie uns keinen Zugang verschaffen können, im Gegensatz zu dem Walî, der seinem Schüler die Erfahrung der Glückseligkeit vermitteln kann. Für den Gnostiker ist die Wirklichkeit keine eindimensionale, sondern eine viel-schichtige Existenz. Die Formen sind ohne

Ende, sowohl in der Erscheinungswelt als auch im Unsichtbaren – es gibt viele Himmel und viele Höllen.

Die beiden grundlegenden Bilder, des Gartens (Paradieses) und des Feuers, als die der beiden polaren Wirklichkeiten des Unsichtbaren sind dem erwachten Geist leicht zugänglich. Auf der einen Seite gibt es den Energie-Prozeß des Feuers, welcher ein Prozeß der Intensität ist, ungeheuerlich starke Energie in Umformung, die alles, was in dieses Feuer gerät, verändert und umgestaltet, es auflöst und neu erschafft – wie in der Bildsprache der Alchemie. Diese Energie bringt einen Stern hervor, ein Metall, mit ihr wird schließlich aufgrund einer Art unwiderstehlicher Überzeugungskraft der Aktivität das andere Element verschmolzen, bis es selbst zu Feuer wird trotz seiner ursprünglichen Dichte und Abgetrenntheit. Es ist unerträglich, es ist die absolute Hitze und Unerträglichkeit, es ist der gegenwärtige Augenblick als schiere Qual, die Zeit in ihrem größten Schrecken.

Das Paradies ist Raum, Grün-heit, die Zeit, die sich zur heiteren Muße öffnet. Wasser plätschert, es gibt Schatten; Formen tauchen auf, entfalten sich, Pflanzen blühen, tragen Frucht. Vögel singen in der Luft – die Elemente sind sanft, friedvoll. Es ist ein Platz für lebendige Geschöpfe und für Schönheit, wie das andere ein Platz für Auflösung und Macht.

Die Lehre des Tasawwuf geht dahin, daß die Welten Teile der Wirklichkeit des Universums sind; sie sind wirklich in der Weise, wie dein Schmerz oder dein Vergnügen nicht wirklich sind. Wenn du das Feuer des Unsichtbaren fürchtest, wirst du die illusionären Zuschreibungen vermeiden, welche die neurotische Angst in deiner Erfahrung verursachen; aber gleichermaßen muß es dich nach dem Garten verlangen, oder deine Sehnsucht ist nur Phantasie, losgelöst von der gewöhnlichen Welt gelebter Existenz. Ohne die Furcht und die Hoffnung, die dich für das Wissen der Einheit öffnen, bist du unvermeidlich zu jener Angst-/Wunscherfüllungs-Dialektik verurteilt, die sich an die illusorische

Selbst-Form heftet; du wirst verängstigt dahinleben, ein Spielball deiner kränklichen Ängste und Hoffnungen. Wir müssen noch einmal auf jenes frühere Beispiel des Asketen zurückkommen, worin deutlich wurde, wie jedem Schritt auf dem Weg ein neurotisches Äquivalent entspricht und letztlich eines des Wahnsinns. Denn all dies geschieht in der Welt der natürlichen Ordnung und Formen, worin alles doppelt ist. Wir stellen auf unserer Reise immer wieder fest, daß die Wissenschaft von der Einheit dazu da ist, auf die Welt und unsere Erfahrung angewandt zu werden, und zwar gerade, weil diese dualistisch sind, während die Wirklichkeit selbst Eine ist.

Man könnte nun meinen, daß es sich hierbei um einen Mechanismus handle, mit dessen Hilfe man eine Übertragung herbeiführe aus der bedrängenden existentiellen Situation in einen Zustand, in dem die Angst aus der unmittelbaren Krise abgezogen wird und somit harmlos gemacht wird. Das würde nur eine noch stärker fragmentierte innere Erfahrung zur Folge haben, wodurch die innere Erfahrung der betroffenen Person noch verworrener und die entsprechenden Spannungen noch zugespitzter würden. Was man einsehen muß, ist, daß dies die Art und Weise ist, wie die Meister des Weges die Wirklichkeit sehen und erfahren. Sie sind gänzlich furchtlos in dieser Welt. Sie sind in all ihren Handlungen frei. Die eigene Furcht und Hoffnung auf Allah zu richten, heißt, frei von Angst vor der jeweiligen »Sache« oder von einer Erwartungshaltung gegenüber der jeweiligen »Sache« zu sein. Das ist das Kennzeichen der Weisheit.

Daraus folgt, daß der Mann, der sagt: »Ich tue Gutes, nicht, weil ich mich nach dem Garten sehne«, oder »Ich enthalte mich des Verbotenen, nicht, weil ich das Feuer fürchte, sondern ich tue das alles nur für mich«, in Wirklichkeit nur einer Illusion verhaftet ist, dem Festhalten an der Selbst-Form als einer in sich geschlossenen, dauerhaften Sache. Da dies jedoch eine Illusion ist, klammert er sich an den Bereich der Wunscherfüllung und der lobenden Bestätigung, und heitere Gelassenheit wird ihm vorenthalten bleiben. Diese verborgenen Wirklichkeiten (von Feuer und Garten) sind für ihn geschaffen und sind unentrinnbare Teile seines Universums. Daher soll der Mensch die eine verabscheuen und die andere herbeisehnen, denn in diesen beiden Wirklichkeiten liegt die richtige Weise der Annäherung, die dem Herrn wohlgefällt. Seine Absichten werden ihn ins Paradies oder in die Hölle führen, und deshalb soll er nach der Klarheit des Herzens verlangen, so daß er um so besser seine eigenen Absichten kennt. Laßt ihn fürchten und hoffen in Übereinstimmung mit seinem Wissen um sein Unvermögen, das Siegel seiner Bestimmung zu kennen, welches die Waage offenbart. Wenn er sich so verhält, hört er auf, Handlungen Wirklichkeit zuzuschreiben, und er wendet sich der Wirklichkeit seines eigenen Herzens zu, was ihm wiederum die Myriaden von Formen der sichtbaren Vereinigung eröffnet und den Gegenstand unserer Wissenschaft. In dem den Stationen gewidmeten Kapitel werden wir weitere Aspekte von Furcht und Hoffnung untersuchen und können dann schließlich einen Blick auf den Grundstoff dieser so täuschend konstruierten Welt der Formen werfen.

Wir hatten unseren Adepten im Gleichgewicht sitzend auf seiner Gebetsmatte zurückgelassen. Wir müssen nun über den individuellen Akt der Salât hinausgehen, um sie auf kosmischer Ebene als einen Ritus zu sehen, der fünfmal am Tag zu vorgeschriebenen Zeiten ausgeführt wird.

Der begrenzte Blick nimmt einen Mann oder eine Reihe von Männern wahr, die sich in eine Richtung orientieren und sich verbeugen und niederwerfen. Aus der Entfernung sieht man nicht eine Reihe von Männern, sondern global betrachtet einen Kreis der Anbetung mit der Ka'ba als Zentrum. Was wir also vor uns haben, ist eine Folge von konzentrischen Kreisen, die auf Mekka, den Brennpunkt der Anbetung, hinauslaufen. Es gibt noch eine andere Dimension, die berücksichtigt werden muß, um aus dem hier Gesagten eine bewegende und lebendige Darstellung zu machen – und das ist die Zeit. Der Koran legt fest, daß Salât an bestimmte Zeiten gebunden ist, wobei die Zeiten ganz einfach nach dem Stand der Sonne berechnet werden. Es gibt fünf verbindliche Andachten: Die erste wird im Morgengrauen vollzogen, sobald der erste Streifen weißen Lichts am Horizont erscheint, und dauert bis kurz vor Sonnenaufgang; die zweite findet mittags statt, im Anschluß an den Höchststand der Sonne; die dritte wird in der zweiten Hälfte des Nachmittags verrichtet; die vierte, der Sonnenuntergang, nach dem Verschwinden der Sonnenscheibe; und die letzte, das Nachtgebet, wenn das Licht den Himmel verlassen hat. So ergibt sich vom globalen Standpunkt aus gesehen das Bild einer endlos sich kräuselnden Bewegung von Kreis zu Kreis in Richtung auf den zentralen Punkt, die Ka'ba; diese Bewegung kommt eigentlich niemals zu einem Stillstand, da die Sonne ständig irgendwo auf der Welt auf- und untergeht. Im Zentrum steht das Alte Haus, von dem der Koran sagt:

> Das erste Haus, das für alle Menschen errichtet wurde, stand in Bakka, ein reiner Ort und ein Punkt der Ausrichtung für alle Lebewesen.

Der Brennpunkt der Anbetung und des Sich-Öffnens gegenüber der Universalen Wirklichkeit ist also ein Platz, der seit Anbeginn der Menschheitsgeschichte als ein Ort der Begegnung zwischen dem Sklaven und dem Herrn gefeiert worden ist. Die gesamte Dynamik der Energie, die von dem Alten Haus ausstrahlt, ist so überwältigend, daß man, wenn man sich an einem beliebigen Ort nach ihm ausrichtet, sich in Harmonie mit der Einheit aller Lebensvorgänge und der Strukturierung der Welt als einer einzigartigen totalen Schöpfung befindet. Das ist der Grund, warum der Prophet sich im Sitzen und im Schlafen immer dem Alten Haus zuwandte und auch Salât mit Blickrichtung auf das Alte Haus verrichtete. Von diesem globalen Standpunkt aus betrachtet, von diesem kosmischen Standpunkt aus, offenbart sich Salât als der ursprüngliche und wesentliche Ritus jeglicher Wissenschaft von der Gnosis der Wirklichkeit, die überall gegenwärtig ist und dem Intellekt und der Sinneserfahrung dennoch nirgendwo faßbar wird. Die erste Handlung des Suchenden besteht in einem Sich-Öffnen gegenüber der Situation. In diesem Akt unterwirft er sich nicht nur in Harmonie mit seinen Mitgeschöpfen, sondern mit der gesamten organischen Schöpfung, dem Lebens-Prozeß, dessen Teil er ohnehin schon ist. Darin zeigt sich Unterwerfung, darin liegt Friede. Ein Mensch, der seinen Platz als ein unendlich kleines Teilchen eines ungeheuren, dynamischen, viel-dimensionalen Universums akzeptiert hat und der sich seiner völligen Hilflosigkeit und Schwäche in einem Meer unendlich vieler Planeten anheimgegeben hat, hat sich gleichfalls für einen Prozeß des Erwachens seiner eigenen inneren Wirklichkeit geöffnet, welche diesen gewaltigen Sternen-Kosmos in sich aufnehmen kann. Ein persischer Meister drückt das so aus:

> Ich ging an das Ufer des Ozeans
> Und hatte einen wunderbaren Anblick,
> Das Schiff im Meer
> und das Meer im Schiff.

Darin liegt das Geheimnis von Salât und das Geheimnis der Unterwerfung als Sklave einer mächtigen Wirklichkeit, das Geheimnis des Friedens. Ein solcher Mensch heißt Muslim – einer, der sein Selbst hingibt. Die Lebenspraxis nennt man Islam. Die Wurzel ist in beiden Fällen dieselbe – SLM – »Ergebung«, »Friede«, »sicher und gesund sein«.

Entsprechend dem Muster der fünf täglichen Andachten (*Salawât)* gibt es auch Perioden, in denen spezielle Andachten ausgeführt werden. Sie werden an den *'Id*-Tagen, welche das Ende der Ramadân-Fastenzeit markieren, und anläßlich der Vollendung der Riten der *Haddsch* (Pilgerfahrt nach Mekka) vollzogen, an zwei Zeitpunkten, die genau nach der

Position des Mondes bestimmt werden. Die andere Gelegenheit tritt im Falle einer Sonnenfinsternis ein. Hierbei haben wir die Möglichkeit, die außerordentliche Tiefe und die Implikationen dieser rituellen Handlung zu sehen – und wie sie den Propheten sowohl für die kosmische Wirklichkeit der Dinge öffnete als auch für die unsichtbare Dimension eben dieser Geschehnisse. Das Bild, das wir vor uns haben, ist das eines Menschen, der sich in solcher Übereinstimmung und Harmonie mit der Schöpfung befindet, daß er mit dem Wind weht und mit der Sonne sich verfinstert. Er empfindet jedes Schöpfungs-Ereignis und unterwirft sich ihm, genau wie die Weide sich dem Wechsel der Elemente fügt und beides zugleich ist: der Baum und der Wind, der durch seine Zweige weht.

'Abd ar-Rahman bin Sumura, einer der Gefährten des Gesandten Allahs, Friede sei mit ihm, sagte: »Zu Lebzeiten des Gesandten Allahs, Friede sei mit ihm, übte ich mich in Mekka einmal im Bogenschießen, als die Sonne sich verfinsterte. Ich schoß die noch verbleibenden Pfeile und sagte: ›Bei Allah, ich muß sehen, wie der Gesandte Allahs sich bei einer Sonnenfinsternis verhält.‹ So ging ich zu ihm, und er stand dort betend mit erhobenen Händen und sagte: ›Gelobt und gepriesen sei Allah, es gibt keinen Gott außer Allah, Allah ist größer!‹, bis die Sonne sich wieder aufhellte. Als die Finsternis vorüber war, rezitierte er zwei Suren und betete zwei Rakas.«

'Ata' bin Rabah berichtete unter Berufung auf 'Âischa, die Frau des Gesandten Allahs, Friede sei mit ihm, die sagte: »Wann immer es stürmisch war, pflegte der Gesandte Allahs zu sagen: ›O Allah, ich bitte dich um das, was Gutes darin ist, und um das Gute, das es enthält, und das Gute, um dessentwillen es gesandt worden ist. Ich suche Zuflucht bei Dir von allem, was schlecht daran ist, was es an Schlechtem enthält und dem Schlechten, um dessentwillen es gesandt worden ist.‹ Und wenn der Himmel voll Blitz und Donner war, veränderte sich die Farbe seiner Haut, ging er hinaus und hinein, hin und zurück, und wenn der Regen kam, fühlte er sich erleichtert, und ich bemerkte es auf seinem Gesicht.« 'Âischa fragte ihn nach alledem, und er sagte: »Es mag wohl so sein, wie die Leute in 'Ad sagten. Wenn sie eine Wolkenformation sich ihrem Tal nähern sahen, sagten sie: ›Das ist eine Wolke, die uns Regen geben wird.‹« (Koran 46.23)

Anas bin Mâlik berichtete: »Es regnete auf uns nieder, als wir einmal mit dem Gesandten Allahs, Friede sei mit ihm, zusammen waren, und er zog seinen Mantel aus, so daß der Regen auf ihn fiel, und wir fragten: ›Gesandter Allahs, warum tust du das?‹ Er sagte: ›Weil es gerade von dem Erhabenen Herrn gekommen ist.‹«

Hat man sich einmal die Kenntnis von Salât in all seinen äußeren Einzelheiten angeeignet und sich in seine tiefe und bedeutungsvolle innere mathematische Struktur eingeübt – denn die Anzahl der Gebets-Einheiten zu bestimmten Tageszeiten und das Ausmaß von zusätzlichen, nicht vorgeschriebenen Niederwerfungen bilden die reale Grundlage der geistigen Wissenschaft –, dann hat der Suchende sich den ersten Teil von etwas angeeignet, das in seiner Totalität das gewaltige Geschenk des Gesandten an die Menschheit darstellt. Zugleich mit der Botschaft des Korans hat er uns die *Hikma* – die Weisheit – hinterlassen. Und sie ist es, welche den Körper der eigenen inneren Wirklichkeit formt, sie verleiht dem inneren Impuls, der zur Gnosis führt, Fleisch und Blut. Obwohl es eine begrenzte innere Erfahrung auch ohne dieses Wissen geben könnte, so hast du doch mit diesem Wissen die Möglichkeit, jene Ganzheit zu verwirklichen, die dem Menschengeschlecht wiedergegeben wurde, als der Gesandte die Menschen erneut öffnete – wie alle Propheten vor ihm, von denen es, wie er andeutete, seit dem Beginn der

Menschheitsgeschichte 124 000 gegeben hat. Er öffnete sie für das wahre Wesen ihres Menschseins, für das richtige Maß des Menschen, für Vollkommenheit und Einheit. Ihr müßt euch nicht wundern, wenn ihr feststellt, daß diese gewaltige Wissenschaft vom menschlichen Verhalten, auf der die vollentwickelte Doktrin der Gnosis ruht, den Menschen im Westen praktisch unbekannt ist. Sie ist es einerseits, weil die Kunde davon in denselben unangemessenen Vermittlungskanälen hängenblieb, durch die auch das Wissen über den Islam die akademische Welt erreichte, das heißt durch Leute, die gänzlich ungeeignet waren, die Anthropologie und die Metaphysik des Islams zu erforschen, da sie weiter nichts als ausgebildete Sprachwissenschaftler waren. Sie ist es zum anderen, weil es einen ganz bewußten Versuch von seiten der christlichen und jüdischen Akademiker gab und noch gibt, den wahren Kern des Islams falsch darzustellen. Schließlich und letztlich ist sie dem Westen jedoch unbekannt, weil die Muslime selbst sich zunehmend unwohl fühlten mit einer Wissenschaft, die ihren eigenen Reichtum in Frage stellte. Diese Wissenschaft, die *Sunna* oder »Übung des Propheten«, ist genaugenommen die gesamte Wissenschaft vom Menschen. Sie beruht auf dem Prinzip, daß der Mensch Sklave seines Herrn und gleichzeitig der Chalif seines Herrn ist – das heißt desjenigen, der für Ihn steht oder Ihn repräsentiert. Wir haben uns mit der Wissenschaft von der Nafs vertraut gemacht, denn in Wahrheit wird die Wissenschaft von der Nafs – und alles, was man darüber wissen muß, ist in den beiden Reinigungs-Riten, Wudû und Salât, und der treuen Befolgung dieser zwei Übungen enthalten – die Mechanismen der Nafs in jeder Situation aufdecken. Wir müssen jetzt versuchen, einen ersten Einblick in das Wesen der Sunna zu gewinnen und uns dann der Bedeutung des Chalifats anzunähern, welches natürlich das Geheimnis ist, nach dem es uns verlangt.

3. Die Wissenschaft von der Sunna

Das Wort *Sunna,* welches Übung bedeutet, leitet sich aus der Wurzel SNN her und heißt »gestalten«. Es bezeichnet nichts weniger als die Gestalt des Menschen, das heißt des Menschen als lebendigem, gesellschaftlichem Organismus, den Menschen in seiner Ganzheit. Jegliche mechanistische oder legalistische Konzeption seines judaischen oder christlichen Hintergrunds muß man aufgeben, bevor man sich dieser Wirklichkeit öffnen kann, welche gänzlich organisch, physisch und metaphysisch ist. Ein spontanes, in Übereinstimmung mit seiner Schöpfung befindliches Menschen-Geschöpf ist das Endergebnis einer solchen Öffnung und nicht ein eingeengtes und äußerlich kontrolliertes Lebewesen. Der Irrtum der Juden bestand nicht darin, daß sie unfähig waren, dem Gesetz zu gehorchen, sondern daß sie »wissenschaftlich« begründete Gesetze über das Menschsein – das heißt, wenn du dies tust, passiert jenes – in eine legalistische Struktur umwandelten, die dem Menschen von außen auferlegt ist. Der Irrtum der Juden führte dazu, daß, als die existentielle Wirklichkeit des Lebensgesetzes in seinem organischen Sinn, nämlich der Messias erschien, sie ihn nicht erkennen konnten. Sie waren so sehr mit der Theorie beschäftigt, daß sie unfähig waren, die Praxis in einem lebendigen und vollkommenen menschlichen Vorbild zu erkennen. Die Christen begingen dann genau den gegenteiligen Irrtum – sie waren derart darauf aus, den metaphysischen Aspekt der menschlichen Natur in einem Schrein zu verschließen, sie lebten in solchem Schrecken, das Geheimnis des Ruhmes des Menschen zu verlieren, daß sie sich verpflichtet fühlten, es in einem Mysterium zu verschließen, in Symbolen und Ritualen. Die Bewahrer dieses Geheimnisses ließen sie dabei zu einer Elite werden, deren Existenzrecht darin bestand, das Geheimnis zu hüten, bis sich diese Männer schließlich nicht mehr bemüßigt fühlten, den sozialen Verpflichtungen der Lehre nachzukommen, so daß sie im Namen des Vollkommenen Lehrers unmoralisch und korrupt wurden. Diese zwei Haltungen entsprechen dem, was man als »Religion« bezeichnen könnte, sie sind die Form, die ein Volk in Ausbeutung zusammenbindet (religio), was unvermeidlich in Tyrannei enden muß.

Der Islam ist auf die Wirklichkeit und Ursprünglichkeit dieser Sunna gegründet, dieser Selbst-Form des Menschen, welche anzeigt, daß es ein Verhaltens-Muster für die menschliche Spezies gibt, wo immer auf Erden sie leben mag. Es ist bezeichnend, daß eines der Hindernisse für Leute, die die Erfahrung des Islams näher kennenlernen wollen, darin besteht zu glauben, daß er einer Wüsten-Kultur eingeboren ist oder daß er die Wüsten-Kultur schlechthin ist und sich deshalb nicht auf andere Gesellschaften übertragen läßt. Ironischerweise beziehen sich die Pseudo-Sufis immer auf das »wir im Westen«, als ob wir hier aus kulturellen Gründen in irgendeiner besonderen Situation seien, einer Situation, die uns irgendwie unterscheide und – das wird dabei nicht ausgesprochen – den anderen Völkern überlegen mache. Als ob die Komplexität unserer sozialen Regeln und die Dichte unseres mit Dingwörtern überladenen, nach-wissenschaftlichen Vokabulars unsere Überlegenheit oder unsere größere Unzugänglichkeit für irgendeine »überkommene Weisheit« begründe. Die *Hikma,* die Weisheit, ist nicht Kultur und wird auch niemals Kultur sein. Kultur ist einfach die illusionäre Wirklichkeit, die man den dynamischen Formen der vergänglichen Handlungen und Errungenschaften der eigenen Gesellschaft zuschreibt; sie entspricht zudem den Schatten der geistigen Formen, von denen man hypnotisiert ist. Kultur verändert sich, zerfällt und entsteht neu. Der Islam greift nur auswählend in die kulturelle Situation ein und vereinfacht sie, indem er mit den schlimmsten Phantasie-Auswüchsen aufräumt wie mit der Verbrennung der Witwe auf dem Scheiterhaufen ihres Mannes in der dekadenten Phase der hinduistischen geistigen Kultur. Und er reinigt die edleren geistigen Übungen – wie beispielsweise den alten Ritus der Haddsch. Der Beweis dafür, daß die Sunna eine tiefe und wirksame anthropologische Situationsbeschreibung für den Menschen ist, zeigt sich jedes Jahr anläßlich eben dieser Haddsch, wo sich Leute aus den unterschiedlichsten Kulturen gesellschaftlich und geistig begegnen, vereint in der Befolgung der ausführlichen Sunna Muhammeds, Friede sei mit ihm.

Den Beweis für die Unwissenheit unserer Epoche und den Barbarismus, dem unsere Gesellschaft verfallen ist, findet man in dem Verlangen des modernen muslimischen Staates, der lebensbezogenen Struktur der Sunna einen festumrissenen Platz zuzuweisen und den Islam auf eine Art Mitgliederpartei zu reduzieren, abhängig nur von den fünf rituellen Gebeten und nicht von der völligen inneren und äußeren Umwandlung, die stattfindet, wenn der Mensch die Sunna in sich aufzunehmen beginnt und sich damit für seine Menschlichkeit und sein Chalifat öffnet. Diese Unwissenheit ist um so tragischer angesichts der Situation der sogenannten Intellektuellen in der westlichen Gesellschaft. Trotz des schwerlastenden strukturalistischen Alptraums, der bereits wieder in sich zusammenbricht, haben einige Anthropologen angefangen zu erkennen, daß es so etwas wie einen »Kanon« des Wissens geben muß, wie sie es nennen, zu dem der Mensch nach ihrer Erkenntnis einst Zugang hatte und den wir so gut wie verloren haben. Der sufische Standpunkt besagt jedoch, daß wir selbst der Kanon sind; denn trügen wir ihn nicht in uns, wie könnten wir ihn dann erkennen, wenn wir ihn außerhalb unser selbst sehen sollten. 'Âischa, die Frau des Gesandten, und diesem zufolge die Vollkommene Frau –

vollkommen in dem hier dargelegten umfassenden metaphysischen Sinn dessen, was ein Menschen-Geschöpf ist –, wurde gefragt, wie ihr Mann sei, und sie antwortete: »Er war der wandelnde Koran!« In anderen Worten, er war das Buch. Er war Sein Buch. Die beiden Namen des Buches, *al-Qur'ân* und *al-Furqân* bedeuten sammeln und unterscheiden. Folglich ist der vollendete Mensch eine Sammlung des gesamten Kanons an Wissen, das dem Menschen seinen Platz im Universum der Sterne kundtut und ihn innerlich für die Vereinigung mit der Realität des Kosmos öffnet. Zugleich ist er eine Abgetrenntheit, eine Unterschiedenheit in der dualistischen Welt der Natur, von Nacht und Tag, heiß und kalt, wahr und falsch. Das ist der Grund, weshalb es in der ursprünglichen und vollkommenen Wissenschaft der Anthropologie, dem Studium des Menschen, genügt, sich selbst zu erkennen, um die kosmische Situation der Spezies im umfassendsten Sinne zu verstehen. Du bist der ganze Mensch, aber nicht in deinem gegenwärtigen Zustand. Muhammad ist das Maß des Menschseins. Er ist *al-Qautham*, der einschränkungslos vollkommene Mensch, oder wie die Sufis ihn nennen, *al-Insânu'l-Kâmil.* Das bezeichnet den Vollkommenheitsgrad desjenigen, der am Ziel ist, der sich selbst erkannt hat. Nun hielt man es in früheren Abhandlungen über Sufismus für selbstverständlich, daß die Leute die Sunna akzeptierten. Heute ist die Situation jedoch derart, daß die Sunna eine gefährliche und ziemlich erschreckende Möglichkeit geworden ist, so daß die Muslime, deren Erbe sie ist, sich alle Mühe geben, dir zu versichern, daß du dieses und jenes nicht zu tun brauchst – eine Situation, die der Gesandte selbst als der letzten Phase der menschlichen Geschichte vorgehend prophezeit hat:

> Al-Miqdam bin Ma'dikarib sagte, er habe den Gesandten, Friede sei mit ihm, sagen hören: »Ich habe tatsächlich den Koran gebracht und etwas Vergleichbares zusammen mit ihm, aber es wird die Zeit kommen, da ein vollgefressener Mann auf seiner Liege sagen wird: ›Haltet euch an diesen

Koran – und was ihr an Erlaubtem an ihm findet, behandelt als erlaubt, und was ihr an Verbotenem in ihm findet, behandelt als verboten.‹ Aber was Allahs Gesandter verboten hat, ist identisch mit dem, was Allah verboten hat.«

Es ist der Sufismus, der darauf besteht, den Menschen als äußerlich und innerlich in einem Zustand der Umformung begriffen anzusehen. Leugnet der Muslim einmal die inneren Wirklichkeiten der Zustände und der Stufen der Vollkommenheit, mit denen wir uns in Kürze näher beschäftigen werden, dann braucht er sich über seine eigenen Motive keine Rechenschaft mehr zu geben. Hat er einmal die innere Wirklichkeit geleugnet, so hat er seine eigene und auch die deine geleugnet, und er wird im nächsten Schritt die Sunna-Ordnung zerstören, die das Fleisch und Blut jener inneren Wirklichkeit ist. Nach kurzer Zeit schon wird er sich einer dualistischen Sprache bedienen – und dann erzählt er dir, es spiele keine Rolle, ob du einen Bart trägst oder nicht, ob du auf dem Fußboden sitzt und dort flach liegend schläfst oder nicht und ob du mit drei Fingern von einem Teller ißt und den Fremden grüßt und den Gast bewirtest oder nicht, und so geht es weiter. Und warum solltest du dich schließlich verbeugen und niederwerfen, warum fasten, und wo ist das Paradies und wo das Feuer, und was ist ein Engel und was ein Gesandter, und wie wirklich ist all das, wenn du ein »bürgerliches« Leben führst, gänzlich eingelullt von den schwachsinnigen Ritualen von Konsumismus und Status-Symbolen? Schon ganz zu Beginn dieser Entwicklung betonte die sufische Tradition die volle soziale Gültigkeit eines Islams, welcher niemals aufhört, Armut, Einfachheit und Mäßigung zu preisen, und zwar hinsichtlich des Verhaltens wie des Besitzes, und der für Freundlichkeit und gute Worte zwischen den Menschen eintritt und für Achtung gegenüber den Frauen und Warmherzigkeit gegenüber Jung und Alt. Es ist der Sufismus als Wächter des Islams, so wie der Gesandte und seine Gefährten ihn gelebt haben, der eine blühende Stadt verlangt, und zwar als die Umgebung, in welcher der Mann des Wissens seine Gnosis erfährt. Der Platz des Sufis ist in der Gemeinschaft – seht euch an, wie sie von Anfang an gelebt haben:

> Hasan von Basra, möge Allah Wohlgefallen an ihm finden, sagte: »Ich habe zwanzig Kameraden gesehen, die in Basra kämpften; sie alle trugen Wollgewänder; und der größte Siddîq (Chalif Abû Bakr) trug ein Gewand aus Wolle in seiner Weltentrücktheit.«

Al-Hallâdsch, der Wollkämmer; Attar, der Parfümhändler; Mawlana 'Abd al-Qadîr, dessen wirklicher Ruhm sich erst einstellte, als er aus der Einsamkeit nach Bagdhad zurückkehrte: Diese und die gesamte Reihe der Schaichs belegen die Tatsache, daß Sufis in der Welt lebten, auf dem Marktplatz und in der Landwirtschaft arbeiteten, weil sie die Wahrer dieses Menschenbildes sind, dessen vollständige Silhouette und Leuchtkraft ein und derselben Quelle entstammen, und zwar Muhammad, Friede sei mit ihm.

Wie dem auch sei, Sufi ist ein Wort – Muslim ist ein Wort – Faqîr ist ein Wort. Die wesentliche Perspektive, die es festzuhalten gilt, ist, daß innere Wirklichkeit und äußere Lebensweise Eins sein müssen. Was immer später als Sufi bekannt geworden ist, war nichts weiter als die Lebensweise der Nachfolger der Nachfolger und der Nachfolger vor ihnen und davor der Gefährten des Gesandten selbst. Womit wir uns beschäftigen, ist eine soziale Eigenschaft des Daseins, das innen Gnosis und außen Weltentrücktheit ist. Das Bild des Menschen darin entspricht dem Menschenbild Muhammads, Friede sei mit ihm, und er hat gesagt: »Meine Gefährten sind wie die Sterne. Also seid ihr immer gut geleitet, wem immer von ihnen ihr folgt.« Diese Hadith stammt von 'Umar bin al-Chattâb, Razin hat es überliefert.

Buchâri und Muslim überlieferten beide eine Hadith von Dschabir, der sagte: »Am Tag von al-Hudaibijja umfaßte unsere Zahl 1400, und der Gesandte sagte zu uns: ›Heute seid ihr die besten Menschen auf Erden.‹«

Es gibt viele Hadithe, die bekräftigen, daß die Gemeinschaft in Medina zur Zeit des Gesandten die beste Gemeinschaft war, die es jemals auf Erden gegeben hat. Und an dieser Stelle müssen wir etwas über das Wesen des Islams annehmen und Klarheit in etwas bringen, das für das Verständnis des Islams und der Wirklichkeit des sufischen Phänomens grundlegend ist.

Die soziale Leistung des Propheten – und für die Sufis ist eine soziale Errungenschaft eine umfassende menschliche Wirklichkeit, welche die Fähigkeit der Menschen beinhaltet, ihre innere und ihre zwischenmenschliche Kapazität zu erkennen – bestand in der Auslösung einer umfassenden und weitreichenden Revolutionierung der Lebensauffassung. In erstaunlich kurzer Zeit gelang es ihm, aus einer kleinen Schar von Versprengten eine geistig bestens vorbereitete Gruppe von Menschen aufzubauen, welche alle von ihm in seine Lehre eingeführt waren, durch seine Gegenwart erleuchtet, durch seine geistigen Übungen gereinigt und geleitet von seinen Offenbarungen. Völlig gewaltlos, waren sie eine grausam verfolgte Minderheit, welche hartnäckig an ihrer Lebensweise festhielt trotz der Erniedrigungen und Torturen, denen sie ausgesetzt war. Und schließlich begann ihr Einfluß in der gesamten Gemeinschaft wirksam zu werden. Alles, was sie taten, man darf das nicht vergessen, war, sich rhythmisch zu verbeugen und sich niederzuwerfen und den Schöpfer des Universums zu rühmen und Ihn für das Wunder des Lebens zu preisen. Auf gesellschaftlicher Ebene verlangten sie die Abschaffung des Mädchen-Säuglingsmords, einer akzeptierten kulturellen Praxis, und das Ende der Blutfehden. Was der Gesandte neu einführte, war seine Hikma, seine Weisheit, welche er später mit Hilfe zweier Begriffe definierte: *Dschahilijja* und *Hilm*.

Dschahilijja betrachtete der Gesandte als den Energie-Ausstoß der ungezügelten Nafs, gänzlich auf Effekt und

Ausdruck angelegt, gnadenlos in ihrer Entschlossenheit, Wunscherfüllung zu erfahren, egal ob durch Sensualismus oder in der Gewaltanwendung. Dschahilijja ist der natürliche Fluß destruktiver Energie, die einer Nafs entströmt, welche sich selbst von der Gesamtheit der Lebensvorgänge getrennt hat und in ständigem Konflikt mit der Wirklichkeit ist. Diese Basis-Energie belehrte der Gesandte über die Aneignung der wahrhaft menschlichen Fähigkeit, Hilm. Hilm kann man definieren als einen Zustand heiterer Gelassenheit, welche nicht durch von innen aufsteigenden Ärger oder von außen drohende Gewalt erschüttert wird. Hilm bedeutet, daß die Nafs bezähmt und unter der Kontrolle des Subjekts ist, während Dschahl eine Nafs definiert, welche einem drängenden Energie-Strom taumelnd ausgeliefert ist, so daß das Subjekt sich zu sehr mit dem eigenen Handeln identifiziert, um noch Konflikte vermeiden zu können.

> Da die Ungläubigen in ihren Herzen den Eifer trugen, den Eifer der Unwissenheit, da sandte Allah seine »Ruhe« auf seinen Gesandten und die Gläubigen und machte ihnen das Wort der Gottesfurcht zur Pflicht, denn sie waren seiner am würdigsten und verdienten es am meisten. Und Allah weiß alle Dinge. (Koran 48.26)

Im Koran bezeichnen die Propheten Nûh, Hûd und Mûsâ einhellig Dschahl als Feind der Wirklichkeit und als denjenigen Gewalt-Impuls im Menschen, welcher die ursprüngliche Rechtfertigung dafür darstellt, die Einheit im Namen des eigenen dualistischen Konflikts zu leugnen. Dschahl ist deshalb der Stoff, aus dem Geschichte, Ereignisse und Konflikte gemacht sind und aufgrund dieser Charakteristika ebenfalls Wirklichkeit und Lüge. Das Erwachen der Gefährten des Propheten für die gewaltige Kraft, die Hilm in ihnen als soziale Dynamik bedeutete, war unvermeidlich eine Herausforderung der herrschenden Gemeinschaft seiner Zeit. Und dieses Erwachen stellt noch heute, 1400 Jahre nach der Gründung seiner Gemeinschaft in der Erleuchteten Stadt, wie er Jathrib umbenannte, als er ihm den Namen al-Madina al-Munawarra gab, für die Machtstrukturen der Welt eine Bedrohung dar. Jene kleine Gruppe von Menschen, die sich in Mekka um den Gesandten scharten, erschütterte mit einer elektrisierenden Macht das gesamte Fundament der Stammesgesellschaft, welche im Grunde genommen unberührt von ihren eigenen Kriegen und Fehden für eine so lange Zeit überlebt hatte. Was rohe Gewalt nicht vermochte und was Schlauheit und Verrat nicht erreichten, war, das Erblühen der Weisheit in einer offenkundig weltorientierten Gesellschaft aufzuhalten, bis innerhalb weniger Jahre aus jener kleinen Schar eine erleuchtete und Glanz verbreitende Gruppe von Menschen geworden war, Männer, Frauen und Kinder, die den Frieden lehrten und Gastfreundschaft und Freigebigkeit praktizierten, wie keine soziale Gruppe vor oder nach ihnen in der Weltgeschichte es jemals getan hatte.

Von seinem engsten Vertrauten, Sajjidina 'Alî, Amîr al-Mu'minîn, sagte er, Friede sei mit ihm: »Ich bin das Haus der Weisheit, und 'Alî ist die Tür dazu.« Von seinem Gefährten Abû Dharr sagte er: »Der Himmel hat niemals einen überwölbt und die Erde niemals jemanden getragen, der wahrheitsliebender gewesen wäre als Abû Dharr. Er ist wie 'Isâ (Jesus), Sohn der Maria.« Aber neben den Hadithen, welche die Gefährten des Propheten preisen, gibt es andere, welche verwirren und die künftigen Schwierigkeiten bereits ankündigen. Schwierigkeiten, die ganz unvermeidlich waren angesichts dessen, was der Prophet den Menschen gebracht hatte; denn die *Dîn* (Hingabe), wozu er sie aufgerufen hatte, untergrub nicht nur die alten Werte und Mächte, sondern setzte auch eine solche Dynamik frei, daß die Anhänger Muhammads aufgrund dieser Energie bald viel größeren Ruhm und Preis ernten sollten, als sie zuvor geahnt hatten. So gewaltig waren die Schätze, die den siegreichen muslimischen Streitkräfte in die Hände fielen, daß sie die Verpflichtungen, die ihnen der Islam auferlegte, bald nur als dem Genuß der Früchte des Sieges hinderlich empfanden. So tauchten die alten Werte des Dschahl, die niemals ganz verschwunden waren, mit neuer Kraft wieder auf.

Der Gesandte war sich sehr wohl im klaren darüber, daß das Licht, welches seine Gegenwart auf sie ausstrahlte, die natürliche Gier und Sucht nach Macht, wozu der Mensch neigt, in Schranken hielt, und aus diesem Grund drängte er die Menschen, seinen Gefährten und der nächsten Generation, den Nachfolgern, Achtung zu erweisen. Man darf nicht vergessen: Der Islam ist eine Wissenschaft, welche durch existentielle Weitergabe (Übertragung) und nicht mit Hilfe von Büchern und Texten überliefert wird. Nachdem man einmal die Menschen, die Hilm verkörperten, ihrer Autorität und ihres Einflusses beraubt hatte, war es nur allzu leicht, die Dynastien des Luxus und des Imperialismus zu begründen, welche so bald die muslimische Geschichte prägen sollten. Er selbst, Friede sei mit ihm, hatte das Folgende über zukünftige Generationen und den Islam zu sagen:

> Abû Burda erzählte unter Berufung auf seinen Vater, daß er, das heißt der Gesandte, sein Haupt dem Himmel zuwandte, wie er es immer tat, und sagte: »Die Sterne sind ein Mittel der Sicherheit für den Himmel, und wenn die Sterne aufhören zu sein, wird, was den Himmel bedroht hat, zum Durchbruch kommen. Ich bin ein Mittel der Sicherheit für meine Gefährten, und wenn ich nicht mehr da bin, wird, was meine Gefährten bedroht hat, zum Durchbruch kommen. Meine Gefährten sind ein Mittel der Sicherheit für meine Anhänger, und wenn meine Gefährten nicht mehr da sind, wird, was meine Anhänger bedroht hat, zum Durchbruch kommen.« Muslim hat es überliefert.

> 'Imrân bin Husain berichtet den folgenden Ausspruch des Gesandten Allahs: »Die besten meiner Anhänger gehören meiner Generation an, dann kommen ihre unmittelbaren Nachfolger und darauf deren unmittelbare Nachfolger.

Noch später wird es Menschen geben, die Zeugnis ablegen, ohne danach gefragt zu sein, die verräterisch und nicht vertrauenswürdig sind, die Gelübde ablegen, ohne sich an sie zu halten, unter denen Fettleibigkeit sich ausbreiten wird.«

'Abdallah bin Mughaffal berichtete den folgenden Ausspruch von Allahs Gesandtem: »Fürchtet Allah, indem ihr meine Gefährten hochachtet. Fürchtet Allah und achtet meine Gefährten und macht sie nicht zur Zielscheibe, nachdem ich gegangen bin. Wer sie liebt, tut es um meinetwillen, und wer sie haßt, tut es aus Haß gegen mich. Wer sie verletzt, hat mich verletzt, hat Allah verletzt, und wer Allah verletzt, wird bald durch Ihn gestraft werden.«

Zaid bin Arqam hat von folgendem Ausspruch des Gesandten Allahs über Sajjidina 'Alî, Fâtima, Hasan und Husain berichtet, mögen sie Allah wohlgefällig sein: »Ich liege im Krieg mit dem, der sie bekriegt, und befinde mich im Frieden mit dem, der seinen Frieden mit ihnen macht.« Tirmidhi hat es überliefert.

Aber innerhalb von nur 29 Jahren wurde das Tor der Weisheit, der Emir der Vertrauenden, von hinten erstochen (und zwar von einem Muslim), als er sich in der Moschee vor Allah niederwerfen wollte. Bald darauf wurden die beiden Enkel des Propheten ermordet. Sajjidina Hasan wurde vergiftet und Sajjidina Husain auf dem Schlachtfeld von Kerbala niedergemetzelt und in dem fürchterlichsten Massaker, das jemals die Gemeinschaft der Muslime verunreinigte, enthauptet. Diese Todesfälle waren dem Gesandten zu Lebzeiten bekannt, und die Hadithe erzählen, daß er über sie geweint habe, als die Betroffenen noch Kinder waren.

Abû Dharr, der edelste Gefährte, wurde erniedrigt und geschlagen und schließlich einem Tod im Exil ausgeliefert, ebenfalls genauso, wie der Gesandte ihm das Ende seiner

Tage vorhergesagt hatte. Dies ist ein tragisches und ernüchterndes Bild der Geschehnisse, und es ist sinnlos, nach so vielen Jahrhunderten damit zu beginnen, die Schuld im einzelnen zu verteilen und um die Betroffenen zu trauern. Sie starben als Märtyrer der Wirklichkeit, und sie wechselten aus der schlechtesten in die beste Welt hinüber. Wichtig ist, daß wir bereit sind, das Gesamtbild dieser Vorgänge ins Auge zu fassen oder jedenfalls doch ein so vollständiges Bild wie möglich zusammenzufügen. Tausende von Ansâr wurden von sogenannten Muslimen hingeschlachtet, obwohl der Gesandte von ihnen gesagt hatte: »Ihr seid das Volk, das ich am meisten liebe.« Wiederum geht aus dem Hadith klar hervor, daß er ihr Ende vorhergesehen hat. Tatsächlich ist der rührendste Aspekt der ganzen Geschichte das Wissen des Propheten um das, was kommen würde, und seine Hinnahme des Unvermeidlichen. Als Gesandter konnte er keinen Nachfolger bestimmen; denn für einen Gesandten gibt es keinen Nachfolger. Islam ist keine Staatsform oder -konzeption, er ist ein organisches Lebensmuster für die Menschen in der Gesellschaft. Sind einmal die Rollen festgelegt und die Strukturen verfestigt, kehren unvermeidlich der unerbittliche Zwang institutionalisierter Autorität und die dialektischen Konflikte der Gesellschaft wieder.

Zu Lebzeiten des Gesandten stellten die *Munâfiqûn* (Heuchler) eine ständige Bedrohung für die geistige Revolution des Islams dar. Das Wort leitet sich aus der Wurzel NFQ her, was bedeutet »in ein Loch schlüpfen, aus dem verschiedene Ausgänge herausführen«. Der innere Zustand des Munâfiq ist gekennzeichnet durch einen Bruch zwischen seinem äußeren Verhalten und seinen Reden und der Art, wie er innerlich die Wirklichkeit erfährt. Das Wesen dieses Bruchs ist derart, daß der Munâfiq zwischen einer Möglichkeit des Islams und einer anderen schwankt, zwischen Verrat und Angezogensein. *Nifâq* (Heuchelei) selber ist die Dynamik, die Wirklichkeit zweizuteilen, innen und außen zu trennen – es ist nichts weniger als eine Krankheit, und der

Koran bezeichnet es als *Marad* (wörtl.: »Krankheit«), die grundlegende Krankheit des menschlichen Geistes. Wir wollen uns nun die erstaunliche Charakterisierung solcher Menschen im Koran ansehen, und es wird uns unmittelbar einleuchten, daß der Munâfiq nicht nur einer von denen ist, die sich in den früheren Tagen der Gemeinschaft in Medina gegen den Islam stellten, sondern daß er ein Mensch ist, der auf der Schwelle zum Erwachen für das wahre Wesen der Wirklichkeit die Flucht vor der existentiellen Einheit aller Lebensvorgänge ergreift und ein Kriegsgeschrei erhebt, um durch vordergründige Gewaltanwendung die Aufmerksamkeit von der überwältigenden, entrückten Majestät des Friedens abzulenken, welche die Kosmische Realität ist. Diese Marad, die grundlegende Krankheit der Spezies Mensch, ist nichts anderes als der Bruch zwischen der Erfahrung eines inneren und eines äußeren Selbst, die Trennung eines Subjekt-Geistes von einem Objekt-Körper. Hat die Fragmentierung einmal begonnen, setzt sie sich fort, bis der Geist selbst zerbricht und seine Teile gegeneinanderstehen und der Konflikt verinnerlicht wird. »Ich wollte das nicht tun«, »Ich war nicht bei mir«, solche Floskeln sind das Ergebnis einer Entwicklung, welche mit dem »Sie sind anders als ich« und »Ich unterscheide mich vom Universum« anfängt. Der Koran hat klargestellt, daß die unberechtigte Tötung eines Menschen der Ermordung der gesamten Menschheit gleichkommt. Hier haben wir die gültige Aussage in der Sure al-Munâfiqûn, Die Form der Heuchler, zitiert aus dem Ruhmreichen Koran:

> Im Namen Allahs, des Erbarmers, des Barmherzigen! Wenn die Heuchler zu dir kommen, sprechen sie: »Wir bezeugen, daß du wahrlich der Gesandte Allahs bist, und Allah weiß, daß du sein Gesandter bist.« Doch Allah bezeugt, daß die Heuchler Lügner sind.
>
> Sie haben ihre Eide zu einem Mantel genommen und machen abwendig von Allahs Weg. Siehe, übel ist ihr Tun.
>
> Solches, dieweil sie glaubten und hernach ungläubig wur-

den. Und so wurden ihre Herzen versiegelt und sie verstehen nicht. Und wenn du sie siehst, gefallen dir ihre Gestalten, und sprechen sie, so hörst du auf ihre Rede. Gleich angekleideten Balken sind sie und glauben doch, daß jeder Laut wider sie ist. Sie sind der Feind, drum hüte dich vor ihnen. Allah schlag sie tot, wie sind sie abgewendet!
Und wenn zu ihnen gesprochen wird: »Kommt her, der Gesandte Allahs will für euch um Verzeihung bitten«, dann wenden sie ihre Häupter ab, und du siehst sie fortgehen in ihrer Hoffart.
Es ist gleich für sie, ob du für sie um Verzeihung bittest oder nicht, nimmer verzeiht Allah ihnen; siehe, Allah leitet nicht das Volk der Frevler (das heißt Menschen, die sich der menschlichen Verpflichtung zur Hingabe entziehen; aus der Wurzel FSQ, das heißt »der Hülse des Dattelsteins entsprungen«).
Sie sind diejenigen, welche sprechen: »Spendet nicht für die, welche bei dem Gesandten Allahs sind, damit sie sich von ihm trennen.« Doch Allahs sind die Schätze der Himmel und der Erde; aber die Heuchler verstehen es nicht.
Sie sprechen: »Wenn wir nach Medina zurückkehren, wahrlich, dann werden die Mächtigeren sicherlich die Geringeren vertreiben.« Doch Allah gehört die Macht und seinem Gesandten und den Gläubigen; jedoch wissen es die Heuchler nicht.
O ihr, die ihr glaubt, lasset euch nicht durch euer Gut und eure Kinder von dem Gedenken an Allah abbringen. Wer solches tut, das sind die Verlorenen.
Und spendet von dem, was wir euch gaben, bevor zu einem von euch der Tod kommt, und er spricht: »Mein Herr, wenn du nur mit mir für eine kleine Weile verziehen wolltest, so würde ich Almosen geben und einer der Rechtschaffenen sein.«
Aber nimmer wird Allah mit einer Seele verziehen, wenn ihr Termin ihr genaht ist; und Allah weiß, was ihr tut.

Das erste, was wir in der Sûra entdecken, ist, daß der Munâfiq ein Muslim ist. Er anerkennt die Autorität Muhammads, der Friede sei mit ihm. Daraus folgt die grundlegende Bestätigung der Einheit der Wirklichkeit, wodurch der Koran anerkennt, daß Allah – die Wahrheit – weiß, wer die Munâfiqûn sind, daß jedoch ihre Bestätigung der Einheit eine Lüge ist. Derart wird eine Unterscheidung getroffen zwischen ihnen und den Vertrauenden, so daß der *Muhammad Rasulullâh* der letzteren nicht identisch ist mit dem *Muhammad Rasulullâh* der ersteren. Die nächste *Âja* (Zeichen) besagt, daß sie zunächst vertrauten und dann die Wirklichkeit mit einem Schein umgaben. An diesem Punkt sind sie von der Gesamtheit der Lebensvorgänge auf eine falsche Weise »abgespalten«, sie sind von ihrem eigenen inneren Wesen »abgeschnitten«. Das klinische Krankheitsbild steht vor unseren Augen: Sie finden Gefallen am Schein, deshalb sind sie äußerlich entsprechend der Dîn gestaltet, sie sind kohärent. Aber dann sagt man uns: Sie gleichen angekleideten Balken. Das ist der Schlüssel: An die Stelle der Geschmeidigkeit und der Transparenz des Vertrauenden, der seines wirklichen Wesens gewahr ist, tritt bei ihnen Erstarrung, Undurchsichtigkeit; sie werden zu Objekten und sind ihrem eigenen Wesen entfremdet. Sie glauben, daß jeder Laut wider sie ist. Sie befinden sich mit dem Leben im Kriegszustand, mit dem anderen Menschen ebenfalls, und zwar wegen ihrer eigenen Haltung. Sie erreichen ihr eigenes Herz nicht, weil sie sich innerlich gespalten haben. Denn die Wahrheit ist genau umgekehrt. Sie sind der Feind – ihr eigener Feind und der Feind des seelisch gesunden Muslims.

Sie weisen Vergebung stolz zurück, weil sie den Konflikt suchen, und deshalb ist ihre Wirklichkeit gleich Konflikt, das heißt ihnen wird *per definitionem* von der Wirklichkeit nicht vergeben. Sie nehmen den Mythos des Weltgeschehens für ihre Wirklichkeit und betrachten sich selbst als diejenigen, welche die Lebensvorgänge in Gang setzen. Sie fordern die Menschen auf, ihren Reichtum nicht an andere herzugeben, das heißt an Muslime, und sie definieren die menschliche Existenz als einen Kampf, in dem der Stärkere triumphiert. Darin besteht der Kern der Krankheit des Menschen, eben das ist Neurose. Hier haben wir die Phantasie-Struktur des Lebens, betrachtet mit den Augen solcher, welche die Wirklichkeit des Lebens auf einem Planeten, der ein Garten ist und auf dem für jedermann in jeder Weise gesorgt sein könnte, mit dem Schleier der Lüge umgeben.

Der Koran fährt fort zu betonen, daß wirkliche Stärke nur in der Übereinstimmung mit der Wirklichkeit zu finden ist, und der Beweis dafür ist, daß der Gesandte als der vollkommene Mensch Unterstützung und Stärkung in seiner Unterwerfung erfährt. Die Dinge, welche den Menschen in die Falle des neurotischen Mechanismus der Nifâq locken, sind sein Reichtum und seine Kinder. Sie sind es, welche in ihm die Illusion eines losgelösten Bereichs der Selbst-heit entstehen lassen, wenn es ihm nicht gelingt, sie im Zusammenhang mit der gesamten kosmischen Situation als ein Geschenk des Schöpfers an Seinen Sklaven zu sehen. Es ist diese verengte Auffassung von der persönlichen Existenz als »Besitz«, welche die Vergeßlichkeit gegenüber dem So-Sein der Dinge bewirkt. Es sind solche Menschen, die, wenn ihre Lebensspanne abgelaufen ist, mit dem Leben zu handeln versuchen, und wenn sie das tun, dann wissen sie plötzlich, daß das richtige Verhalten darin besteht, den Bedürftigen Geschenke zu machen und die Gemeinschaft der edlen und reinen Menschen zu suchen, die die Wirklichkeit erkannt haben, das heißt die Gemeinschaft der Schaichs und der Awlijâ – die Sâlihîn. Aber das Geben ist nicht magisch, und es gibt kein Entfliehen aus der organischen Bestimmung der Gesetzmäßigkeit des eigenen Lebens. An dieser Stelle erhält die legalistische Vorstellung eines Gerichtstages angesichts einer sehr lebendigen kosmischen Wirklichkeit einen entscheidenden Stoß, die besagt, daß das Geschöpf selbst eine Art Rechenschaftsbericht des eigenen Lebens darstellt. Die Körperzellen sind die Aufzeichnung des Lebens.

Der Koran bringt das sehr lebendig zum Ausdruck: »Sie sind offen daliegende Formen«:

> Bis daß, wenn sie zu ihm gekommen sind, ihre Ohren und Augen und ihre Haut Zeugnis wider sie ablegen für ihr Tun.
> Und sprechen werden sie zu ihrer Haut: »Warum zeugst du wider uns?« Sie wird sprechen: »Rede gab uns Allah, welcher jedem Ding Rede gab. Er hat euch zum erstenmal erschaffen, und zu ihm müßt ihr zurück.
> Und ihr konntet euch nicht verbergen, daß euer Gehör und euer Gesicht und eure Haut nicht Zeugnis wider euch ablegte; jedoch wähntet ihr, daß Allah nicht viel von euerm Tun wüßte.
> Und dieses euer Wähnen, das ihr von euerm Herrn wähntet, verdarb euch, und ihr wurdet Verlorene.«
> (Koran 41.19–22)

Dieses Bild ist so klar. Wir sind unser eigener Rechenschaftsbericht. Wir sind unser eigenes Buch. Unsere Zellen legen Zeugnis ab für oder gegen uns, je nachdem, wie wir die uns geliehene Körper-Form behandeln. Danach berührt der Koran die besondere Natur der alltäglichen Abgetrenntheit der phänomenalen Existenz von der umfassenden Göttlichen Wirklichkeit. Wir können uns nicht vor uns selbst verstecken; zwar sind wir überzeugt, den Rechenschaftsbericht verheimlichen zu können, doch wir sind der Rechenschaftsbericht. Das heißt, wir glauben, die Wirklichkeit würde nicht sehen, wessen wir selbst in unserer gespaltenen Innerlichkeit gewahr sind. Es ist der Gedanke – die Illusion von der Andersheit –, welcher das verlorene Menschen-Geschöpf »ruiniert« hat. Jener Gedanke ist die Verlorenheit selbst. Abgetrenntheit ist nach der Weisheitslehre äußerlich notwendig, wie wir gesagt haben, aber Zusammengehörigkeit ist demselben Zeugnis nach innerlich notwendig. Dazu die Sûra Yâ-Sîn:

> Seht! Wir sind es, welche die Toten zum Leben bringen. Wir halten fest, was sie aussenden, und registrieren ihre Fußabdrücke. Und die Dinge haben wir ebenfalls klar aufgezeichnet.

Wir glauben, weil andere uns nicht lesen können, seien wir nicht zu lesen. Die Form ist nichts anderes als die Bedeutung. Unsere Gestalt ist unser Rechenschaftsbericht. Die Zelle ist die Geschichte. Wie der Schaich al-Kâmil es in seinem Lied »Rückzug in die Wahrnehmung des Wesens« ausdrückt:

> Wahrlich, erschaffene Wesen sind Bedeutung gestaltet als Bilder. Wer das versteht, gehört zu den Leuten, die erkannt haben.

Wir wollen nun zu unserer Darstellung der gespaltenen Gemeinschaft von Medina und zu den Auseinandersetzungen zurückkehren, in deren Folge die ersten Muslime in rivalisierende Gruppen zerfielen. Hier ist der Ausblick auf diese Situation, den der Gesandte Allahs gegeben hat:

> Abû 'Ubaida und Mu'adh bin Dschabal berichten beide den folgenden Ausspruch des Gesandten, Friede sei mit ihm: »Diese Geschichte hat als Prophetie und Gnade begonnen, danach entwickelt sie sich zu einem Chalifat und einer Gnade, anschließend zu einem tyrannischen Königreich; und noch später, wieviel Überheblichkeit, Stolz und Verderbtheit wird es auf Erden geben!« Dies wurde von Baihaqi bin Shu'ab al-Imân überliefert.

> 'Abd-Allah bin Ma'sud erzählte, der Gesandte, Friede sei mit ihm, habe gesagt: »Die Mühle des Islams wird sich bis zum Jahr 35 oder 36 oder 37 drehen; wenn sie dann sterben, werden sie dem Pfad jener gefolgt sein, die vor ihnen dahingegangen sind, wenn aber deren Dîn ihnen erhalten bleibt, so wird es ihnen für 70 Jahre erhalten bleiben.«

Er fragte, ob das bedeute, noch 70 Jahre von diesem Zeitpunkt an oder 70 Jahre insgesamt, und der Gesandte erwiderte, es bedeute 70 Jahre insgesamt. Dies ist von Abû Dâwûd überliefert.

Sajjidina 'Alî, möge Allah sich seiner erbarmen, sagte, der Gesandte Allahs habe auf die Frage, wer nach seinem Tod die Befehlsgewalt erhalten solle, erwidert: »Wenn ihr Abû Bakr diese Gewalt übertragt, so werdet ihr ihn vertrauenswürdig finden, mit einem geringen Verlangen nach weltlichen Gütern, jedoch begierig nach der nächsten Welt; gebt ihr Omar ('Umar ibn al-Chattâb) die Gewalt, so werdet ihr ihn vertrauenswürdig finden und stark, er fürchtet zwar Gott, aber niemandes Tadel. Ernennt ihr 'Alî zum Führer – aber ich sehe nicht, daß ihr das tun werdet –, so werdet ihr in ihm einen Führer finden, der rechtgeleitet ist und der euch den Geraden Weg führen wird.« Ahmad hat es überliefert.

Es besteht kein Zweifel, daß Sajjidina 'Alî ('Alî ibn Abî Tâlib) für die Aufgabe des Chalifats am ehesten geeignet war, wenn es schon einmal so etwas geben sollte. Die persönliche Rivalität und die Stammes-Eifersüchteleien, welche diese Männer gegeneinander aufbrachten, mußten ausgelebt werden. Als Ergebnis davon begann die Gemeinschaft, sobald der Prophet nicht mehr lebte, in einer bisher unterdrückten Raserei sich selbst zu zerfleischen. Sajjidina 'Alîs Haus wurde angezündet, die Tür stürzte auf Fâtima Zuhara, die Tochter des Gesandten, möge ihr Allah wohlgefällig sein, und sie erlitt eine Fehlgeburt. Sie starb unmittelbar nach diesem Vorfall, obwohl ihr Tod zum Teil auch durch ihr brennendes Verlangen, ihrem Vater ins Grab zu folgen, bedingt war. Die Bitterkeit und die Verzerrungen, die aus jenem anfänglichen Schisma entstanden, klingen noch heute in der muslimischen Gemeinschaft nach, soweit sie noch als lebendige Wirklichkeit existent ist – aber jene Wirklichkeit ist verunreinigt aufgrund der erfolgreichen und falschen Kristallisation, welche die Sunnis durchsetzten, als sie Islam gleichsetzten mit einem islamischen Staat. In der heutigen Welt gibt es so etwas wie einen islamischen Staat nicht. Wie ich schon angedeutet habe, die beiden Begriffe schließen einander aus. Handelt es sich um Islam, so handelt es sich nicht um einen Staat, eher schon haben wir dann eine organisch funktionierende Gemeinschaft vor uns, dem Buch und der Weisheit entsprechend, und nicht ein Kanonisches Recht mit einer juristischen und einer Machtelite. Polizei, Gefängnisse – obwohl im Krieg Leute gefangengenommen werden dürfen, aber das ist eine vorübergehende Situation –, Banken, stehende Armeen haben nichts mit Islam zu tun. Sie sind der Stoff, aus dem die Erstarrung gemacht ist. Im Islam ist jedermann sein eigener Polizist, die Bank von Zakat wird jährlich geleert, jeder Mann ist ein Soldat, bereit und trainiert, wenn nötig, in Notwehr zu kämpfen. Die lange und blutige Geschichte der muslimischen Eroberung darf trotz der vielen Energien, die sie in der Folge freisetzte, nicht mit Islam gleichgesetzt werden. Islam ist das Buch und die Weisheit, und seine Lehre wirkt nicht durch das Einhämmern strukturierter Informationen, sondern durch die Vermittlung einer Verhaltensweise durch einen Mann, der selbst in ausreichendem Maß die Selbst-Form der Weisheit verkörpert. Dieser Mann, der *Radschul Allah*, der Mann Allahs, ist Islam, ist die Vermittlung, ist das Abbild der muhammadanischen ursprünglichen Selbst-Form.

Es geht nicht darum, daß die Sunnis unrecht hätten oder die Schî'a recht. Denn diese Formierungen entstanden im Laufe eines längeren Zeitraums und bildeten sich nicht zu einem exakt bestimmbaren Zeitpunkt. Die gründliche Ausradierung und Verfolgung der Familie des Propheten waren und bleiben ein abstoßendes Beispiel für menschliche Gier und Verwilderung und eine Mißachtung sowohl des Islams als auch der ausdrücklichen Warnungen des Gesandten selbst. Die zeremonielle Trauer über den Tod von Sajjidina

Husain, möge sich Allah seiner erbarmen, war ein neues Element und eine Verdinglichung der Nafs auf der Basis ritueller Trauer und ein Kulturmerkmal der schiitischen Gegengesellschaft im Konflikt mit den Sunnis. Er war ein Märtyrer, daher können wir eigentlich nur Freude angesichts seines Schicksals empfinden, denn ihm ist die totale Erfüllung im Paradies sicher. Und so geht es weiter – dies und jenes, bis die Feindseligkeiten jeweils von neuem erwachen. Es ist nicht nötig, in diesem Stadium der Auseinandersetzung mit dem Islam sich an jenem schismatischen Denken zu beteiligen. Im Gegenteil, wir haben jetzt eine Gelegenheit, uns davon freizumachen und das Problem in seiner Gesamtheit zu betrachten, die Beweise vorurteilsfrei zu sichten, die einzelnen Teile des Bildes vorurteilsfrei zusammenzufügen und diese außergewöhnlichen Männer um so besser zu verstehen und ihre rührende Geschichte. Am nötigsten wäre eine Öffnung der beiden Hadith-Traditionen füreinander – so daß eine gewisse gegenseitige Befruchtung stattfinden kann. Die Schî'a hat beispielsweise einige der wertvollsten und detailliertesten Hadithe über die persönliche Verhaltensweise des Gesandten in seinem alltäglichen Leben, die dem Sunni-Muslim vorzuenthalten absurd ist – und umgekehrt haben die Sunni Aufzeichnungen über die rituelle Salât, welche die Schî'a geradezu zu einer näheren Beschäftigung mit diesem Ritual einladen.

Der Grund dafür, daß dieser Komplex hier behandelt wird, ist jedenfalls nicht, die schismatische Energie wieder zum Fließen zu bringen, sondern um zu dem Punkt zu gelangen, an dem einsehbar wird, warum es eine solche Sache wie Sufismus überhaupt gibt! Es war dieses In-Erscheinung-Treten eines neuen Typus des expansionistischen und imperialistischen Staates – welcher auf die grundlegenden Lehrsätze des Islams gegründet war, nachdem er diese auf eine Gesetzes-Sammlung reduziert hatte und parallel dazu ein Strafrechts-System eingeführt hatte –, welches für die Nachfolger der Nachfolger der Nachfolger den Zwang begründete, das ursprüngliche islamische Weltbild wiederzuentdekken und festzulegen. Die großen Gefährten waren alle gestorben, entweder als Märtyrer in der Schlacht oder ermordet vom neuen Pseudo-Islam der Umajjaden und der Abbasiden. Diese Gestalt des Menschen als eines völlig erneuerten Wesens, innerlich wach, von der Welt und ihrer Besessenheit abgewandt, leuchtend aufgrund des Gewahrseins einer unsichtbaren Wirklichkeit, erfüllt von Ehrfurcht für Allah und Zärtlichkeit für seine Brüder und voller Großherzigkeit, vor allem Großherzigkeit – diese Gestalt war in imminenter Gefahr, auf immer verlorenzugehen. Großherzigkeit und Toleranz – die beiden Dinge, welche der Gesandte am meisten pries und am vollkommensten verkörperte – waren schon als Schwäche beiseitegeschoben worden. Irgendwie mußte irgendwer sie zu neuem Leben erwecken, bevor es zu spät sein würde.

Es ist leicht verständlich, warum die Traditionalisten schließlich verzweifelt ihre Sammlungen zusammenstellten, damit nicht das gesamte Weltbild der Sunna verlorengehe. Der Koran war aus demselben Grund gesammelt und als Buch niedergeschrieben worden – es bestand das fürchterliche Risiko, daß das Gemetzel den Muslim als einen menschlichen Rechenschaftsbericht verschlingen werde. Aber die Bücher schaffen nicht den Menschen. Übertragung findet statt von Mensch zu Mensch. Und auch, wenn man die Hadithe besaß als Ergebnis einer gewaltigen Leistung an Gelehrsamkeit in einer beeindruckenden Dimension, die sowohl Geduld als auch Integrität verlangte, der lebendige und entscheidende Weg führte und führt noch immer über die persönliche Vermittlung. Selbst heute wird der Meister des Hadith am Qarawwijjîn-College in Fez beispielsweise dich in dem genauen Hadith und seinem Isnâd, seiner Überlieferungs-Kette, unterrichten, Person für Person diese Kette bis auf den Propheten zurückverfolgend. Du darfst sie nicht weitervermitteln, bevor du nicht das Lernziel zu seiner Zufriedenheit erreicht hast und selbst in einem solchen Maß gereinigt bist, daß du sie dir ebenfalls so zu eigen gemacht hast wie er selbst. Jene Konzeption der Vermittlung (Übertragung) ist die Grundlage des Islams eines Menschen und seines inneren Erwachens. So fragte einmal der Onkel des Imâm al-Dschunaid, möge er Allah wohlgefallen, Sari as-Saqati, seinen Neffen, als dieser das Haus verließ, zu welcher Versammlung er gehe. Dieser antwortete: »In den *Madschlis* (Unterricht) von Harith al-Muhasibi.« Sein Onkel sagte: »Gut, akzeptiere seine Gelehrsamkeit und seine Zucht, aber hüte dich vor seinem spekulativen Denken.« Al-Dschunaid erzählt weiter: » . . . und als ich ging, hörte ich Sari sagen: ›Möge Allah dich zu einem Traditionalisten machen, der ein Sufi ist, und nicht zu einem Sufi, der ein Traditionalist ist.‹ Tatsächlich studierte ich die Scharî'a, wie sie von den Schulen solcher Meister des Hadith wie Abû 'Ubayd und Abû Thawr überliefert wird, und später wurde ich von Harith al-Muhasabi und Sari ibn Mughallas unterrichtet. Das ist der Grund für meinen Erfolg gewesen, weil unser Wissen kontrolliert werden muß durch das Zurückgehen auf den Koran und die Sunna. Wer immer den Koran nicht auswendig gelernt und die Hadith nicht förmlich studiert hat und Scharî'a nicht gelernt hat, bevor er sich auf den Sufismus einläßt, ist ein Mann, der kein Recht hat, ein Führer zu sein.«

So sehen wir gleich am Anfang des Islams, unmittelbar nach dem Tod des Gesandten, die Entstehung eines Staates und parallel dazu die bewußte Verfolgung der Gefährten und Nachfolger des Gesandten und, was am schlimmsten ist, seiner eigenen Familie und Enkel. Nach dem Ausschluß seiner engsten Familie aus dem System des neuen Staates einerseits und der Verschmelzung der Herrschergerichte mit den zivilen und geistlichen Gerichtshöfen vollzog sich dann die unvermeidliche Indienstnahme der gelehrten Männer. Trotz der vielen Hadithe, in denen vor sogenannten gelehrten Männern gewarnt wird, die im Dienst von Herrschern stehen, war genau diese Entwicklung das unvermeidliche Ergebnis der Struktur des neuen Staates.

Der Gesandte Allahs, Friede sei mit ihm, sagte: »Solange die gelehrten Männer sich nicht mit den Herrschern zusammentun, sind sie die Abgesandten der Propheten Allahs gegenüber Seinen Sklaven, tun sie sich aber mit den Herrschern zusammen, so begehen sie Verrat an den Propheten. Hütet euch vor ihnen und meidet sie.«

Natürlich, genau wie es Männer gab, die den Schmeicheleien der Sultane und Chalifen unterlagen, so gab es auch viele, die standhaft an ihrem Islam festhielten und ihre Herrscher abwiesen oder durch sie den Märtyrertod erlitten und eher bereit waren zu sterben als das aufzugeben, wovon sie wußten, daß es der Weg sei. Ziel einer Staatsreligion mußte es sein, das gesamte Sunna-Konzept zu verbannen, außer natürlich in seinem äußerlichen ästhetischen Aspekt – eine soziale Ästhetik, wenn man so will, ein Stil mit geistiger Tiefe. Das profunde und lebendige Wesen der Sunna war selbstverständlich etwas ganz anderes. Es lag in der Erkenntnis verborgen, daß jegliche Handlung und jeder Gedanke die Erfahrungs-Wirklichkeit des Menschen verdinglichten und ihn abtrennten, ihm die Illusion einer Art von Dauer vermittelten und sein Bewußtsein, nur unbeständig durch die Welt dahinzugleiten, trübten und ihn vergessen ließen, daß die Dinge keinen dauerhaften Wert besitzen. Nach dieser Vorstellung hat nur die Ausrichtung des Herzens eine Wirklichkeit, weil sie die Lebens-Dynamik der menschlichen Existenz in sich enthält. Alles übrige war Illusion. Der Mensch trug nichts mit sich herum. Er war sein eigener Lebensbericht, und nach dem Tod würde er Rechenschaft zu geben haben über das, was er im Bereich der Handlungen, den man Welt nennt, getan hatte.

Âischa gibt den folgenden Ausspruch des Gesandten, Friede sei mit ihm, wieder: »Die Welt ist die Wohnstatt solcher, die keine Wohnung haben, und das Eigentum solcher, die besitzlos sind.« Dies ist von Ahmad und Baihaqi überliefert.

Ibn Mas'ud erzählte, der Gesandte habe auf einer Ried-Matte geschlafen und sei mit den entsprechenden Spuren auf seinem Körper aufgestanden, deshalb sagte Ibn Mas'ud: »Gesandter Allahs, ich wünschte, du würdest uns befehlen, etwas für dich auszubreiten.« Er erwiderte: »Was habe ich mit der Welt zu schaffen? Meine Beziehung zur Welt gleicht jener eines Reiters, der den Schatten eines Baumes sucht und weiterzieht und ihn zurückläßt.« Dies haben Ahmad, Tirmidhi und Ibn Madschah überliefert.

Der Gesandte Allahs sagte, Friede sei mit ihm: »Jedes Haus ist ein Unglück für seinen Besitzer.« Anas hat es berichtet und Abû Dâwûd überlieferte es.

»Die Söhne Adams haben nur ein Recht auf das folgende: ein Haus, um darin zu leben, ein Gewand, um die intimen Körperteile zu bedecken, trockenes Brot und Wasser.« Dies stammt von 'Uthmân und ist von Tirmidhi überliefert.

Abdallah bin Mughaffal erzählt, ein Mann sei zum Gesandten gekommen und habe gesagt: »Ich liebe dich.« Als dieser ihm gesagt habe, er solle bedenken, was er da äußere, und der Mann dreimal erklärt habe: »Ich schwöre dir bei Allah, daß ich dich liebe«, habe der Gesandte erwidert: »Wenn du die Wahrheit sprichst, versieh dich mit einem Panzer der Armut, denn die Armut kommt gewiß schneller zu jenen, die mich lieben, als die Flut an ihr Ziel gelangt.« Tirmidhi hat es überliefert.

Der Gesandte, Friede sei mit ihm, sagte: »Hättet ihr wirklich Vertrauen in Allah, so würde Er euch Nahrung geben wie den Vögeln, die morgens hungrig davonfliegen und abends mit gefülltem Magen zurückkehren.« Dies hat 'Umar ibn al-Chattâb erzählt, und Tirmidhi und Ibn Madschah haben es überliefert.

Abû Dharr, möge Allah mit ihm zufrieden sein, sagte: »Ich kam zum Gesandten, als er im Schatten der Ka'ba saß, und als er mich sah, sagte er: »Beim Herrn der Ka'ba, sie sind diejenigen, welche den größten Verlust erleiden.« Ich fragte: »Wer sind diejenigen, für die ich meinen Vater und meine Mutter als Lösegeld geben würde?« Er erwiderte: »Jene, die am meisten Besitz haben – außer jenen, die sagen: ›Nimm dies und dies und dies‹, vor ihnen und hinter ihnen, zu ihrer Rechten und zu ihrer Linken; aber ihrer sind wenige!« Dies wurde von Buchâri und Muslim überliefert.

Sajjidina 'Alî, möge er Allah wohlgefallen, sagte nach einer Überlieferung von Baihaqi, der Gesandte habe gesagt: »Die Menschheit wird bald in eine Zeit eintreten, da vom Islam nur noch der Name geblieben sein wird und nur der Koran in seiner geschriebenen Form. Ihre Moscheen werden in einem guten Zustand sein, aber der geistigen Führung entbehren, ihre gelehrten Männer werden die schlimmsten Menschen unter dem Himmel sein, sie werden Verderbnis anrichten und unter ihnen wird Korruption herrschen.«

Es führt kein Weg an der unbequemen Tatsache vorbei – unbequem für jene, die den Wunsch haben, den säkularen Staat in Gang zu halten –, daß der Gesandte mit einer Botschaft gekommen ist, die eine Anleitung dafür war, wie die Menschen sich auf die nächste Welt vorbereiten sollten. Er kam mit »den guten Neuigkeiten und der Warnung« im Koran – und beides betrifft den kosmischen Platz des Menschen in den zwei Welten. Das soll nicht heißen, daß der Islam der Weg ist, der *conditio humana* zu entfliehen, sich in die Hügel zurückzuziehen, obwohl der Prophet ganz klar zum Ausdruck gebracht hat, daß am Ende der Geschichte des Planeten Erde der Mensch des Weges keine andere Wahl hat, als die barbarische Gesellschaft seiner Zeit zu verlassen, um zu überleben. Tatsächlich wird der innere Kampf der letzten Tage so intensiv sein, daß es für den Muslim unerläßlich sein wird, sich einen reflektiven und meditativen Quietismus zu eigen zu machen.

Abû Huraira gibt den folgenden Ausspruch des Gesandten, Friede sei mit ihm, wieder: »Es wird Zeiten der Verwirrung geben, da derjenige, welcher sitzt, besser ist als derjenige, der steht; derjenige, welcher steht, besser als derjenige, der geht; derjenige, welcher geht, besser als derjenige, welcher läuft. Wer über diese Wirrnisse nachdenkt, wird von ihnen angezogen werden, deshalb sollte jeder, der eine Zuflucht oder einen Schutz findet, sich dorthin begeben.«

Abû Sa'id berichtet den folgenden Ausspruch des Gesandten, Friede sei mit ihm: »Der wertvollste Besitz eines Muslims wird bald sein Schaf sein, welches er auf die Höhen der Berge und zu jenen Orten, wo der Regen fällt, führen wird, weil er mit seinem *Dîn* (der Weg, die Hingabe) dem Bürgerkrieg zu entfliehen versucht.« Buchâri hat es überliefert.

Abû Huraira berichtet, der Gesandte, Friede sei mit ihm, habe gesagt: »Wenn die Zeit erfüllt ist, wird das Wissen verschwinden und Bürgerkrieg sich ausbreiten, Niedertracht wird sich in die Menschenherzen ergießen und Hardsch die Herrschaft antreten.« Man fragte ihn nach der Bedeutung von *Hardsch,* und er sagte, es bedeute Aufstand.

Die erste Gemeinschaft von Medina al-Munawarra, der Erleuchteten Stadt, bestand aus Männern, die in der Welt lebten, aber keine Sklaven der Welt waren; sie arbeiteten in der Stadt, und auf dem Schlachtfeld verteidigten sie sich. Sie verbrachten ihr Leben in strahlender Aktivität, indem sie gaben und miteinander teilten und zur Weisheit anleiteten, wie es keine Gemeinschaft seit dem Bestehen des Menschengeschlechts jemals getan hat. Aber unter ihnen gab es auch jene, denen Großherzigkeit und die Lobpreisung des Schöpfers verhaßt waren, die wütend waren über den Mangel an Anerkennung und die es danach verlangte, in den Zustand der Dschahilijja zurückzukehren. Schließlich erreichten die Männer ihr Ziel. Nach den Chalifaten des Abû Bakr, des Omar und des Othman, möge sich Allah ihrer erbarmen, von denen jeder sein Bestes tat, um die Lebensweise der Sunna in Medina aufrechtzuerhalten, kam es zu dem tragischen und eindrucksvollen Versuch Sajjidina 'Alîs, möge Allah mit ihm zufrieden sein, den vollen sozialen Zusammenhang der Sunna des Gesandten wiederzubeleben. Doch zu diesem Zeitpunkt hörte, in genauer Übereinstimmung mit der Vorhersage des Propheten, das Chalifat auf, 'Alî starb als Märtyrer, und das korrupte Königreich wurde eingerichtet.

Ibn 'Abbâs sagte: »Es gibt niemanden außer dem Gesandten, dessen Wissen nicht manchmal befolgt und manchmal verworfen würde.« Die Gefährten rieten ihren Leuten: »Überlaßt euch dem Gedenken, wie wir uns ihm überlassen haben.« Der erste Chalif, Abû Bakr, und die Gefährten mißbilligten die Idee, den Koran auch nur zu Papier zu bringen. Übertragung, der direkte existentielle Austausch von Weisheits-Energie, sollte der Weg des Islams sein. Abû Bakr sagte: »Wie kämen wir dazu, etwas zu tun, was die Propheten nicht tun?« Die rechtfertigende Begründung für all diese Neuerungen war, daß die Gefährten beinahe alle in den frühen Kämpfen umgekommen seien und das Risiko bestehe, daß es niemanden mehr geben werde, die Botschaft weiterzugeben. Aber das war ja gerade jene Angstsituation, die der wirkliche Islam zu vertreiben gekommen war.

Die Angelegenheit lag nicht und konnte auch gar nicht in den Händen von Othman und den anderen liegen. Sie lag in den Händen der Wirklichkeit selbst. Die Maßnahme, die Lehre schriftlich niederzulegen, war der erste Schritt dazu, den Weisheits-Prozeß zu verraten. Ihr folgte unvermeidlich der gänzlich unnötige Schritt, die Hadithe des Gesandten, auf dem die Sunna aufbaut, zu kodifizieren. Jetzt haben wir all die Dokumente und können den Mann nicht mehr finden. Wir haben die Bücher von Allah und haben die *Ridschâl Allah* verloren – die Männer Allahs. Aus ihm ist der verschwindende Mensch geworden – die gefährdete Kreatur auf unserem verseuchten Planeten –, der Mann der inneren Leuchtkraft, der äußerlich eine Quelle der Großzügigkeit, des Friedens und der Ermutigung der anderen ist und Leitbild und Kraft. Es ist der Mann, dessen Verhalten und Energie ein in sich geschlossenes Ganzes bilden und sich in Harmonie mit dem Göttlichen Geschehen der Existenz – der Sichtbaren und der Unsichtbaren – befinden.

Als Imâm Mâlik den *Muwattâ* – eine der ersten Hadith-Sammlungen, die geschrieben wurden – zusammenstellte, kritisierte ihn Ahmad ibn Hanbâl und sagte: »Er hat eine Neuerung eingeführt (gegenüber der Weisheits-Praxis), indem er getan hat, was die Gefährten nicht getan haben.« Die ersten Bücher erschienen alle mehr als 120 Jahre nach der Flucht aus Mekka (622 n. Chr.), nach dem Tod aller Gefährten und dem Ableben der meisten der Nachfolger einschließlich Hasan al-Basras, welcher der Schaich des Wissens gewesen war, nachdem Sajjidina 'Alî gestorben war, mögen sie beide Allah wohlgefallen. Als dieser Prozeß einmal eingesetzt hatte, fing die muslimische Gemeinschaft an, eine Art rabbinische Tradition zu entwickeln, und es war nur noch eine Frage der Zeit, bis sich die ganze Sache schneeballartig in abstrakte »Theologie« verwandelte. Eine Scholastik tauchte auf mit Behauptung und Widerlegung – was alles eine bloße Beweihräucherung der Nafs ist –, so daß bis zum vierten Jahrhundert nach der Flucht aus Mekka *(Hidschra)* die Spiegelfechterei einer korrupten Lehr-Praxis begonnen hatte.

Imâm al-Ghazzâli, möge Allah mit ihm zufrieden sein, sagte in seinem großen Werk *Die Wissenschaft von der Ge-*

wißheit, welches nichts anderes ist als ein ungeheuer gelehrter Versuch, den Unsinn der Gelehrsamkeit zu zeigen und zur Weisheit zurückzukehren: »*'Ilm al-Jaqîn* (das heißt Wissen aus innerer Erfahrung) begann zu verschwinden und die Wissenschaft des Herzens, die Erforschung der Eigenschaften der Nafs und das Studium der Strategien Schaitâns wurden selten und schließlich unbekannt.« Weiter sagt er, daß die Taten der Gefährten den Menschen vorenthalten wurden und ebenfalls ihr Wissen, so daß die Muslime sich kein klares Bild darüber machen konnten, was es denn nun tatsächlich mit dieser gewaltigen Angelegenheit des Islams auf sich habe. Er fährt fort: »Gleichzeitig vergaß man die Wissenschaft von der anderen Welt, und der Unterschied zwischen Wissen und Argumentieren war bis auf wenige Ausgewählte niemandem mehr bekannt. So siechte Dîn während jener frühen Jahrhunderte dahin; aber in welchem Zustand befindet er sich heutzutage (600 Jahre nach der Flucht)? Die Dinge sind so weit gediehen, daß jedermann, der es wagte, seine Mißbilligung über die gegenwärtige Lage zu zeigen, das Risiko eingeht, für unzurechnungsfähig gehalten zu werden.«

Vor dem Hintergrund dieser sich wandelnden und zunehmend schwieriger werdenden Situation trat das, was man Sufismus nennt, in Erscheinung. Aus allem bisher Gesagten sollte klar geworden sein, daß die Behauptung, man sei ein »Sufi« oder gehöre einem »Orden« (einer *Tarîqa*) an, für sich genommen völlig nichtssagend ist – die Wirklichkeit des sufischen Phänomens kann nicht auf eine Kompromißformel gebracht werden, indem man eine spezifische »Rolle« für die sufischen Bruderschaften herausarbeitet und sie zur Diskussion stellt. Grund und Ziel aller Praktiken und all des Dhikr und aller Studien ist die Schaffung der *Ridschâl Allah* – der Männer Allahs – im Anschluß an das ursprüngliche Vorbild des Gesandten, wie es in einem Hadith beschrieben wird, den Imâm al-Ghazzâli zitiert:

Im Verlauf einer *Chutba* (Freitagsansprache an die Gläubigen in der Moschee) sagte der Gesandte Allahs: »Gesegnet ist der, dessen Sorge um seine eigenen Fehler ihn davon abhält, sich um die Fehler der anderen zu kümmern, der von rechtmäßig erworbenem Geld lebt, sich mit den Wissenden und Weisen zusammentut und den Umgang schlechter Menschen, die Böses tun, meidet. Gesegnet ist, wer sich selbst erniedrigt, dessen Wesen gereinigt und dessen Herz geläutert ist und der davon Abstand nimmt, den Menschen Schmerz zuzufügen. Gesegnet ist, wer in Übereinstimmung mit seinem Wissen handelt, wer den Überschuß seiner Einkünfte weggibt und alles Überflüssige zurückhält, wenn er spricht, wer sich an die Scharî'a hält und ihre Grenzen nicht durch Neuerungen sprengt.«

Der Prophet hatte gesagt: »Dîn ist Verhalten.« Das Wort *Dîn* leitet sich her von »verschuldet sein« und »Recht sprechen«, so daß es soviel heißt wie »Rechtsgeschäft«, »Schuldenverhältnis« – zwischen dir und deinem Schöpfer –, das Urteil darüber, wie die Dinge sind und was zu tun ist. Folglich ist Dîn identisch mit dem Weg selbst. Daher besteht dieses Rechtsgeschäft aus deinem Verhalten. Es gibt keinen Kompromiß. Der Radschul Allah ist, der er ist, aufgrund der Vollkommenheit, der inneren Ausgeglichenheit und der Selbstlosigkeit seines Verhaltens. Es war unvermeidlich, daß in den kulturprägenden, auf Phantasien beruhenden Staatsstrukturen, die als die »islamische Welt« bekannt wurden, ein solcher Mann zu verschiedenen Zeiten und in verschiedenem Ausmaß gefährdet war oder sogar den Märtyrertod sterben mußte. Nur selten wurde er als Führer geehrt und fand Gehör. Folglich gibt es keine Geschichte des Sufismus und ebensowenig die Entwicklung einer Bewegung innerhalb des Islams namens Sufismus. All das gehört dem Geflecht von Phantasien an, in der gleichen Weise, wie die Töpfereien und die Bogengänge und Minarette Phantasien sind und mit Islam nichts zu tun haben.

Es paßt der christlichen Welt ins Konzept, die islamische Kunst zu bewundern und von einer islamischen Kultur zu sprechen, aber hierbei handelt es sich auf seiten der christlichen Intellektuellen lediglich um die Erfindung einer Situation, die dennoch von sogenannten muslimischen Gesellschaften geschaffen worden war. Islam wird jedoch nicht und kann auch nicht mit irgendeiner muslimischen Gesellschaft gleichgesetzt werden. Es ist eine Nicht-Wirklichkeit, die ihre eigene Wirklichkeit ist. Niemand verfügt darüber, und niemand kann Islam in einem Buch darstellen – er ist identisch mit dem Weg, und der Weg muß sich verkörpern. Er ist die Weisheit, und die Weisheit ist dynamisch, eine Lebensweise, man kann sie nicht in Formeln fassen oder in Informations-Einheiten, welche die Wiedererlangung der Weisheit zur Folge hätten.

Der Gesandte brachte den Islam und ließ ihn bei seinen Anhängern zurück. Wo du auf einen wahren Muslim triffst, begegnest du dem Islam. Das ist alles; sonst nichts. Der Koran selber mußte durch den Gesandten zu uns kommen – ein Buch ist natürlich nicht vom Himmel gefallen. Er wäre nicht verständlich gewesen, außer in Gestalt des Mannes – und später werden wir sehen, wie die Offenbarung stattgefunden hat, und die Art und Weise verstehen lernen, wie das Buch Teil der gelebten Erfahrung und Wirklichkeit des Wüsten-Propheten war.

Die Übertragung, die sich zwischen dem Gesandten und Sajjidina 'Alî vollzog, wurde an Hasan von Basra weitervermittelt, der deshalb der erste Schaich ist. Er hat gesagt: »Der Islam wird in den Büchern verschwinden und die Muslime in den Gräbern.«

In seinem großen Werk erzählt al-Ghazzâli die folgende Geschichte über den Schaich Hasan:

> Ein Mann sagte zu Hasan: »O Abû Sa'id, wie geht es dir?« Dieser erwiderte: »Gut.« Der Mann sagte darauf: »Wie ist dein Befinden?« Hasan aber lächelte und sagte:

»Du fragst nach meinem Befinden? Was sagst du über Leute, die auf einem Schiff bis zur Mitte des Ozeans gesegelt sind, und ihr Schiff geht unter, und jeder von ihnen klammert sich an eine Planke des Wracks – wie ist ihr Befinden?« Der Mann erwiderte: »Sie befinden sich in großer Not.« Hasan sagte: »Dann ist mein Befinden noch schlechter als ihres.«

Hasan von Basra gab sein Wissen an Schaich Habîb al-'Adschamî weiter. Al-Hudschwiri erzählt das Folgende von dem Meister:

Unter den Sufis ist es wohlbekannt, daß Hasan von Basra auf seiner Flucht vor Haddschadsch in Habîbs Zelle Schutz suchte (wie gesagt, auf der Flucht vor »Muslimen«). Die Soldaten kamen und sagten zu Habîb: »Hast du Hasan irgendwo gesehen?« Habîb sagte: »Ja.« »Wo ist er?« »Er ist in meiner Zelle.« Sie gingen in die Zelle, sahen dort aber niemanden. In der Meinung, Habîb mache sich über sie lustig, mißhandelten sie ihn und nannten ihn einen Lügner. Er schwor, er habe die Wahrheit gesagt. Sie kehrten zwei-, ja sogar dreimal zurück, fanden jedoch niemanden und gingen schließlich fort. Hasan kam sofort aus der Zelle und sagte zu Habîb: »Ich weiß, es war dank deiner *Baraka* (Segenskraft Allahs), daß Allah mich diesen bösen Menschen nicht gezeigt hat, aber warum hast du ihnen erzählt, ich sei dort?« Habîb erwiderte: »O Meister, es war nicht wegen meiner Baraka, daß sie unfähig waren, dich zu sehen, sondern aufgrund des Segens dadurch, daß ich die Wahrheit sprach. Hätte ich gelogen, wäre es zu unser beider Beschämung gewesen.«

Worin – müssen wir nun fragen und herausfinden – bestand jener fundamentale Unterschied, der selbsternannte Muslime dazu brachte, andere Muslime in mörderischer Absicht zu verfolgen? Wie kam der Staats-Islam dazu, sich in einer

Weise zu definieren, daß diejenigen, die Allah liebten, für ihn keine Herausforderung darstellten und andererseits auch nicht seine Anerkennung fanden? Der Staats-Islam ist im strengen Sinne des Wortes identisch mit der christlichen Häresie der Kirche entsprechend der protestantischen Auffassung von der Priesterschaft aller Gläubigen. Er wird getragen von einer Gelehrten- und Priesterelite – heutzutage *'Ulamâ* und *Imâme* genannt –, die der jüdisch-rabbinischen Häresie entspricht. Häresie bezeichnet in diesem Fall nur jene verwirrte Energie, die aus Islam eine »Religion« macht, d. h. einen Zusammenschluß in einem Staat. Die Staats-Phantasie ihrerseits ist abhängig von einer, und nur einer Sache. Nicht von der Polizei, der Armee oder der Bank – der Staat steht und fällt mit dem Erfolg des Versuches, die Menschen daran zu hindern, Einblick in das Wesen der Herrschaft zu gewinnen. Hier ist die Autorität rein äußerlich und hat aufgehört, innerlich zu sein. Das Wissen dient der Vermittlung von Fakten und ist ein Mittel der Manipulation, es dient nicht der Erleuchtung und ist kein Mittel der Befreiung. Das ist die Basis der Staats-Gläubigkeit, nenne man sie nun islamisch oder sonstwie. Islam, der Islam des Propheten, der Sufismus der Sufis – denn allmählich sehen wir, daß beides hinsichtlich aller Bezugspunkte identisch ist –, basiert auf einer und nur einer Voraussetzung. Das Leben ist eine Reise, ihr Ende der Tod; auf den Tod folgt das Grab, und jenseits des Grabes bildet sich die Gestalt neu. Ihre »Bedeutung« wird dabei zu ihrer Wirklichkeit – die Gestalt des Lebens, welche aufgezeichnet ist in dem Rechenschaftsbericht der Zellen, entfaltet sich, und die wahre Gestalt tritt in Erscheinung. Entsprechend dem Wesen der »inneren« Gestalt geht das Selbst in einen anderen Gestaltungszustand über, in dem es die Paradieses-Heiterkeit der Weisheit erfährt oder die Feuers-Qualen der Vorstellung, von dem Ganzen getrennt zu sein, welches identisch ist mit der Göttlichen Situation. Auf dieser Reise durch die Form-Welten ist der Gang durch die Welt der »greifbaren« Phänomene nur der kürzeste Abschnitt und noch nicht einmal die erste Etappe der großen Reise. Sie ist der Bereich des Handelns – und alles, was zählt, ist, was du auf der Grundlage einer Existenz, die Erbarmen und Großzügigkeit und Demut und vor allem Dankbarkeit von dir verlangt, erreichst. Es geht also darum, daß du dich nicht auf das Phantasie-Selbst richtest, sondern auf die Form der Existenz selbst, welche all-erhaltend und all-gewährend ist. Der Islam, den der Wüsten-Prophet gebracht hat, kann nur existieren, wenn du dich gegenüber der Vieldimensionalität des Lebens öffnest und gegenüber der grundlegenden Unwirklichkeit der Erscheinungswelt. Es führt kein Weg an diesem Problem vorbei, und es sollte klar sein, daß das hier Gesagte nicht irgendeine bloße Doktrin ist, welche behauptet, dies alles sei nicht hier. Das ganze Zeug, von dem wir umgeben sind – natürlich ist es hier, aber diese »Ist-heit« ist nur Schein, diese Greifbarkeit nur ein Schleier. Für die Leute des Pfades sind die Sinnesorgane keine Tore zur Wirklichkeit, sondern sie verschleiern die Wirklichkeit. Jeder, der glaubt, Sinnes- und Denkerfahrung enthalte eine Art von totaler struktureller Faktizität, lebt im Grunde genommen in einer Welt des Wahns und tiefer Halluzinationen, welche durch ein paar leichte Demonstrationen zum Einsturz gebracht werden könnte. Dabei braucht man nicht einmal auf den Bereich der außersinnlichen Wahrnehmung oder die sub-atomare Welt verschwindender Formen zurückzugreifen.

Aber genau auf dieser Lebenslüge beruht die Staats-Phantasie; denn sie ist nichts weiter als eine Phantasie über einer Phantasie, die Errichtung einer Super-Form des Staates, gegründet auf das Fundament solcher Formen wie »Geld«, »Kapital« und militärische »Macht«. Ist man erst einmal diesem Wahn der Staatsgläubigkeit aufgesessen, so gibt es genaugenommen nur noch einen Feind – und zwar denjenigen, der wie in der Legende die Rolle des Kindes übernimmt, welches die Nacktheit des Kaisers öffentlich ausspricht. So jemand ist der wahre Muslim, der Radschul Allah. Nenne ihn, wie du willst – aber hüte dich vor dem falschen Glauben, du könntest ihn zugleich mit seinem Namen herabsetzen. Sollte der Name Sufi mit einem Fluch behaftet sein, vergiß ihn – aber erkenne die Wirklichkeit.

Muslim ist ein Wort, keine Wirklichkeit. Sieh dir den Menschen an! Wem erweist er Ehre – dem *Sâlih*? Dem reinen, leuchtenden Selbst, das Allah zugekehrt ist? Oder den Leuten der Dschahilijja – den Botschaftern, Ministern, den Präsidenten? Bewundert er die Könige, die in ihren kugelsicheren Limousinen zur Moschee fahren, begleitet von ihren mit Maschinengewehren ausgerüsteten Vorreitern, oder den armen, zufriedenen Mann hinter einer Säule, der sein Dhikr verrichtet und Frieden und Weisheit ausstrahlt?

Daß es noch heute solche Menschen gibt – ja, es gibt sie, die Sâlihîn – und darüber hinaus viele aufrichtige Muslime, die diesen Ehre und Bewunderung erweisen und sich peinlich berührt von dem Schauspiel des Staats-Islams abwenden, ist ein großes Wunder. Die Haddsch ist der Beweis dafür. Aus den Tausenden von Pilgern stechen sie hervor – die wahren Muslime, strahlend, leuchtend und erfüllt von Ehrfurcht gegenüber Allah. Dennoch müssen wir das Bild, das die Welt derzeit bietet, näher betrachten und uns als Hilfsmittel, um diese Ansicht vom wahren Muslim zu verstehen, kurz mit vier Begriffen auseinandersetzen, die im Koran benutzt werden, um den Sinn unserer Räumlichkeit in der Wissenschaft des Islams zu erläutern. Diese Räumlichkeit ist ein zwiefaches Bild sich gegenseitig durchdringender Begriffe. Der physischen Wirklichkeit überlagert gibt es nämlich eine verborgene Gestalt; oder besser ausgedrückt, der verborgenen Wirklichkeit ist das festumrissene, greifbare Welt-Bild übergestülpt. Es ist ganz einfach.

Samâwât – Ard (Himmel – Erde).

Das ist das zwiefache Bild der Erscheinungswelt. *Samâwât* ist der Plural von SMA, einer Wurzel mit der Bedeutung »erhaben sein«, »hochaufragen«. Das Wort für »Name« leitet sich aus derselben Gruppe her. Die Existenz des phänomenalen Himmels, die Höhe, welche uns die Tiefe zuweist, macht also die grundlegende Dualität der gesamten strukturellen Existenz aus – ohne sie gibt es kein Universum, keine Zeit/Raum-Relation, keine Notwendigkeit von Benennungen. Es ist das »Höhere«, welches nach Benennung verlangt, und das »Tiefere« ist das daraus folgende Negative. Dies ist das spirituelle Bild des Unterscheidungsvermögens. Ard ist der entgegengesetzte Pol – die Erde und deshalb das Land und die Länder.

Unsere andere Dualität heißt: Dunjâ – Âchira (Diesseits – Jenseits).

Dunjâ ist die Welt als strukturierte Phantasie: Familie und Reichtum, Ansehen, Geld – die Kultur-Illusion, die Staats-Illusion. Das Wort leitet sich aus einer Wurzel mit der Bedeutung »nahe oder niedrig sein« her – wie eine Frucht, die niedrig und nahe der Hand hängt. Dann eröffnen sich auf subtile Weise die tieferen Schichten seiner Bedeutung – »leichter«, »schlechter«, »verdorbener« und, wie gehabt, »der Hand noch leichter erreichbar«. Dunjâ, ein entscheidender koranischer Begriff, bezeichnet nicht die Schönheit der Berge und des Ozeans – das alles ist Ard, Erde, die Unwirklichkeit, die dennoch die Wirklichkeit selbst ist. Dunjâ ist reine Illusion, es bezeichnet die Auswüchse und die Kristallisierungen, die das Falsche-Selbst sich einverleibt und mit denen es sich umgibt als wirklichkeitsstiftendem Hintergrund, das, wodurch die Not, der Kampf und die Verbrechen ihre Rechtfertigung erhalten.

Es ist wichtig, die Subtilität dieser Angelegenheit, der menschlichen Existenz, richtig zu verstehen. Das Argument der Feinde des Islams lautet nämlich, daß dies falscher Asketizismus sei und du eingeladen bist, an Dunjâ teilzuhaben im Namen des Propheten. Aber es gibt auch die Auffassung, wie sie der Schaich al-Kâmil vertritt: »Dunjâ ist gut! Dunjâ ist wunderbar!«

Mit anderen Worten, das Problem besteht nicht darin, daß wir etwas verlangen, was wir fliehen sollten, sondern daß man in diesem Phantasie-Palast leben kann, solange man sich nicht einbildet, er sei von Dauer. Die guten Dinge der Dunjâ sind für dich da – aber du mußt wissen, daß sie zwar Gaben eines großzügigen Herrn sind, nicht jedoch die menschliche Existenz selbst. Sie sind lediglich Hilfsmittel für die Reise. Wird die Reise jedoch nicht unternommen, und die Mittel werden zum Zweck, dann verkehrt sich der Palast in ein Gefängnis, in dem der Mensch selbst gefangen ist.

Die scheinbare Nähe ist in Wirklichkeit Ferne. Das ist das Geheimnis Schaitâns; denn *Schaitân* – der Teufel – leitet sich von ŠTN her, was »entfernt sein« bedeutet. Anders ausgedrückt, der Teufel läßt, wenn er sich in den »Dingen« verkörpert, Dunjâ nah erscheinen, um Haqq entfernt erscheinen zu lassen – während in Wahrheit »Er näher ist als die Halsschlagader«. Er ist jene Nähe, welche die Gegenwart der Dinge selbst ist. Daher offenbaren die Formen die Wirklichkeit in all ihrer ungeheuerlichen Unmittelbarkeit. Er ist Gegenwart, Dunjâ ist wesentlich eine Ab-Wesenheit. Zu wissen, wie man sich in der Ard/Welt umgeben von Dunjâ/ Diesseits verhält, entspricht dem Wissen, das einen davor bewahrt, in der unsteten Landschaft eines Traums während des Schlafs in Panik zu geraten – und das ist eine Wissenschaft, die erlernt werden muß. Die Wissenschaft ist Islam, der Islam unseres Wüsten-Propheten, Friede sei mit ihm.

Âchir hat keine Wurzel, bezeichnet aber »das letzte«, »das letztere«, »was als nächstes kommt«, »was auf später verschoben wird«. Es ist dieses Leben, welches Dunjâ entgegensteht. Der Unmittelbarkeit oder scheinbaren Unmittelbarkeit folgt ein anderer Zustand, der später kommt und das wahre Wesen der Formen zum Vorschein bringt. Diese scheinbare Entferntheit von Âchira ist Teil unserer Verschleierung, die Unmittelbarkeit der Âchira ist das Geschenk des Wissens, jenes Wissens, das den Vertrauenden im Islam zu eigen ist. Wird Dunjâ durch Erfahrung, nicht begrifflich, seinem Wesen nach als Schattenspiel erkannt, als Wirkung des Anfangs-Bewußtseins, dann beginnt die Nafs, wenn sie für das Unsichtbare und die vieldimensionale Struktur der menschlichen Existenz erwacht, sich zu öffnen, und das End-Bewußtsein taucht aus dem Dunkeln auf. Für den Schläfer in der Höhle seines Körper-Welt-Kontinuums ist Dunjâ gegenwärtig und Âchira kommt später oder gar nicht – für den Erwachten ist Âchira unmittelbar und allumfassend und Dunjâ ein verschwindender Traum.

Kehren wir zu unserem politischen, in seiner Staats-Phantasie befangenen Menschen zurück – wir sind da mit einer faszinierenden Situation konfrontiert. In Wahrheit geht es in dieser Situation nicht darum, daß er mit einer »wirklichen Welt« zu tun hat und du nur ein Ausgeflippter bist, mit Wahnvorstellungen darüber, wie die Welt wirklich ist, und deshalb sozial außer Gefecht gesetzt werden mußt, um andere nicht zu verwirren. Die Wahrheit ist, daß der politische Mensch es nicht zuzulassen wagt, daß seine Phantasie-Struktur im Lichte des Radschul Allah sichtbar wird. Er kann den ganzen Tag lang dialektisch herumargumentieren, aber seine Welt stürzt in der *Gegenwart* des Mannes Allahs ein. Denn seine Welt gibt es gar nicht, sie ist Dunjâ, und wenn er sie zu fassen sucht, ist nichts da; die schiere innere Ausstrahlung des Radschul Allah überflutet ihn, und jenes Licht offenbart, daß die illusionäre Macht-Struktur nichts weiter ist als schiere Phantasie und seine Leistungen und Errungenschaften bloße Träume.

Der politische Mensch hat keine innere Wirklichkeit, er ist, was den Modus seiner Erfahrung betrifft, immer noch in seiner Animalität gefangen, und seine animalische Nafs ist alles, was in der Begegnung mit den Sâlihîn zu Tage treten wird. Der politische Mensch lebt vom Konflikt und von Gewalt, um von der Wirklichkeit des Existentiellen abzulenken; steht er dem Radschul Allah von Angesicht zu Angesicht gegenüber, ist er schließlich gezwungen, nicht seinen Phantasien und auch nicht seinen Handlungs-Dramen, sondern sich selbst ins Gesicht zu sehen. Er sieht seine eigene jämmerliche Gestalt im Spiegel, in dem klaren Spiegel des polierten und reflektierenden Selbst des Sâlih. Die meisten Menschen, denen man einen Spiegel vorhält, sind zutiefst erstaunt, viele fliehen voller Schrecken, und nur einige wenige erkennen das Spiegelbild.

Der Mensch hat nur Angst vor sich selbst, seine Ding-heit versetzt ihn in Schrecken – er weiß in seinem eigenen tiefsten Inneren, daß die Wirklichkeit Eins ist und er deshalb nicht »zwei« sein kann. Diese Tatsache ist die unerträgliche Tatsache der menschlichen Existenz, nämlich jene Illusion der Andersheit. Angesichts des Radschul Allah gerät der Mensch der Persönlichkeit und des Weltgeschehens in Panik, weil er sich nicht als »anders« sehen kann, sondern in ihm sich selbst entdeckt, wie er im Spiegel sein eigenes Bild sieht. Das ist es aber, wovor er am meisten Angst hat. Die Ridschâl Allah kann man nicht durch den falschen Kampf und die betrügerische Gewalt im Vordergrund ablenken, sie blicken über das Schatten-Spiel hinaus direkt in die leuchtende Wirklichkeit. In einer solchen Situation würde der politische Mensch seine eigene Nafs im Spiegel reflektiert sehen, wohingegen der Sâlih nur immer wieder in allen Nafs-Spiegeln die Wirklichkeit sieht. Daher würde die Wahrnehmung seiner selbst auf seiten des politischen Menschen, zusammen mit der Weigerung des Sâlih, dessen Nafs zu sehen – denn sie existiert tatsächlich nicht –, unerträgliche Qualen bewirken. Das Ergebnis könnte einerseits die völlige Unterwerfung unter die Wahrheit des So-Seins der Dinge und folglich unter die Weisheit des Schaichs sein, oder andererseits die brüske Abwendung von dem unliebsamen Spiegel und seine Zerstörung.

Das ist dann der Kampf gegen den Islam, die Verfolgung der Awlijâ – der Freunde Allahs. Abû Bakr »erkannte« den Gesandten unmittelbar, ohne Zögern – alles, was er tat, war, in ihm seine eigene Nafs als gespiegelt zu erkennen, denn Abû Bakr war Muslim, und der Prophet war »der erste der Muslime«. Abû Lahab lehnte ihn ab, weil er eifrig damit beschäftigt war, sich selbst abzulehnen und seinen eigenen

Niedergang herbeizuführen. Staats-Gläubigkeit festigt die äußeren Strukturen, und die Gesellschaft bricht von innen her zusammen. Islam dagegen sichert die innere Erfahrung der Wirklichkeit, und den Menschen droht von keiner Seite Gefahr. Sie leben dann nämlich in Übereinstimmung mit einer mitfühlenden Wirklichkeit. Staats-Gläubigkeit hat die Aufteilung des Staats-Körpers zur Folge – ein Mann ist Polizist, ein anderer rechtskundig, ein dritter ein hilfloser Bürger/Arbeiter. Unvermeidlich macht sie aus dem einen Mann einen Polizisten und aus einem anderen einen Verbrecher – und Bürgerkrieg ist die Folge des Staats-Prinzips, wie der Gesandte immer wieder gewarnt hat.

> 'Usâma bin Zaid erzählte, der Prophet habe auf eine der Befestigungen von Medina herabgesehen und gefragt: »Seht ihr, was ich sehe?« Als seine Zuhörer verneinend antworteten, sagte er: »Ich sehe Bürgerkriege in eurer Stadt, so zahlreich wie fallende Regentropfen.« Dies wurde von Buchâri und Muslim überliefert.

Islam bedeutet den harmonischen Zusammenschluß der Gesellschaft, so daß jeder Mann ein Soldat, jeder Mann ein Geldinstitut ist – auf der Basis von Sadaqa und Zakât –, persönliche Großzügigkeit und obligatorische Selbst-Besteuerung übt. Jedermann ist ein Richter, ist sein eigener Polizist. Islam bedeutet Vereinigung und Unterwerfung – unter das wahre Wesen der menschlichen Existenz.

Wir sind jetzt darauf vorbereitet, einen Blick in den Spiegel der Nafs zu werfen, eine Methode, die einen festen Platz in einer Wissenschaft hat, welche die Sufis nicht den Muslimen, den Fakiren oder irgendeiner anderen Sache gegenüberstellt. Es ist eine Wissenschaft, die Namen meidet, die die Augen fest auf das tatsächliche Wesen der Dinge gerichtet hält, auf das Verhalten des Menschen-Geschöpfs, auf Höflichkeit und Menschlichkeit und die Demut des Menschen – nicht auf seine Etikettierung. Das ist der Weg, welcher sich einem Menschen eröffnet, der sich mit seinem ganzen Sein verbeugt und auf die Erde wirft, mit Körper und Bewußtsein – dies ist der Prozeß und die Lebenspraxis, durch welche die alchemistische Umwandlung der Nafs in Gang gesetzt wird.

Ein Schaich wurde nach seinem ersten Meister gefragt und erwiderte: »Ein Hund.« Er erzählte, er habe einen schrecklich durstigen Hund gesehen, der an einen mit klarem Wasser gefüllten Teich gekommen sei. Als der Hund einige weitere Schritte nach vorn tat, sah er sich ganz deutlich in dem Teich gespiegelt und zog sich in der Meinung, sein Spiegelbild sei ein anderer Hund, zurück. Immer wieder wagte er sich zähnefletschend ein wenig vor, jedoch nur, um sich erschrocken von dem grausamen Bild, das ihn bedrohte, zurückzuziehen, bis er schließlich vor Durst dem Wahnsinn nahe in den Teich tauchte, und das Spiegelbild verschwand.

Wir wollen nun versuchen, dem Verständnis der Wissenschaft von den Zuständen näherzukommen.

4. Die Wissenschaft von den Zuständen

Bevor wir uns näher mit dem Problem der *Ahwâl* (Plur. v. *Hâl*), der Zustände, auseinandersetzen können, ist es entscheidend, eine gewisse Vorstellung von diesem illusionären Erfahrungszentrum zu gewinnen, welches man Nafs nennt. Es sollte jedoch eine Vorstellung sein, die nicht auf der Beanspruchung einer Art von kristallisierter Wirklichkeit für die Nafs beruht, sondern eher auf ihrer Wahrnehmung als einer in Bewegung begriffenen, dynamisch fluktuierenden Energiequelle. Wir haben das Bild einer Rundfunkstation gebraucht, die von einem zentralen, identifizierbaren Punkt verschiedene Wellen aussendet. Der Standort ist identifizierbar, aber nur solange Signale von ihm ausgestrahlt werden. Wenn der Tod kommt, schaltet sich die Station ab, die Frequenz bleibt jedoch erhalten, die Lebens-Situation. Stellt man sich die Zustände als *etwas* vor, das *jemandem* geschieht, so verliert man die wahre Perspektive. Daß es, vom Standpunkt der Erfahrung aus gesehen, eine Rundfunkstation, ausgesandte und empfangene Signale gibt, steht gar nicht zur Debatte, denn sonst wäre es ja ganz egal, was mit uns geschieht. Wichtig ist, daß wir anfangen, über diese Fragen in einer beweglicheren und weniger festgelegten Bildersprache nachzudenken, in der Sprache der »verschwommenen Mathematik« des Biologen, welcher dynamische Organismen zu beschreiben versucht, und weniger in der fixierten und erstarrten Arithmetik, welche die festen Formen ausmißt.

Den Schlüssel zu einem Verständnis unserer dynamischen

Wirklichkeit und zur Entlarvung des festumrissenen »Ich« liegt in den nächsten obligatorischen »Übungen« des Islams. Sie gehören sowohl hinsichtlich des Jahresablaufs als auch in ihrer inneren Bedeutung zusammen. Sie sind die *Sijâm*, die Fasten des Ramadân, und *Zakât*, die obligatorische Besteuerung des eigenen jährlichen Einkommens. Die erste Übung entspricht einem Akt der Trennung von der Welt-Wirklichkeit, denn die eigene unmittelbare Umgebung ist eine Ausweitung der eigenen Körpererfahrung. Die Menschen sind ihrem Besitz »verhaftet«, und diese Erfahrung ist nichts weiter als die Ausweitung ihrer Abhängigkeit von der Welt-als-Nahrung. Der Mawlana Rûmî, möge Allah Wohlgefallen an ihm finden, sagte: »Die ganze Welt ist die Brust.« Das ist die Bedeutung von Ramadân und Zakât. Es ist die innere Erfahrung des Fastens, welche den *Sâlik*, den Beschreiter des Weges, für dieses in ständiger Bewegung begriffene, fließende Wesen des Selbst erweckt. Wir wollen nun zuerst einen Eindruck davon bekommen, was die Sunna der Nahrung ist und wie der Prophet sie als Erfahrung und Weisheits-Quelle gesehen hat.

Abû Huraira erzählte, daß, wenn sie vom Hunger geplagt wurden, der Gesandte, Friede sei mit ihm, jedem von ihnen eine Dattel gab. Tirmidhi hat es überliefert.

Abû Darda' berichtete den folgenden Ausspruch des Gesandten, Friede sei mit ihm: »Das Lebensnotwendige sucht einen Menschen in der gleichen Weise wie die ihm zugewiesene Lebensspanne.« Abû Nu'aim hat es überliefert.

Abû Huraira berichtet den folgenden Ausspruch des Gesandten, Friede sei mit ihm: »Nahrung für zwei Leute reicht für drei, und Nahrung für drei Leute ist ausreichend für vier.« Dies haben Buchâri und Muslim überliefert.

'Âischa sagte, der Gesandte, Friede sei mit ihm, habe montags und donnerstags gefastet. Tirmidhi und Nasa'i haben es überliefert.

Abû Dharr, möge Allah Wohlgefallen an ihm finden, berichtet, der Gesandte habe zu ihm gesagt: »Wenn du drei Tage im Monat fastest, Abû Dharr, so faste am dreizehnten, vierzehnten und fünfzehnten.« Tirmidhi und Nasa'i haben es überliefert.

Abdallah bin 'Amr bin al-As erzählte, daß der Gesandte, Friede sei mit ihm, zu ihm gesagt habe: »Hat man mir nicht erzählt, Abdallah, daß du am Tage fastest und des Nachts aufstehst, um zu beten?« Als Abdallah erwiderte, das sei richtig, sagte der Gesandte: »Tu das nicht. Faste und unterbreche das Fasten. Erhebe dich, um zu beten, und schlafe; denn du hast Pflichten gegenüber deinem Körper, deinem Auge, deiner Frau und deinen Gästen. Wer immer fastet, fastet niemals. Drei Tage im Monat zu fasten, ist so gut wie dauerndes Fasten. Faste drei Tage im Monat und rezitiere den Koran jeden Monat.« Als er erwiderte, er sei in der Lage, mehr als das zu tun, sagte der Gesandte zu Abdallah: »Praktiziere die wertvollsten Fasten, die Davids-Fasten; das heißt faste jeden zweiten Tag und rezitiere den Koran einmal in sieben Nächten, aber tu nicht mehr als das.« Buchâri und Muslim haben es beide überliefert.

Abû Huraira berichtet, der Gesandte Allahs habe zu ihm gesagt: »Viele, die fasten, haben nichts von ihrem Fasten als Durst, und viele, die des Nachts beten, haben nichts von ihren Nachtgebeten außer Schlaflosigkeit.« Tirmidhi hat es überliefert.

Al-Miqdam bin Ma'dikarab gab den folgenden Ausspruch des Gesandten wieder: »Kein Mensch hat jemals ein nutzloseres Gefäß gefüllt als einen Magen. Für den Sohn Adams sind einige Mundvoll ausreichend, welche seinen Rücken gerade halten, aber wenn es nicht anders geht, sollte er ein Drittel mit Nahrung, ein Drittel mit Flüssigkeit füllen und ein Drittel leer lassen.« Tirmidhi und Ibn Madschah haben es überliefert.

»Hättet ihr wirklich Vertrauen in Allah, würde Er für euch sorgen, wie Er es für die Vögel tut, die am Morgen hungrig davonfliegen und am Abend satt zurückkehren.« 'Umar bin al-Chattab gibt diesen Ausspruch des Gesandten wieder, und Tirmidhi und Ibn Madschah haben ihn überliefert.

'Âischa erzählte, daß der Gesandte Allahs, Friede sei mit ihm, einen jungen Sklaven kaufen wollte. Er warf einige Datteln vor ihn hin, aber als der Jüngling gierig aß, sagte er: »Gieriges Essen ist ein schlechtes Vorzeichen!« und befahl, ihn zurückzuschicken. Baihaqi hat es überliefert.

Abdallah bin 'Amr berichtet, der Gesandte Allahs habe gesagt: »Das Fasten und der Koran treten für einen Menschen ein. Das Fasten sagt: ›O mein Herr, ich habe ihn bei Tage von seiner Nahrung und seinen Leidenschaften ferngehalten, deshalb nimm mein Eintreten für ihn gnädig an.‹ Der Koran sagt: ›Ich habe ihn des Nachts vom Schlaf abgehalten, deshalb nimm mein Eintreten für ihn gnädig an.‹ Dann wird ihr Eintreten für den Menschen angenommen.« Baihaqi hat es überliefert.

Ibn 'Abbâs sagte, der Gesandte habe zu Beginn des Monats Ramadân alle Gefangenen freigelassen und jedem Bettler etwas gegeben.

Abû Huraira berichtet den folgenden Ausspruch des Gesandten Allahs: »Der gesegnete Monat Ramadân ist zu

Ende gekommen, währenddessen Allah euch verpflichtet hat zu fasten. In dieser Zeit stehen die Pforten des Paradieses offen, die Pforten der Hölle sind verschlossen, und die rebellischen Schaitâne liegen in Ketten. In dieser Zeit hat Allah eine Nacht, die besser ist als tausend Monate. Wer des Segens dieser Nacht beraubt ist, der erleidet tatsächlich einen Mangel.« Ahmad und Nasa'i haben es überliefert.

Es ist klar, daß das Fasten in der Wissenschaft vom Menschen eine wichtige Rolle spielt. Es hat gleichfalls eine innere Struktur. Es gibt die obligatorische jährliche Fastenzeit des Ramadân, welche nach einem Mond-Kalender berechnet wird, so daß sie sich entsprechend dem Lauf des Mondes durch die Jahre hin verschiebt. Die Eröffnung der Fasten hängt vom Sichtbarwerden des neuen Mondes im heiligen Monat ab, genau wie das Niederwerfen in der Morgendämmerung zeitlich mit dem Erscheinen des weißen Lichtstreifens am Horizont übereinstimmen muß. Der Fastenmonat selbst hat eine innere Struktur. Der Gesandte sagte, der Ramadân sei ein Monat, dessen Anfang Gnade bedeute und dessen Mitte Vergebung, und dessen Ende identisch sei mit Freiheit vom Höllenfeuer. Seinen Höhepunkt bildet die Nacht der Kraft, *Lailat al-Qadr,* in welcher der Gesandte die koranische Offenbarung empfing. Jene Nacht ist verborgen, und der Suchende muß selbst merken, welche Nacht es ist, in dem Wissen darum, daß sie eine der letzten Nächte der Fastenzeit ist, die auf ein ungerades Datum fällt. Wenn sie kommt, besteht niemals ein Zweifel daran, welche Nacht es gewesen ist. Es gibt im ganzen Jahr keine Nacht, die für die unmittelbare Erfahrung oder, besser ausgedrückt, für das Erwachen offener wäre.

Das Fasten dauert von der Morgendämmerung bis zum Sonnenuntergang und wird unmittelbar nach dem Verschwinden der Sonne unterbrochen. Das Fasten gilt einschränkungslos und beinhaltet ebenfalls jegliche Enthaltung vom Geschlechtsverkehr. Es ist selbstverständlich, daß das Fasten auch die Kontrolle des eigenen Temperaments und der eigenen Zunge einschließt. Das Auge sollte zugleich mit den anderen Organen fasten, und das Ohr sollte sich allem Ungehörigen verschließen. Der Gesamteinfluß des einmonatigen Fastens ist zutiefst erschütternd und seine Wirkung auf die Beständigkeits-Phantasie der Nafs äußerst nachhaltig. Es bewirkt eine Erschütterung der gesamten Basis der Illusion von einem abgetrennten Selbst, indem es die etablierten Ernährungsgewohnheiten erwachsener Menschen durchbricht, wodurch sich die Erinnerung an das kindliche Verhältnis zur Nahrung öffnet. Der Widerhall jedes Ungleichgewichtes und jeglicher Angst, der in jener für grundlegend gehaltenen Erinnerungs-Struktur eingeschlossen war, wird freigelassen und kann wie ein Gong ausklingen, dessen Schwingungen gedämpft waren und dem man jetzt erlaubt, in absolute Ruhe auszuschwingen. Das Fasten legt deshalb die gesamte Substruktur der Nafs offen, deren Andersheit in der infantilen Phase aufgetaucht ist. In dieser Phase bedeutet Nahrung sowohl die Einheit von Selbst und Umwelt als auch – wird die Nahrung vorenthalten, verspätet oder mit Angst verabreicht – Getrenntheit, Isolation und Angst. Für den Menschen, der sich auf den Weg begibt, erweist sich der Ramadân unvermeidlich als die schwierigste Zeit seines neuen Lebens. Steht er diese Zeit jedoch durch, so erweist sie sich aus denselben Gründen als die lohnendste. Die freiwilligen Fasten, die in den weiter oben angeführten Hadithen erwähnt werden, folgen demselben Muster, wobei bestimmte Tage und Nächte des Monats sich vom kosmischen Standpunkt aus in größter Harmonie mit dem Akt des Fastens befinden. Das ranghöchste Fasten ist dasjenige, welches die Ernährungsordnung am drastischsten durchbricht, und das sind die Davids-Fasten, welche das Selbst sowohl von dem Abhängigkeitsbild der Phantasie, das Essen komme von »außen«, befreien als auch den erwachenden Geist für die Wirklichkeit der Einheit durch den Koran öffnen. Die Fasten öffnen den einzelnen für das Göttliche Mitgefühl und für die Attribute – *Ar-Razzâq*, der Fürsorgliche, und *Al-Wahhâb*, der Freigebige.

Wir sollten uns nicht davor drücken, das Wesen der Fasten-Erfahrung genau zu betrachten. Die Erwartung, sie sei Grundlage irgendeiner »höheren« Erfahrung, ist sinnlos, wenn der Sinn des Fastens genau in jenem Akt der Trennung besteht, der nur darin besteht, auf das Essen zu verzichten. Der Mensch erfährt eine innere Leere, welche sich zunächst als Hunger oder Durst ausdrückt; wenn diese Bedürfnisse befriedigt sind, geht das erfahrende Selbst in seiner dynamischen, formgebenden Energie dazu über, diese Leere in den emotionalen Bereich zu verlegen. Die Person wird gierig nach dem »anderen«. Der andere wird gefressen; erst die Milch, dann die Mutter. Wendet sich die Nafs erst einmal dem Bild von der äußeren Welt zu, wird die Freßlust nach außen projiziert, von der Nahrung und den gefühlsbetonten Begegnungen auf jeden Gegenstand der Erfahrung. Eroberung und Krieg sind nichts weiter als der fortwährende Akt des Verschlingens durch das unbefriedigte Kind. Der Gesandte, Friede sei mit ihm, hat gesagt, die Mutter gebe dem Kind Milch und zugleich mit der Milch etwas anderes, nämlich Weisheit. Wir sollten diese grundlegende Feststellung nicht symbolisch oder abstrakt interpretieren. Sie ist das lebendige Zentrum der Weisheits-»Konzeption«. Milch/Weisheit. Mitempfinden ist das Wesen der Lebens-Erfahrung. Wahr ist, daß wir genährt werden – aber die wahre Nahrung enthält »noch etwas anderes«. Es ist eine Energie, die, soweit sie gesund ist, dem Kind ein Empfinden für seine Aufgehobenheit im Göttlichen Prozeß vermittelt. Ist sie jedoch vergiftet, überträgt sie die Ängste und Aggressionen der Mutter auf das Kind. Folglich ist die Mutter die erste Lehrmeisterin des Kindes, und dasjenige Kind, das wohlgenährt worden ist – im umfassenden Sinn des Wortes –, fühlt sich eher »voll«. Das Kind jedoch, welches jenes Gefühl des Wohlbefindens nicht kennengelernt hat, wird in Panik leben und in der

Nahrung selbst nach dem Mitgefühl suchen, welches zur Nahrung »dazugehört«, in seinem Fall jedoch fehlte. So würden die Erwartungen eines solchen Menschen an die Welt, an Dunjâ – jene Früchte, die so nahe zu sein scheinen und dennoch unerreichbar sind –, gleich, wie der Gegenstand der Freßlust sich im einzelnen verändern mag (sie könnte sich auf gesellschaftliches Ansehen, auf Popularität, Bestrafung, Macht, Land, Reichtum, was auch immer richten), niemals etwas anderes sein als die eitle Erwartung, die dem Kind vorenthaltene Weisheits-Übertragung doch noch auf anderem Wege zu erfahren. Wir haben es hier mit einer Struktur zu tun, die nicht diffamiert werden soll – denn sie ist nichts anderes als das Siegel des Schicksals. Auch können wir niemals wissen, was wir bei unserem ersten Festmahl in uns hineingesaugt haben, bevor nicht das Gesamtbild des Lebens vollendet ist. Diese erste Übertragung mag in der Erinnerung Spuren einer großen Liebe zurückgelassen haben, die jedoch verschüttet sind. Ihr Wiederfinden ist der Pfad oder jedenfalls eine der entscheidenden Dimensionen des Pfads; denn die Weisheits-Übertragung schließt den gesamten Umformungsprozeß der Nafs ein, welche auf unserer Körper-Erfahrung als abgetrennter Form in der Erscheinungswelt beruht. Wir können nicht eine geistige Einheit vorgeben, wenn wir in unserem greifbaren Körper versunken sind.

In diesem Zusammenhang gewinnt der gesamte Fragenkomplex der *Halal*-Nahrung, der erlaubten Nahrung, eine tiefreichende Bedeutung. Die Zellen selbst müssen rein sein, analog der Außenseite des Körpers, die im Akt des Wudû gereinigt wird. Der Schaich al-Akbar zitiert die koranische Âja: »Und unter ihnen gibt es einen, der auf seinem Bauch geht« (Koran 24.44), und sagt dazu: »Er meint jene Sâlihîn, die ihre Nahrung aufs genaueste prüfen; denn mit Hilfe reiner Nahrung, welche Stärke für die Übung des Dhikr erzeugt, wird das Herz erleuchtet und zur Wohnstatt dieser Formen Göttlicher Weisheit.« Man darf nicht vergessen, daß jedes Gefäß ein Fassungsvermögen hat und daß jenes Fassungsvermögen durch die Zellen determiniert ist, durch das Schicksal der Abstammung, der Zeit und des Ortes der Geburt, und zwar sowohl planetarisch wie kosmisch gesehen. Das Geschehen, wodurch diese Faktoren bedingt sind, ist nicht losgelöst, sondern ein Teil desselben Göttlichen Prozesses – welcher das Leben ist –, dessen erster Abschnitt die Nahrungs-Weisheits-Erfahrung ist und dessen äußerste Möglichkeit die Fasten-Weisheits-Erfahrung darstellt. Genau wie wir einst den Schoß der Mutter verlassen haben, so müssen wir nun die Welt-Brust loslassen und das Unsichtbare erfahren, um durch Allahs Gnade in Gemeinschaft mit den Propheten und Awlijâ in den Gärten der Unsichtbaren Welten schließlich Verlangen nach der Einheit selbst zu haben. Dann sind wir vollendet, und das große Fest der Formen ist vorüber. Es gibt eine geheiligte Hadith – in der Allah-Ta'âlâ in der ersten Person durch den Gesandten spricht, und Er sagt: »Das Fasten ist mein.« Fasten bedeutet Öffnung für die Wirklichkeit, es ist das Dahinschmelzen des Festes, die Vertreibung des Wolken-Körpers und das Erscheinen des Sonnen-Geistes. Du verringerst – Er vermehrt. Es ist ein Vorgang, in dem du reduziert wirst, auf eine ganz reale Art und Weise, hinsichtlich deiner Zellen und deiner Erfahrung, bis schließlich der fastende Mensch sich seiner Existenz als fließend und wogend und nicht als festumrissen und abgegrenzt bewußt wird. Wie immer das illusionäre Selbst sich definiert und wie seine Kristallisierung ausgesehen haben mag, das islamische Fasten erschüttert jene Form, und das Sich-Öffnen beginnt.

Das obligatorische Fasten in seiner einmonatigen Dauer, und jener Monat ist kosmisch zum Fasten ausersehen, hat eine tiefe Wirkung auf die Pseudo-Beständigkeit der Nafs und ruft die Ur-Reaktion, welche die Nafs in der Nahrungs-Erfahrung hervorbringt, wach. Parallel dazu öffnet sich das gesamte Gewebe des Selbst, und der Fastende kann sehen. »Jeden Tag werden wir neu geschaffen – zieht Nutzen daraus«, hat der Gesandte in einer wohlbekannten Hadith gesagt, und eben dies entspricht der Erfahrung des fastenden Menschen. Er wird gewahr, daß jegliche Konstanz eines Selbst, von der er gedacht hatte, daß er sie besitze, nur eine Oberflächen-Illusion gewesen ist, durch Gewohnheits-Muster und Verhaltens-Strukturen aufrechterhalten, mit dem Ziel, die Illusion von Beständigkeit zu erzeugen. Er beginnt sich als schaudernde, flüchtige, schmelzende und in Bewegung begriffene Wirklichkeit zu erkennen, Schichten fallen ab von ihm, und er ist sich aus diesem Grund bewußt, daß das, was von ihm übrigbleibt, obwohl schon zerbrechlicher, noch immer keine absolute Wirklichkeit besitzt. Während die Schleier sich heben, wird das Licht klarer. Der Suchende beginnt zu erwachen. In diesem Zustand erkennt der *Murîd* (Adept), daß er ständig von einem Zustand in den anderen hinübergleitet. An diesem Punkt beginnt die Lebensweise ihre Wirkung mit überraschenden Ergebnissen zu offenbaren.

Bevor ein Mensch den Pfad eingeschlagen hat, nimmt er jede Erfahrung, wie sie kommt: Vielleicht kann er gelegentlich ein »Muster« ausmachen, aber je nach Sachlage hindert ihn die unmittelbare Wucht der Ereignisse – deren extremste Ausprägung, wie wir schon gesehen haben, die Gewalt ist, welche eine unmittelbare Reaktion erfordert und derart jeglichen Abstand ausschließt oder ihn so gut wie unmöglich macht – daran, das Leben anders wahrzunehmen als in Gestalt unzähliger verschiedener Möglichkeiten und Tatsachen, die chaotisch aufeinanderfolgen. Schlägt der Mensch einmal den Pfad ein, beginnt er, die Lebensvorgänge in ihrer Einheitlichkeit und Zusammengehörigkeit zu sehen. Er legt die Betonung auf dieses Eine. Er wendet sich an das Eine. Er sieht Eines. Er hört Eines. Schließlich kennt er nur noch Eines. Er lernt, nicht jetzt dieses und dann jenes zu fürchten. Er sucht nach Unterstützung und Befriedigung seiner Bedürfnisse nur in Einem Ursprung, und was immer das Wirkende sein mag, er zerbricht die täuschenden Formen und erkennt immer und in jedem Fall Eine Wirklichkeit am Werk. So lernt er mit seiner Nafs, nicht zu sagen: »Ich bin dies und jenes«, sondern eher: »Ich bin weder dies noch jenes, aber was über mich kommt, ist die Ablehnung dessen, was von dem Mitfühlenden Herrn kommt, durch meine Nafs.« Zufriedenheit mit dem eigenen Los wird nicht zu einer schmerzlichen, sondern zu einer äußerst angenehmen Sache, und die Fähigkeit, die Einheit am Werk zu sehen, erleichtert die Schmerzen, die früher unerträglich waren. Von diesem Standpunkt aus betrachtet gibt es nichts, woran man sich klammern könnte, keine illusionäre Sicherheit – die Sicherheit liegt in der Anerkennung der Tatsache, daß das Bedürfnis sich nicht auf Sicherheit vor der Welt richtet, sondern vor Ihm, und nur Er kann dich vor Ihm retten. Versuchst du, dem Einen zu entfliehen, so kannst du nur bei dem Einen Zuflucht suchen. Das ist die Grundlage von Furcht und Hoffnung. Der Imâm al-Ghazzâli sagt in einem Kommentar zu der Offenbarung »Fürchte mich, wie du den blutrünstigen Löwen fürchtest«, die Allah-Ta'âlâ dem Propheten Dâwûd (David) zuteil werden ließ, Friede sei mit ihm:

> »Und es gibt kein Mittel, Furcht vor dem blutrünstigen Löwen einzuflößen, außer durch die Kenntnis des Löwen und die Erfahrung, in seine Klauen gefallen zu sein, und es besteht keine Notwendigkeit, nach einem anderen Mittel zu suchen. Daher weiß jeder, der Allah kennt, daß Er tut, was Er will, und Er ist unbekümmert und herrscht, wie es Ihm gutdünkt, und ist ohne Furcht. Wie es auch sein Ausspruch erklärt: ›Diese da sind im Paradies, und es kümmert mich nicht – und jene sind im Höllenfeuer, und es kümmert mich nicht.‹«

Nach einer tiefgründigen Darlegung dieses Themas faßt er in einer der machtvollsten Passagen seines großen Werkes zusammen:

Was die Person angeht, die in die Klauen des Löwen fällt, so würde sie keine Angst vor dem Löwen haben, wenn ihr Wissen vollkommen wäre, da der Löwe aus Zwang handelt. Wenn er vom Hunger beherrscht ist, wird er den Menschen erschlagen, wenn Gleichgültigkeit ihn beherrscht, wird er den Menschen ignorieren und in Ruhe lassen. Folglich hätte ein solcher Mensch nur Angst vor dem Schöpfer und Seinen Attributen. Bin ich nicht im Begriff zu sagen, daß die Angst vor dem Löwen gleichnishaft für die Angst vor Allah steht? Nein. Ist der Schleier einmal gelüftet, wird offenbar werden, daß die Angst vor dem Löwen absolut identisch mit der Angst vor Allah ist, weil das Eine, das mittels des Löwen tötet, Allah ist.

Nun ist der Weg, auf dem man das Selbst für die unentrinnbare und schreckenerregende Tatsache, nämlich des Eins-Seins aller Lebensvorgänge, öffnet, die einfachste Sache der Welt. Was alles so schwierig erscheinen läßt, ist nicht, daß der Akt als solcher schwierig wäre, sondern daß wir voller Angst einer Situation davonrennen, vor der wir im Grunde gar nicht fliehen können. Wahnsinn ist das radikalste Täuschungsmanöver des durchschnittlichen Menschen auf der Flucht vor dem So-Sein der Dinge. Wahnsinn – und all seine brillant konstruierten Flucht-Routen – führt ein hoffnungs- und auswegloses Verhalten. Der Mensch kann sich nicht von der Wirklichkeit absondern, seine eigene Wirklichkeit liegt tief in ihm. Deshalb kann er sich von seinem eigenen Sein genausowenig absondern, wie er aus seiner Haut herausspringen kann. Doch genau dies ist es, was der Wahnsinnige zu tun versucht: aus dem Körper heraus an irgendeinen sicheren Ort wie den Mond zu gelangen, das zentrale Nervensystem zu verlassen, sich so zu verhalten, als sei niemand im Körper »zu Hause«. Ehrfurchtsvoll richtet der Sklave das Wort an den Herrn. Du, das »Ich«, öffnest dich dem Umfassenden Einen – dem ganzen Universum. Das »Ich« spricht – das kleine Universum spricht zu dem großen Universalen.

»Ich« wende mich sprechend an »Ihn«. »Ich« bin gegenwärtig, »Er« ist abwesend – die dritte Person Singular ist, wie der Schaich al-Akbar aufgezeigt hat, das Pronomen der Abwesenheit, und der Form nach beginnt ein Dialog. Ich – Er. Das ist der Anfang der wirklichen Reise, deren Phasen sind: Ich – Er; Ich – Du; Ich. Sie sind in der Sprache des Korans drei Stadien des Wissens:

'Ilm al-jaqîn; 'Ajn al-jaqîn; Haqq al-jaqîn. Wissen der Gewißheit; Ursprung der Gewißheit; Wahrheit der Gewißheit. Oder wie der *Radschah* (Fürst) von Mahumdabad, möge Allah gnädig mit ihm sein, gesagt hat: »Zuerst erzählt man dir, es gebe ein Feuer im Wald. Dann siehst du mit deinen eigenen Augen das Feuer im Wald. Schließlich wirst du zu dem Feuer im Wald.«

So bin »Ich« schließlich ein Abwesender er geworden, und es bleibt nur das »Ich« Allah-Ta'âlâs. Das ist die Bedeutung der großen sufischen Redensart »der Sufi ist ungeschaffen«.

Aus der Tiefe des Ehrfurcht gebietenden Waldes des *Tawhid* (mystische Einheit) wird uns die Wahrheit zuteil, daß es niemals etwas »anderes« gegeben hat, das hätte einverleibt oder ausgelöscht oder vereinigt werden müssen. Die Wirklichkeit ist Eine. Mansûr al-Halladsch läßt am Ende seines großen Liedes der Einheit, dem *Tawâsin,* sagen:

> »Allah ist Allah. Die Schöpfung ist Schöpfung. Wen kümmert das?«

Dies ist keine Unterscheidung der Dualität oder irgendeine totale Trennung der Gottheit von Ihrem Reich. Schon eher handelt es sich dabei um den grundlegenden Ausgangspunkt und deshalb Endpunkt des Mannes der Erkenntnis. Wie Schaich Maulajj al-'Arabi ad-Darqawi, ein Schaich unseres Schaichs, gesagt hat: »Der Sklave ist der Sklave, und der Herr ist der Herr.« Wie wir später sehen werden, ist dies das einzige, was wir zur Bestätigung der beiden großen Aussprüche des Gesandten zu sagen imstande sind, welche lauten: »Allah war, und es war nichts neben ihm« – das heißt vor dem Universum; und »Er ist jetzt, wie er war am Anfang.« Deshalb ist das Ziel des Suchenden der Wirklichkeit nichts Geringeres als die Selbstauslöschung, das Wegwischen dieses illusionären, zentralen Erfahrungs-Selbst; denn damit »Er«, der Abwesende, als einzige Gegenwart erhalten bleiben kann, muß das »Ich« ausgelöscht werden.

Wir betreten nun den Weg in seiner ganzen Fülle; denn wir haben zum erstenmal einen Blick auf das mögliche Ziel geworfen. Wir haben gesehen, daß das wahre Wesen der Erfahrungs-Nafs nicht mit einem dauerhaften Gegenstand gleichzusetzen ist, dem Eigenschaften und Fehler in einem immer fester werdenden Klumpen zuwachsen. Es ist vielmehr so, daß die nicht-existente Nafs von uns als zusammenhängend und festumrissen erfahren wird und daß die Akte der Salât, des Fastens und der Zakât diese scheinbare Festigkeit erschaudern und in Bewegung geraten lassen, bis wir erkennen, daß die Nafs in ständiger Bewegung, ständigem Fluß ist, sie ist die Wolken-Gestalt und nicht Berg. Das Ziel ist es, den Berg mit derselben Leichtigkeit wegzublasen, mit welcher der Wind die Wolken zerstreut, genau wie in der unübertroffenen Sure aus dem Koran, welche den letzten Tag der Welt beschreibt – wobei Makrokosmos und Mikrokosmos in unserem Bild der Einheit gänzlich übereinstimmen:

> Sie werden dich nach den Bergen fragen – sage dann: »Mein Herr wird sie in zerstreuten Staub zerbrechen und als eine leere Ebene zurücklassen!«

Das Mittel, mit dessen Hilfe wir die Berges-Festigkeit der empirischen Formen in Bewegung setzen, um uns selbst gegenüber der durchscheinenden Wolken-Natur der Materie zu öffnen, ist die große Wissenschaft, die die Gesandten uns überliefern. In der Sprache des Wüsten-Propheten heißt sie

Dhikr Allâhi (Erinnerung Allahs). Wenn wir nun die Wurzel des Wortes untersuchen, legen wir wie üblich seine wahre existentielle Stoßkraft bloß. Die Bedeutung dieses Wortes – welches für die Wissenschaft des Tasawwuf steht – liegt in seiner Wurzel: DhKR – »einen Tritt in die Leistengegend bekommen«. Da haben wir es. Es ist, wie alles in der Sprache des Korans, selbst-erklärend. Die Göttliche Wirklichkeit ist Gegenwart. Du bist nicht weit von Ihm, Er versteckt sich nicht vor dir, und es gibt auch kein komplexes, esoterisches Geheim-Tantra, das man zu praktizieren hätte. Wenn du wissen willst, wenn du wirklich Ein-heit willst, wenn du wirklich aus deinen neurotischen Gedankenspielen herausgerissen und der unmittelbaren, schwingenden Gegenwart des Herrn des Universums gewahr werden willst – was dir dazu verhilft, ist ein Tritt in die Eier. Ist das beleidigend? Dann fühlst du dich durch deine eigene Krankheit beleidigt, die Marad, welche dich von der ungeheuerlichen und überwältigenden Unmittelbarkeit der Wirklichkeit in all ihrem Gegenwarts-Bewußtsein absondert. Es ist jener Schock, jene blitzschnelle Konzentration der Nafs auf die sich vollziehende Wirklichkeit deiner – und schlechthin jeglicher – Existenz, welcher den formgebenden Geist zum Stillstand bringt und damit innerhalb eines Augenblicks das gesamte Sein für den Allumfassenden Geist öffnet, für den Nicht-Geist, die Gegenwart selbst. Aus dieser Wurzel entwickeln sich die formalen Wortbedeutungen in offensichtlicher Reihenfolge, wobei sie doch alle in ihrer Aussage tief mit der Wurzel verbunden bleiben.

Dhikr – »sich erinnern«, »etwas erwähnen«, »den Geist erfüllen mit«, »eine Klarstellung«, »eine Schock-Warnung«, »eine direkte Konstatierung« (wie die Dinge sind), »aufmerksam gemacht werden«, »das Mittel zum Verstehen«, »das eigene Selbst erinnern« – deshalb schließlich »erinnert werden an«.

Deshalb ist die Bekräftigung – *la ilâha illa'Llâh, Muhammadun rasûlu'Llâh* – Dhikr. Salât ist Dhikr, Fasten und Zakât sind Dhikr. Dennoch zwingt uns unsere Suche nach dem Sinn unserer Existenz dazu, über diese zeitlichen Fixierungen hinauszugehen, sie aneinanderzureihen, wie Perlen auf eine Kette, unsere Erfahrung für eine Kontinuität zu öffnen, welche eine Brücke zwischen den einzelnen Zeiten der Niederwerfung von einem Ramadân zum nächsten darstellt.

Der Rückhalt des Dhikr ist natürlich der Koran, und er ist die Goldmine jeglichen Dhikrs, den wir praktizieren. Wir stellen zudem fest, daß in der Wissenschaft des Dhikr verschiedene Situationen verschiedenen Dhikr haben. Der Koran sagt über sich selbst:

> Und wir senden aus dem Koran das hinab, was für die Vertrauenden ein Balsam und eine Gnade ist.

In der Sprache des Schaich al-Akbar: »Der Koran ist mit Eigenschaften geladen. Eigenschaften sind Zustände . . ., seine Eigenschaft ist das Ur-Formbild seines Gehalts, und der Gehalt braucht nichts-außer-sich, denn er ist aus eigenem Vermögen. Daher ist seine Eigenschaft derartig wegen seines Ur-Formbildes, weder anders als er noch außerhalb von ihm; deshalb versteht! Allah spricht die Wahrheit und führt auf den rechten Weg.«

Es ist klar, daß eine tiefe Kenntnis der phänomenalen Seite des Korans für ein Verständnis des Weges und für das Verstehen selber von grundlegender Bedeutung ist. Man darf den Koran nicht als irgendeinen verschrobenen Text, der irgendwann zunächst rezitiert und schließlich niedergeschrieben wurde, studieren und ansehen. Erst seit der Ankunft dieses Buches sind wir in der Lage, das Wesen der Offenbarung als historisches Geschehen zu untersuchen. Diese Ankunft hat erst vor 1400 Jahren stattgefunden, und der gesamte Entstehungsprozeß ist genau aufgezeichnet und auch im Text selber erklärt worden. Was der Meister hier sagen will, ist, daß – was immer der Koran sein mag – er nicht nur ein Buch ist, sondern eine dynamische Sache, »geladen mit Eigenschaften«. Das Buch ist eine Sammlung von Wirklichkeiten in der Handschrift des Lebens selbst, und diese Energiefelder sind Äquivalente, das heißt keine Indikatoren, sondern identisch mit den Zuständen. So ist der Koran ein Ursprungs-Buch aller »Zustände«, die der Mensch erfahren kann. Daher ist der Dhikr ein Schlüssel, welcher Zugang zu den Strukturen der Nafs verschafft, wobei die Verdinglichung der Erfahrung Schicht für Schicht freigelegt und es dem Licht des Selbst ermöglicht wird, auf seine ursprüngliche Weise als Ur-Formbild sichtbar zu werden.

Wir wollen nun die ganz einfache, aber dennoch ungeheuerliche »Konzeption« erforschen, welche die Grundlage von Ibn 'Arabîs Darstellung des Selbst bildet. Zunächst müssen wir wissen, was Dhikr ist, uns danach einen deutlicheren Einblick in die Bedeutung von *Hâl* (Zustand) verschaffen und schließlich zu unserem Ausgangspunkt zurückkehren, indem wir uns, von der Nafs ausgehend, dem Koran als dem Schlüssel zur Schöpfungs-Situation zuwenden.

Die elektrisierende, das Denken zum Erliegen bringende Wirklichkeit, welche der Schaich al-Akbar uns als das Wesen der menschlichen – und jeglicher – Existenz offenbart, ist eine Realität, worin jede Form bewußt teilhat an dem Ruhm und der Schönheit der Göttlichen Wirklichkeit. Sie hat dies in jedem Augenblick und/oder Nicht-Augenblick, und die Formen sind nur die mannigfaltigen Versionen ihrer Ur-Formbilder im Unsichtbaren. Diese Ur-Formbilder sind wiederum nur Lichter von Aspekten des Urgrundes, die der ursprünglichen Wirklichkeit entgegenspringen, welche selbst jenseits aller Zuschreibung, jeglichen Fassungsvermögens oder jeglicher Definition ist.

In seinen Mekkanischen Offenbarungen sagt er:

> Er hat gesagt, verherrlicht sei Er: »Es gibt kein Ding, welches nicht Seinen Preis singt.« »Ding« ist grenzenlos, und nur der lebendige Intellekt, der von seiner Lobpreisung weiß, lobpreist Ihn. Vom Muezzin sagt man, daß

alles Nasse und Trockene, soweit seine Stimme reicht, für ihn Zeugnis ablegt. So haben wir gehört, wie die Felsen Dhikr Allah verrichteten, mit der Kraft unserer Augen haben wir es erfaßt, und unsere Ohren haben es von ihnen in artikulierter Sprache vernommen. Sie haben zu uns gesprochen in der Sprache derjenigen, die den Ruhm Allahs kennen, einer Sprache, welche nicht jedermann zu hören vermag. So ist jede der von Allah geschaffenen Arten eine Gemeinschaft, welche Allah auf eine Andacht gegründet hat, welche ihr eigen ist. Er also hat sie von innen her damit inspiriert. Daher ist ihr »Gesandter« von ihrem Wesen. Es gibt von Allah besonders herausgehobene Geschöpfe, die aufgrund einer spezifischen inneren Wahrnehmung, welcher sie ihre Gestalt verdanken, ein Wissen haben, welches das Verstehen des an der Technik des Weges orientierten Adepten bei weitem übersteigt. Sie wissen sogar, was ihnen nützlich ist, von dem, was sie von Insekten und eßbarer Nahrung erhalten, und sie wissen ebenfalls, wie sie meiden können, was schädlich für sie ist. All das entspringt ihrer natürlichen Beschaffenheit. Es ist dasselbe mit den unbelebten Dingen und den Pflanzen. Allah hat unsere Augen und unsere Ohren für ihre Sprache verschlossen.

Die Stunde wird nicht kommen, ehe der Mensch spricht, so daß die anderen Menschen es für seine Tat nehmen, und die weisen Männer werden daneben unwissend erscheinen ... Er, möge Allah ihn segnen und ihm Frieden geben, hatte alle Schleier gelüftet, deshalb sah er, was wir nicht sehen. Er sprach, der Friede sei mit ihm, von dem Gebot, nach dem die Allah-Gläubigen leben, und so fanden sie seine Rede wahr: »Hätten das Ausmaß eurer Rede und die Unordnung in euren Herzen nicht zugenommen, so hättet ihr gesehen, was ich sehe, und gehört, was ich höre.« So erhielt er den Rang des vollkommenen Sklaven, so wurde er zu einem gereinigten Sklaven. Er stellte sich in seinem von allen Fesseln freien Wesen über niemanden.

Das war die notwendige Folge seiner »Meisterschaft«, und es ist ein ständiger Beweis für seine Ehrenhaftigkeit. 'Âischa hat gesagt: »Der Prophet Allahs, möge Allah ihn segnen und ihm Frieden gewähren, lebte in ständigem Dhikr, ohne Unterbrechung.« Wir haben ein großes Vermächtnis von ihm, und es bezieht sich auf Fragen, die den inneren Menschen betreffen.

In diesem Zitat werden Mitteilungsmöglichkeiten und Wahrnehmung der niederen Organismen in Verbindung gebracht mit dem Akt des Sprechens und der Grundstruktur der Weisheit. Die Weisheits-Übertragung ist dem inneren Teil des Menschen vorbehalten, und ihr Medium ist Dhikr. Sprechen in seinem reinen und ursprünglichen Zustand ist nichts anderes als Dhikr, und die Auswüchse der Sprache, die sich einstellen, wenn die Lebensform der Weisheit aufgegeben wird, sind Mittel von Tyrannei, Herrschaft und Chaos, auf gesellschaftlicher wie auf privater Ebene. Das Plappern des unwissenden und des wahnsinnigen Menschen ist gleichen Ursprungs. Damit Sprechen von Grund auf seelisch gesund sei, muß es der »Sprache« der Offenbarung entspringen, welche ihrerseits Frucht des Schweigens ist. Die Quintessenz des Sprechens ist nicht reines Dhikr, sondern verweist auf einen Zustand, auf den die Weisheits-Sprache zurückgeht, und all diese Sprachebenen sind identisch mit den *Âjât* (Versen) des Korans. Von diesem Standpunkt aus betrachtet, »gibt es nichts, was nicht Sein Lob verkündet«.

An anderer Stelle sagt der Schaich Ibn 'Ata-illâh über Dhikr:

Dhikr ist ein Feuer, das weder bleibt, noch etwas zurückläßt. Wenn es also in ein Haus kommt und sagt: »Ich und nichts außer mir« – welches der Bedeutung von *la ilâha illa'Llah* entspricht –, und es ist Brennholz im Haus, wird es das Holz verbrennen und Feuer werden. Wenn es im Haus dunkel ist, wird aus Dhikr Licht, sein eigenes Licht.

Wenn es hell im Haus ist, wird Dhikr zum Licht des Lichtes.

Dhikr entfernt überflüssige Stoffe aus dem Körper, die Ergebnis von zu vielem Essen und des Genusses von *Haram*-Speisen (unerlaubten Speisen) sind, während er Stoffe, die aus *Halal*-Nahrung (erlaubten Speisen) gewonnen sind, unberührt läßt; daher verbrennt er die schädlichen Stoffe, und die guten bleiben erhalten. Dhikr wird von jedem Körperteil wie ein Trompetenstoß wahrgenommen, und wenn Dhikr zuerst vom Kopf Besitz ergreift, erschallt der Klang von Trompeten und Glas. Dhikr ist ein Sultân – wenn er sich irgendwo niederläßt, steigt er mit Trompetenschall und Gläserklirren herab, weil er allem entgegengesetzt ist, das anders-als-die-Wirklichkeit ist; wenn er also herabsteigt, so beschäftigt er sich damit, das zu negieren, was sich im Gegensatz zu ihm befindet, wie wir es auch bei der Vereinigung von Feuer und Wasser gesehen haben. Nach diesen Klängen werden andere Geräusche vernehmbar: wie das Murmeln des Wassers, das Rauschen des Windes, das Flackern des Feuers, wenn es entzündet wird, der Hufschlag von Reittieren, das Donnern von Pferdehufen und das Rascheln der Blätter an den Bäumen, wenn der Wind sie bewegt. Das ist deshalb so, weil der Mensch aus jeder edlen und niedrigen Substanz wie Staub, Wasser, Feuer, Luft, Erde und Himmel und was sich dazwischen befindet, zusammengesetzt ist. Diese Laute entspringen jeder Quelle und jedem Aspekt dieser Substanzen. Wer jemals diese Laute im Dhikr vernommen hat, hat Allah gepriesen und Seinen Ruhm in höchsten Tönen gesungen. Dies ist das Ergebnis des Dhikr, der Zunge zusammen mit der Kraft der Selbstaufgabe. Vielleicht wird der Sklave einen Zustand erreichen, in dem, wenn er sich des Dhikr enthält, das Herz in seiner Brust sich bewegen wird wie das Kind im Mutterschoß, im Verlangen nach Dhikr.

Man sagt: Tatsächlich ist das Herz wie 'Isâ (Jesus), der Sohn der Marjam (Maria), Friede sei mit ihnen, und Dhikr ist seine Milch. Wenn es heranwächst und stark wird, erhebt sich die Stimme der Sehnsucht nach der Weisheit in ihm, und in ihrer unvermeidlichen Ohnmacht gibt sie ihm ein Verlangen nach Dhikr und nach dem angerufenen Einen ein. Der Dhikr des Herzens ist wie das Summen der Biene, weder ein verworrener hoher noch ein sehr tiefer, fast unhörbarer Ton. Dann nimmt der angerufene Eine das Herz in Besitz, und der Dhikr wird ausgelöscht und verschwindet, und der Angerufene wendet sich weder dem Herzen noch dem Dhikr zu.
Wenn er in diesem Stadium auf den Dhikr oder das Herz blickt, so gibt er sich einer Ablenkung hin. Diesen Zustand nennt man Fanâ (Verschwinden) – was bedeutet, daß der Mensch hinsichtlich seiner Nafs ausgelöscht ist und daß er seine äußeren Organe nicht spürt, noch Dinge außerhalb seiner selbst oder innere Gefühlsregungen wahrnimmt. Wenn es ihm in diesem Zustand widerfährt, daß er für sich selbst gänzlich ausgelöscht ist, ist das ein Makel und ein Ärgernis. Vollkommenheit bedeutet, daß er für sich selbst und für das Ausgelöschtsein ausgelöscht sei, und das Ausgelöschtsein des Ausgelöschtseins ist das Ziel des Auslöschens, und Auslöschung ist der entscheidende Aspekt des Pfades, da sie zu Allah hingeht, möge er gepriesen sein, und dann kommt die Führung von allein. Mit Führung meine ich Allahs Führung, wie der Gesandte, gesegnet sei er und Friede sei mit ihm, gesagt hat: »Ich gehe zu meinem Herrn, und Er wird mich führen.« Diese Selbstaufgabe wird selten erreicht, und sie hält selten für längere Zeit an. Dauert sie jedoch an, dann wird sie zur festen Gewohnheit und zum anhaltenden Zustand, durch welche der Mensch sich zur himmlischen Welt erhebt. Dann taucht die reinste, wirkliche Existenz auf, und die Inschrift der unsichtbaren Welt *(Malakût)* wird dem Gläubigen aufgedrückt, und die Reinheit der Gottheit

(Lâhût) erscheint ihm. Das erste, was sich ihm in dieser Welt zeigt, sind die Essenz der Engel und die Seelen der Gesandten und Awlijjâ in einer schönen Gestalt, welche ihm durch einige der Wirklichkeiten hindurch zufließt. So fängt es an, bis schließlich sein Rang über die Formen hinaus erhöht wird und er der Wahrheit in allen Dingen mit Klarheit begegnet.

Das ist die Frucht aus dem Wesenskern des Dhikr, und ihr Anfang ist der Dhikr der Zunge. Dadurch wird der Dhikr des Herzens angeregt, dann ergreift der Dhikr das ganze Wesen, und schließlich ergreift der Angerufene Besitz, und der Dhikr wird ausgelöscht. Darin liegt das Geheimnis des Propheten-Wortes, Friede sei mit ihm: »Wer im Garten des Paradieses grasen möchte, er soll Allah oftmals anrufen«; und auch das andere Propheten-Wort bezieht sich auf dieses Geheimnis: »Verborgener Dhikr ist siebzigmal mehr wert als Dhikr, welcher von anderen vernommen wird.«

Das Zeichen für Dhikr, welcher sich dem Geheimnis nähert, ist die Abwesenheit des anrufenden Menschen sowohl vom Dhikr als auch von dem Einen, welcher angerufen wird, und der Dhikr des Geheimnisses ist wahnsinnig durstig und ertrinkt in jenem Geheimnis. Ein weiteres Zeichen für diesen »fortgeschrittenen« Zustand ist, daß, wenn du den Dhikr sich selber überläßt, er dich nicht im Stich läßt; und sollte er dich fliehen, dann nur, um dich von der Abwesenheit für die Gegenwart zu erwecken.

Zu den weiteren Zeichen gehört, daß Dhikr deinen Kopf und deine Glieder verengt, als seien sie mit Fesseln und Ketten gebunden. Ein weiteres Zeichen ist, daß seine Feuer nicht abnehmen und seine Lichter nicht verschwinden. Eher schon sieht man sie ständig auf- und untergehen, und die Feuer um dich herum sind sorglos, sie stehen in

Flammen und brennen leuchtend. Gelangt Dhikr zu dem Geheimnis, ist der Dhikr das Schweigen des anrufenden Menschen, als seien Nadeln durch seine Zunge gestoßen worden, welche das Geheimnis anruft, während ihr Licht entströmt.

Der Schaich al-Kâmil sagt in einem der bekanntesten Lieder in seinem Diwan, dem *Fanâ fi'Llâhi*:

> O der du danach strebst, in Allah ausgelöscht zu sein – sag immerzu: Allah! Allah!
>
> Und ziehe dich in Ihn zurück vom Anderes-als-Er, und mit deinem Herzen – sieh Allah!

In seinem Lied »Der Kommentar zum *Wird*« (private Andacht) sagt er:

> Wenn du es eilig hast, die Wirklichkeit zu begreifen, dann sei unbeirrt und wiederhole mit Himma den Mächtigen Namen.
>
> Spiegle in deinem Herzen immerzu die Buchstaben des Namens und wiederhole ihn unbewußt in jedem Augenblick.
>
> Beschäftige dich nicht mit Andersheit, denn wahrlich sie ist eine Schranke.
> Selbst wo sie lohnenswert ist, so gehört sie doch mehr der Dunkelheit an.
>
> Dem Gläubigen ersetzt sein Dhikr, was Anders-als-Er ist.
> Wenn du Himma besitzt, gibt es nichts, was Allah entgegengesetzt ist.

Fürchte ihn in deinem Dhikr, und ersterbe für alles, was anders-als-Er ist; und es gibt ja auch nichts anderes, außer in der Illusion von der Vielfalt.

Vielfalt ist nur Eins-Sein, in Übereinstimmung mit den Namen und den Spuren Göttlicher Macht vervielfältigt.

In dem Größeren Lied sagt der Schaich al-Kâmil über den Menschen, der sich auf eine Reise begibt:

Er sollte sich mit dem Dhikr Allahs beschäftigen, Ruhm seiner Majestät; denn darin findet man die Medizin für jeden Fehler und jegliche Krankheit.

In dem Kleineren Lied sagt er:

Für jeden, der sich in das Licht des Dhikr der Wahrheit zurückzieht, ist die Schöpfung nichts weiter als Staubkörner im Raum.

Und dies ist das Lied »Die Tugenden des Mächtigen Namens«:

Befreie dich von anderen, und du wirst Seine Nähe genießen, wirst in jeder Versammlung den Rang eines Erleuchteten einnehmen.

Fülle jeden Atemzug mit Dhikr Allah; denn am Tag der Zusammenkunft und des Versprechens wirst du über jeden Atemzug Rechenschaft ablegen müssen.

Verherrliche die ganze Welt der Erscheinung, weil sie geformt ist aus dem Licht des Propheten Muhammad.

Betrachte sie als Licht aus den Namen unseres Herrn, und höre auf, unempfänglich und Meinungen verhaftet zu sein.

Liebe mit der Liebe Allahs, und hasse mit Seinem Haß. Das ist die Straße, deshalb vergiß es nicht, mein Freund!

Sei eine Landenge zwischen den zwei Ozeanen – der Wirklichkeit und der Strafe, und du wirst den Rang der Anerkennung in jeder Versammlung finden.

In jeder Moschee führe die Sklaven Allahs ganz offen durch Allah, indem du ihnen die Schönheit der Wege Allahs zeigst.

Und wenn du rasch in die Gegenwart unseres Herrn treten möchtest, dann vertrete eine gute Meinung über Allahs Schöpfung, sprich gut von Ihm.

Strebe unbeirrt in dem Erhabenen und Mächtigen Namen mit einem guten Herzen, in Aufrichtigkeit und innerer Sammlung.

Erkenne die Schönheit des Urgrunds in jeder Seiner Offenbarungen. Nur Seinetwegen wurde das Dasein des Seienden begründet.

Alle Eigenschaften der Nafs werden durch Anrufung Seines Namens ausgelöscht, und was übrigbleibt, ist Ruhe des Herzens, süßer als Honig.

Jeder innere Zustand zugleich mit den Graden der Vollkommenheit erwächst aus der Anrufung des Mächtigen Namens mit Würde.

Darin hat die innere Öffnung eines jeden Wanderers ihren Ursprung und ebenfalls das Überfließen eines jeden *Murschids* (geistigen Führers).

Ihr entstammen die Zustände der Vergiftung und des *Fanâ* (Verlöschens), und ebenso die Zustände der Nüchternheit und der Ekstase.

Kraft wird nur demjenigen gewährt, der sich mit Ihm abgesondert hat und aufgrund vieler Lobpreisungen mit dem geschmückt ist, was Ihm wohlgefällt.

So wird er weiterhin nach Vervollkommnung suchen in den Wüsten Seines Urgrundes, bis er gänzlich ausgelöscht ist in ein Ausgelöschtsein, welches nichts ist als Verlust (des Selbst).

Kehrt er in die Bahnen der menschlichen Existenz zurück, bringt er ein Ehrenkleid, welches Seine *Wilâja* (Walîschaft) und Seinen Ruhm verkündet.

Sei daher für Den, dessen Beschreibung dies ist, ein Sklave und ein Diener, und erfülle den Vertrag mit Allah, und Er wird geben, was Er versprochen hat.

Das größte an Allahs Schöpfung sind in dieser Angelegenheit seine Gesandten, und der vollkommenste von ihnen in der gesamten Schöpfung ist der Prophet Muhammad.

Daher ist seine äußere Gestalt ein Licht und seine innere Form ein Geheimnis. Seine Vollkommenheit ist namenlos.

Möge Allah ihn segnen
und seine Familie und Gefährten,
und möge Er uns grenzenlosen *Lutf* (Göttliche Gnade) erweisen.

In dieser *Qasîda* (Strophen-Gedicht) beschreibt der Schaich den gesamten Umformungsprozeß, der durch den Akt des Dhikr in Gang gesetzt wird. Diese schimmernde, Formen produzierende Maschine, dieses Kaleidoskop, welches endlose Muster aus einigen wenigen verschiedenen feststehenden Grund-Erfahrungen bildet, nämlich die Nafs – hat sie sich erst einmal dem Feuer und den Lichtern des Dhikr unterworfen –, wird Stück für Stück aufgelöst, bis alles, was übrigbleibt, Ruhe des Herzens ist, süßer als Honig. Wenn die Nafs-Zustände durch das Feuer des Dhikr ausgelöscht sind, bleibt der Suchende für seine Eigenschaften geöffnet zurück, für die höheren Zustände seiner Nafs – in jener Schwebe zwischen Konflikt und Entwicklung, die al-Ghazzâli definiert hat. Dann folgt eine neue Erleuchtung, bis es zu jenem Höhepunkt des Lichtes kommt, welcher die gesamte Nafs als Ort der Erfahrung sowohl seelisch als auch biologisch auslöscht.

Was sind nun diese Zustände – worauf wirkt die Dhikr-Aktivität ein? Was passiert in diesem ungeheuerlichen Aufwallen von Energie, welches durch die Anrufung ausgelöst wird? Wir wollen uns wegen einer Definition direkt an den Schaich al-Akbar wenden. In einem Gedicht über die Erkenntnis der Erscheinungswelt sagt er:

Die verschiedenen Arten des Wissens über die Erscheinungswelt sind in ständiger Bewegung, das Erkennen des Gesichts verändert sich nicht.
Die verschiedenen Arten des Wissens bestätigen und verwerfen wir allesamt, wir trennen sie voneinander und durchlaufen sie Zustand für Zustand.

Mein Gott! Wie kann Anderes-als-Du Dich kennen, wenn Deinesgleichen Tabârak und Ta'âlâ entspricht?
Mein Gott! Wie kann Anderes-als-Du Dich kennen?
Wie kann anderes ein *Mithâl* (Gleichnis) für Dich sein?
Wer immer den Pfad ohne Führung sucht, mein Gott! Er sucht das Unmögliche.

Mein Gott! Wie können Herzen nach Dir verlangen, ohne auf Nähe und Vereinigung zu hoffen?
Mein Gott! Wie kann Anderes-als-Du Gnosis von Dir haben? Nein und nochmals nein.

Mein Gott! Wie können Augen Dich sehen, wo du doch weder Licht noch Dunkel bist?

Mein Gott! Ich betrachte mich nicht als anders-als-Du!
Wie kann ich das Unmögliche sehen oder irre gehen?
Mein Gott! Du bist Du! Und ich erhoffe mir, das Geschenk von Deiner Ich-heit zu erhalten.

Ich erhoffe es mir von einer Armut, die aufgrund meiner Existenz zu mir gehört, welche Deinem Reichtum entsprungen ist, daher ist diese Armut ein Zustand.

Er gab zu erkennen, vielleicht werde Er mich Ihm offenbaren,
und Er betrachtete mich nicht als Anderes-als-Er,
folglich war ich nur eine Fata Morgana.

Wer der Fata Morgana folgt, sucht Wasser.
Für ihn ist die Quelle des Lebens kaltes Wasser.
Ich bin ein Teil der Erscheinungswelt, und es gibt nichts wie mich!
Wer bin ich, oder wer ist Er vor der Möglichkeit von *Mithâl* (Ähnlichkeit, Abbild)?
Das ist eine der wunderbarsten Sachen, daher gebt acht!
Vielleicht werdet ihr feststellen, daß es wie ein sich verändernder Zustand ist.
In der Erscheinungswelt gibt es nichts anderes als individuelle Existenzen, die nicht gleichgesetzt oder erfaßt werden können.

Er fügt in Prosa hinzu:

> Wisset also, möge Allah euch zur Seite stehen, daß alles auf Erden von einem Zustand in den nächsten hinübergleitet. So bewegt sich die Welt der Zeit in jedem Ding, und die Welt des Atmens des Tadschallî (Sich-Manifestierens) bewegt sich in jedem Tadschallî. Der Grund dafür ist Sein Wort, Er sei gepriesen: »Jeden Tag hat Er eine Arbeit zu verrichten«, und Er fügt verdeutlichend hinzu: »Wir werden Uns nach Gutdünken um euch kümmern, ihr wartet und wartet.« Jeder Mensch findet in sich Typen vorbeiziehender Gedanken, die in seinem Herzen sind, in seinen Bewegungen, in seinem Schweigen. Daher bewegt sich niemand in den himmlischen und irdischen Welten außer durch eine Göttliche Hinwendung aufgrund eines besonderen Tadschallî zu jenem Ur-Formbild. Also hat er sein Fundament in jenem Tadschallî, entsprechend dem, was seine Wirklichkeit ihm zumißt.

Hier spricht der Schaich von drei Stufen der Existenz: den Formen ohne organisches Leben, den organischen Formen, die vom »Atem« des Lebens beseelt sind, und vom Menschengeschöpf, für welches von seiten des Unsichtbaren der Schleier der Formen gelüftet wird. Der Schaich sagt, daß die Selbst-Erfahrungen, die durch das Erfahrungszentrum der Nafs hindurchziehen, nicht von außen eindringen und nicht willkürlich und unvorhersehbar chaotisch, sondern in ihrer Anordnung unvermeidlich sind, da sie dem grundlegenden Ur-Formbild im Unsichtbaren entspringen, dessen nur phänomenales Kapitel die Lebens-Geschichte ist. Im Unsichtbaren ist der historischen Existenz jedoch schon ein Kapitel in der Welt der Geister vor der Geburt und dem In-die-Welt-Kommen vorhergegangen, und ein weiteres Kapitel folgt auf sie, der Zustand nach dem Tod im Grab, und danach noch einer, die Auferstehung und die Offenbarung der Bedeutungs-

Form in der nicht-physischen Welt des Unsichtbaren und immer so weiter auf der Reise zu Allah. Daher ist das Selbst als greifbare Wirklichkeit eine unhaltbare Idee, eine Fata Morgana, und seine Rastlosigkeit rührt aus dem Durst und der Sehnsucht des wahren Selbst her, das in der Illusion gefangen ist, eine »Geschichte« zu haben. Es ist dieser Durst, welcher in dem Schmelztiegel des Dhikr, wie oben beschrieben, sich in ein erhabenes Ertrinken verwandelt, während die Illusion sich auflöst. In dieser wichtigen Passage redet der Schaich weiter über jene, die »nicht wissen, woher sie kommen und wohin sie gehen«, was auf die Mehrzahl der Menschen zutrifft, und er schildert diese Situation als von Unwissenheit geprägt. Er versucht nicht, uns einzureden, man kenne die Zukunft auf irgendeine okkultistische Art und Weise. Er will vielmehr etwas viel Subtileres und Tiefgründigeres sagen – nämlich, daß wirkliche Erkenntnis mit der Anerkennung dieses in ständiger Bewegung begriffenen dahinfließenden Geschöpfes beginnt, welches eine völlig strukturierte und unvermeidliche Serie von Lebensmustern darstellt, die alle seiner ursprünglichen, dynamischen Selbst-Form im Unsichtbaren vor seiner Offenbarung entspringen. Er sieht den Anfang des Wissens dort, wo wir verstehen, daß diese Zeit-Einteilung nicht von der dem Individuum eigentümlichen Zeitlichkeit getrennt werden kann; das Geschehen und die Person und der Bereich der Erfahrung bilden alle eine Wirklichkeit mit all den komplizierten Verschlingungen individueller Formen zu einem Muster, wie sie zum Beispiel auf einem persischen Teppich sichtbar werden. Aber dieses Geschehen vollzieht sich in einer hinreißenden, alles mit sich fortschwemmenden Bewegung und in offenkundiger Freiheit, welche in dem Wunder des organischen Lebens auf mikroskopischer Ebene sichtbar wird.

Weiter spricht er über einen Mann des Pfades, der irrtümlich gesagt hatte: »Wenn du einen Mann siehst, der für vierzig Tage in einem Zustand verharrt, so wisse, daß du einen merkwürdigen Menschen vor dir hast.« Dazu erläutert er, daß der Mann die wahre Perspektive des »Zustandes« verloren und ihn mit einer inneren Stimmungslage wie »Depression«, Verwirrung, Erregtheit oder Ärger verwechselt habe. Er fährt fort:

> Lassen es die Wirklichkeiten zu, daß jemand für zwei Atemzüge oder zwei »Male« in einem Zustand verharren könnte? Er wandert mit seinem Atem von einem Ding zum andern ... Das ist ungefähr, wie wenn man sagt: »Dieser und jener ist heute immer noch zu Fuß unterwegs und hat während der ganzen Zeit nicht gesessen.« Es besteht jedoch kein Zweifel, daß Gehen aus vielen verschiedenen Bewegungen besteht. Jede einzelne Bewegung ist jedoch anders als die anderen, höchstens gleichen sie einander. Dein Wissen ist aufgrund seiner Bewegung in Bewegung, und man sagt: »Sein Zustand ist unverändert!« Aber wie viele Zustände haben ihn verändert!

Daher ist jede Vorstellung von einer Selbst-Form als einer Art »Natur« oder einem Grundmuster, welche man als dauerhaft und zeitbeständig definieren könnte, gänzlich illusionär. Aber das Bild des Gehens, welches die Vorstellung hervorruft, es gebe offensichtlich für einen kurzen Zeitraum so etwas wie Konstanz, welche wiederum den Gedanken an eine festumrissene Individualität der Selbst-Form heraufbeschwört, erweist sich als illusionär, in einer Bewegung ständigen Fließens begriffen, zusammengesetzt aus winzigen, getrennten, dynamischen, völlig offenen Augenblicken, von denen jeglicher die Möglichkeit von Veränderung, Neu-erschaffung und dem Ende enthält. Noch einmal wiederholt er die grundlegende Voraussetzung:

> Vor Allah sind die Dinge als Ur-Formbilder bezeugt und bekannt, die Zustände basieren auf solchen Ur-Formbildern.

Dann kommt es zu der Vorstellung von einer Person mit verschiedenen Zuständen, und der Person wird für jeden Zustand, in den sie gerät, eine entsprechende Form zugeordnet. Eine gewisse eingefahrene Erfahrungsweise drängt uns jene illusionäre Kontinuität auf, worauf wir wiederum den Mythos von der Geschichte des Selbst errichten. Diese Geschichte jedoch gibt es gar nicht; der Glaube daran verdankt sich dem falschen Standpunkt.

So ist das Geschöpf sich selbst verschleiert unter den Bedingungen einer »Existenz«, welche nichts weiter ist als eine schichtweise Anordnung von Zustand auf Zustand, wie ein ablaufender Film, der aus einzelnen Bildern aufgebaut ist, die sehr schnell aufeinanderfolgen, um eine imaginäre »Situation« zu schaffen. Daher variieren die Zustände in der Phantasie, auf welcher die übliche menschliche Erfahrung beruht, trotz der unentrinnbaren Tatsache, daß diese sogenannte Wirklichkeit gänzlich fiktiv ist. Sie unterscheiden sich in der Phantasie, im Zustand des Wissens jedoch gibt es zwischen ihnen keinen Unterschied – und Wissen erwirbt man durch den Akt des Dhikr, worin die Zustände enthüllt werden und die Erfahrungs-Illusion offenbar wird. Dann »sieht der Mensch mit Seinem Auge, und er hört mit Seinem Ohr. Die Hand, mit der er zupackt, wird Sein und der Fuß, mit dem er geht«, wie in der berühmten Hadith, welche den wahren Zustand des Wissens beschreibt, das dem *Mumin* (Gläubigen) zuteil wird, wenn er seinen Weg durch die Übungen des Dhikr zurückgelegt hat. Die Schlüsselaussage des Schaich al-Akbar zu dieser Frage ist knapp:

> Was das Geheimnis des Zustandes anbelangt, so ist es Dauerhaftigkeit; es hat keinen Anfang und kein Ende. Es ist das Ur-Formbild der Existenz alles Existierenden. So habe ich euch einiges darüber gelehrt, was die Männer der Verborgenheit über Geheimnisse wissen. Vieles habe ich verschwiegen. Die Tür dazu steht offen. Die Kennt-

nis der Träume, der Zwischenraum und die Göttlichen Zuschreibungen beziehen sich darauf.

Folglich ist der gesamte Organismus Ausdruck dieser fließenden, endlosen Zustände; sie wirken in den Zellen, in elektromagnetischen Vorgängen, in komplexen Ketten von Gehirnsignalen, im Energiehaushalt, in den Drüsenfunktionen. Verdauungsfunktion, Kreislaufrhythmus und all die diversen Vorgänge sind nur das Aufblühen der einen ursprünglichen Selbst-Form oder, besser ausgedrückt, des Ur-Formbildes, dessen äußere, zeitliche Offenbarung dieser festumgrenzte, physische Mensch ist und dessen Wirklichkeit in Allah begründet ist seit Vor-endloser-Zeit. Daher ist meine »Bewegung« jegliche Bewegung, und meine räumliche Existenz ist alle räumliche Existenz. Das Universum und ich sind nicht zwei, sondern jeweils ineinander enthalten; und für sich genommen bedeutet das alles gar nichts, denn Er ist, wie Er vor der Erschaffung des Universums war. »Alles ist sterblich, nur nicht das Gesicht Allahs!« – wie Er selbst triumphierend im Koran erklärt.

Wenn der Schaich al-Akbar erklärt, nur die Sufis verstünden das wahre Wesen der Nafs, meint er damit, daß niemand außer den Menschen der enthüllten Wahrheit ein »Gesamt-Bild« der Lebens-Situation besitzt; denn die ganze Dimension der Selbst-Erfahrung ist allen außer ihnen verborgen. Einige Menschen sind nur imstande, die ungeschlachte Maschinen-Struktur im Menschen wahrzunehmen, und betrachten den Geist als ein fremdartiges gespenstisches Wesen, welches ein sehr anfälliges Haus aus Gewebe und Nervenenden bewohnt. Diese Seele ist wirklich ein fremdartiges Wesen; denn nach dieser Leute Vorstellung reicht es aus, daß diese hochempfindliche Fasern-Ausstattung beschädigt wird, um den Bewohner auf geheimnisvolle Weise in Bedrängnis zu bringen. Dieser dualistische Rahmen, auf dem die jämmerlich schnell zerbrechende Struktur unserer hastig zusammengeschusterten modernen Psychologie aufgebaut ist, präsentiert uns dann letztendlich etwas, das man »Verhalten« nennt und das man in »Typen« einteilen kann. Diese roh mechanistische Konzeption bleibt dann bald im Schlamm der Unter-Klassifizierungen stecken. Daher ist es unvermeidlich, daß das in unserer Zeit anerkannte Heilverfahren für das ungenügende Funktionieren dieses Geisterwesens in seinem bizarren Haus (versetze das Haus unter Elektroschock und schmeiß derart den Hausmeister raus) eine nicht minder rohe und rücksichtslos angewandte Chemo-Therapie geworden ist.

Obwohl einige moderne Therapeuten versucht haben, die Erforschung des Selbst auf eine viel tieferliegende, klinisch identifizierbare Ebene von großer Subtilität zu verlegen, welche uns für die strömenden, sub-elektrischen Energiefelder des Körpers öffnet, sind sie doch ihrerseits von ihrer eigenen Entdeckung derart hypnotisiert, daß sie wiederum versuchen, den Menschen in einer bio-energetischen Definition unterzubringen und dabei diesen Menschen durch diese Festlegung auf die Summe seiner Energien zu reduzieren. Für das Wesen einer Unsichtbaren Wirklichkeit gänzlich blind, weil sie immer noch an dieser Ur-Dualität festhalten, deren Existenz sie in der Formen-Welt ganz richtig beobachten, weichen sie verdrossen der metaphysischen Frage aus, welche sich in anderen Wissenschaften unerbittlich aufdrängt. Nachdem wir inzwischen die chromosomische Ebene dieses Geschehens enthüllt und einen Blick auf die Schönheit der Gestalt-Offenbarung geworfen haben, nachdem wir dabei unser tiefes Nicht-Verstehen dieser Prozesse genau an dem Punkt erkennen mußten, wo sich uns bestimmte Schlüssel-Strukturen erschlossen haben, stoßen wir an eine Schwelle des Handelns, welche, um es so auszudrücken, die »Grenze zum Unsichtbaren« ist. In der Sprache des Meisters Dschalâlud-Dîn Rûmî ist es das »Nicht-Räumliche«, das Reich des Geistes selbst, der sich so klar und deutlich dagegen verwahrt, das Gehirn zu *sein,* und der doch so liebevoll und verführerisch seine Schatten-Wirklichkeit darstellt.

Bevor wir weitergehen, muß klar sein, daß dieser Standpunkt nichts mit der Jungschen oder der Gestalt-Vorstellung von Archetypen zu tun hat. Zwei Etikettierungen haben die Orientalisten daran gehindert, mit der Metaphysik des Islams zurechtzukommen – und zwar die Verwendung der Begriffe »Archetypen« und »neu-platonisch«. Daß diese Männer allesamt (eine Ausnahme hätte nur jemand sein können, der selber ein Sufi gewesen wäre) nicht gerüstet waren, diese Fragen zu untersuchen, kann leicht durch Prüfung ihrer unwissenschaftlichen Weigerung bewiesen werden, die Sufis auf der Grundlage sufischer Begriffe zu akzeptieren. Das ist so, als würde man sich der Quanten-Theorie mit der unerschütterlichen Weigerung nähern, das klassische Newtonsche Weltbild aufzugeben. Diese geistige Haltung ist – wie wir von Anfang an betont haben – nicht nur ein wissenschaftstheoretisches Problem, sondern eines der Selbst-Umformung. Ohne Unterwerfung unter die islamische Lebenspraxis der inneren Umwandlung ist auf keine Weise ein gültiges Wissen zu erlangen, welches es erlauben würde, diese Fragen zu durchdringen, von sporadischen, unverbundenen möglichen Einsichten des Individuums in seiner Erfahrung der Wirklichkeit einmal abgesehen.

Der Weisheits-Blick ist abhängig von der Erkenntnis, daß es kein Außen zu erforschen oder zu verstehen gibt. Die Wirklichkeit ist Eine. Das sogenannte Wissen der technologischen Gesellschaft liefert nur Informations-Daten und ist losgelöst von dem Wissenden. Trotz all der lächerlichen Versuche, die getrennten und isolierten »Disziplinen« wie Psychologie, Biologie, Linguistik, Physik und Chemie zusammenzuleimen, geht der Prozeß der Aufsplitterung in »Mikro-«, »Bio-«, »Intra-«, »Supra-« immer weiter. Was dabei herauskommt, ist zunehmend ein Wissen, welches für die Erfordernisse des Lebens-Prozesses erkennbar unnütz ist. Bernard Shaw beklagte wiederholt die Millionen Mäuse und Affen, die im Namen jener Suche nach nutzlosem Wissen hingeschlachtet werden. Lebte er heute, so hätte er darüber hinaus die Zerstörung der Biosphäre zu beklagen, in welcher ganze heute aussterbende Spezies lebten. In einem Zeitalter, welches unfähig ist, die zugrundeliegende Einheit, durch welche all diese Bereiche miteinander verbunden sind, zu begreifen, werden Flüsse, Meere, Länder und Himmel dieser Biosphäre ihrer Lebens-Energien beraubt, weil diese Zeit im Grunde nicht fähig ist, die Einheit der Selbst-Erfahrung jedes Individuums zu begreifen. Darin liegt jedoch der Schlüssel für das Verstehen der Einheit, welche das Wesen jeglicher Existenz ist.

Hier die paraphrasierte Wiedergabe des Standpunktes eines modernen Genetikers namens Richard Goldschmidt:

> Es ist der Zeitpunkt gekommen, alle genetischen Theorien neu zu fassen. Die klassische Theorie des Gens als einer tatsächlich existierenden Einheit, welche auf dem Chromosom liegt wie eine Perle in einer Perlenkette, ist nicht mehr zu halten. Wir können unser Interesse nicht mehr in gleicher Weise auf Gene oder Ortsbestimmungen oder auch nur auf Chromosome richten, wie wir es bisher getan haben. Etwas Größeres kontrolliert das gesamte System. Deshalb spreche ich von systemischen Mutationen.

Der Zusammenbruch der nach-darwinistischen Evolutions-Theorie brachte nicht nur die unglaubliche Doppelbödigkeit des Denkens, dem viele Biologen huldigten, ans Licht und den außergewöhnlichen Grad an Subjektivität, der ihrer sogenannten wissenschaftlichen oder beweisfähigen Theorie des Prozesses innewohnte. Dieser Zusammenbruch zeigte auch, daß man hinter den biologischen Stammbäumen und vom Einfachen zum Komplexen fortschreitenden Entwicklungs-Beschreibungen und allmählichen Veränderungs-Mutationen eine treibende Kraft vermutete, welche man gleichzeitig doch auch negierte. Außerhalb der »Dinge«, welche man als geschlossene Systeme ansah, konnte es keine solche

Kraft geben. Diese geschlossenen Systeme jedoch organisierten sich nach ungeheuer raffinierten und komplizierten Gesetzen und Grundmustern, welche die Wissenschaft weder kodifizieren noch entschlüsseln konnte. Die Wissenschaftler bedienten sich einerseits eines Natur-Begriffes, welchen sie mit »Göttlichem Intellekt« und »Weltplan« gleichsetzten, um ihn dann andererseits anläßlich ihrer nächsten Berechnung zugunsten eines »Plans-an-sich« zu enttrhonen – in ihrem Fall zugunsten der »natürlichen Auslese«, welche ihrerseits vergöttlicht wurde, nachdem sie zunächst verdinglicht worden war. Fürwahr ein beeindruckender Kunstgriff, der jedoch wissenschaftstheoretisch kaum seriös sein dürfte. Zur Entlarvung dieses Tricks reichte es aus, daß die tatsächliche Feldarbeit der Biologie und der benachbarten Hilfswissenschaften wie Paläontologie und Mikro-Biologie Stück für Stück ein neues Bild enthüllte, welches die simplizistische und mechanistische Vorstellung, die man in dieser Wissenschaft von der Veränderung hatte, zum Einsturz brachte.

Wir wollen uns nun wieder unseren oberflächlichen Orientalisten zuwenden, die den islamischen Meistern verzweifelt die Etiketten der im Zusammenbruch begriffenen dualistischen Weltsicht des christlichen Abendlandes aufzudrükken versuchen. War die sufische Beschreibung der Wirklichkeit neu-platonisch, dann bedeutete das, daß sie einer früheren Kultur entlehnt und in einem synkretistischen Gewaltakt dem Islam aufgepfropft worden war, um ihn derart mit etwas auszustatten, was er zunächst selbst nicht besaß. Mit dieser Argumentation ließ sich zeigen, daß der Islam eine Pseudo-Religion sei und intellektuell keineswegs ernst genommen werden müsse. Unglücklicherweise sind diese Orientalisten in zweifacher Hinsicht im Irrtum. Der Islam nimmt für sich nicht in Anspruch, eine Religion zu sein. Eher schon behauptet er, Religion sei die Dekadenz einer früher existenten, jetzt aber heruntergekommenen Form von Islam. Zweitens weigern sie sich zu verstehen, daß die umfassende Wirklichkeitsbeschreibung, welche der Islam gemäß der inneren Struktur der koranischen Offenbarung gibt, auf einem Wissen beruht, welches die früheren »Islame« der Propheten vor Muhammad, dem Siegel der Propheten, ebenfalls schon besaßen. Muslimische Gelehrte gehen davon aus, daß das platonische Wissen ein ererbtes Wirklichkeits-Bild ist, welches auf die Überreste ihrer Einheits-Wissenschaft zurückgeht, die als ein Faden unter den ansonsten gerissenen Fäden des pantheonischen Theismus überlebt hat. Wenn man schon auf Etikettierungen Wert legt, dann wäre es – jedenfalls von einem sufischen Standpunkt aus – sinnvoller, Platon (und mit ihm die eigentlichen Neuplatoniker) als neu-islamisch zu bezeichnen und nicht die großen Sufis als neu-platonisch.

Der Begriff der Archetypen ist für einen Menschen, welcher das Weisheits-Bild verstehen will, sogar noch gefährlicher. Die allgemein anerkannte, Nach-Jungsche Auffassung der Archetypen reduziert diese auf eine subjektive und dennoch auf geheimnisvolle Weise überpersönliche Ansammlung von Symbol-Bildern, welche auf einer geistigen »Ebene« existieren und offensichtlich unverständliche Konflikte und Krisen in der empirischen Lebensgeschichte des Subjekts zum Ausdruck bringen. So wird eine wirkliche und greifbare Welt mit einem Bündel kodierter Bedeutungen ausgestattet, welche ebenfalls empirisch wirklich werden, wenn man sie auf die historische Gegenwart anwendet und diese mit ihrer Hilfe durchleuchtet. In dieser Auffassung wird unserer phänomenalen, greifbaren Existenz grundsätzlich die Priorität gegenüber dem erklärenden Kode-System eingeräumt.

Die Vorstellung vom Archetypus hat sich damit von der ursprünglichen Goetheschen Vorstellung der Ur-Form weit entfernt, welcher sie doch entlehnt ist, nur um diese umzukehren und den Vorrang der jeweils greifbar gegebenen Existenz vor einem in ständiger Umgestaltung begriffenen Vorrat an Grund-Formen festzuschreiben. Derart bleiben wir bei einem dualistischen System von geistigen Bildern stehen, welche in einer greifbaren Wirklichkeit zur Darstellung gelangen. Dieses Konzept liefert keinerlei Beweis für seine Gültigkeit, und sicherlich hat die Sichtung der klinischen Untersuchungen Jungs bisher niemanden von etwas anderem überzeugt als von der Tatsache, daß die Leute, die während ihrer Analyse jenen überwältigenden Schatz an archetypischen Formen zu Tage treten ließen, zweifellos von Jung analysiert worden sind.

Die sufische Wirklichkeitsauffassung wird schon über einen Zeitraum von vierzehnhundert Jahren bestätigt – und zwar systematisch – durch unmittelbare Erfahrung, durch *Dhawq,* das heißt »Schmecken«, welches den Suchenden mit seinem eigenen Wissen davon, wie-es-ist, erleuchtet. Dieses ehrfurchtgebietende Wissen darum, wie-es-ist, läßt sich nicht auf eine therapeutische Technik reduzieren, und man kann es auch nicht einer plump mechanistischen Überprüfung unterziehen, um seine Gültigkeit zu sichern. Es ist mit wissenschaftlichen Maßstäben nicht zu erfassen oder es ist, wenn man so will, seine eigene Wissenschaft. Gewiß ist es systematisch und beweisfähig und nicht ein Glaubens-System. Zweifel und Gewißheit sind die beiden Energien, deren polare Kräfte den Suchenden zu immer neuen Entdekkungen antreiben.

Der am häufigsten falsch übersetzte sufische Begriff ist *'Ain ath-thâbita**, was wir mit Ur-Formbild wiedergeben können, wobei das Wort *'Ain* nicht nur Ursprung im Sinne von Anfang bedeutet, sondern auch die sehr reale körperhafte Assoziation mit einer tatsächlichen Wasser-Quelle beinhaltet. Auf diese Frage werden wir an jenem Punkt zurückkommen, wo wir nicht umhin können, uns mit dem Wesen dieses »Stoffes« des Universums, dem »Wie«, »Was« und »Warum« der Formen, auseinanderzusetzen.

Bisher haben wir die Wirklichkeit dargestellt als in jeder Hinsicht lebendig, fließend. Jede einzelne Gestalt trägt auf

* Wörtlich: »Ursprung der Fixsterne«

subtile Weise ihre Impulse zu jener unendlichen Bewegung der Zustände bei, und zwar in einer Dimension, welche identisch ist mit den Zuständen. Dennoch offenbaren sich uns diese Zustände, nachdem der Schleier von ihnen gefallen ist, als geheime Ur-Formbilder in der nicht-räumlichen Welt, welche von unserer phänomenalen Welt trotzdem untrennbar ist.

Der Schlüsselbegriff *Hâl*, den wir mit »Zustand« übersetzen, leitet sich aus einer Wurzel mit der Bedeutung »sich verändern«, »vorbeiziehen« oder »dazwischengehen« her. Daraus ergibt sich die Verbindung mit dem Adverb »rundherum« und den Nomina »eine Macht«, »ein Plan«, »ein Jahr« und ebenfalls »ein Zum-Stehen-Bringen«. Daher ist Zustand/Situation der sufischen Wissenschaft nach die grundlegende Bedingung für alle Formen, und die Zustände sind der Vollzug des Tatsächlichen, wie es die Nafs bei der Verfolgung des Weges erfährt, dessen Höhe- und Endpunkt für den Suchenden erreicht ist, wenn alles zum Stehen kommt und er angesichts des Urgrundes der mannigfaltigen Formen erloschen ist. Die sufische Wissenschaft behauptet weiterhin, der Koran sei eine Offenbarung, die uns unmittelbar vom Ursprung der Wirklichkeit zuteil geworden ist. In diesem Buch ist nicht nur die Wissenschaft vom Leben mit den unzähligen Formen enthalten, sondern auch, wie man sich dem Einen ganz hingibt (Islam), was in letzter Hinsicht die Aufgabe der Nafs bedeutet, denn sie ist der oder das unerträgliche »Andere«, wodurch wir an einer einheitlichen Erfahrung gehindert werden. Es handelt sich dabei jedoch absolut nicht um die Frage des kleinen Ego, welches vom großen allgemeinen Geist verschlungen wird, wie es einige unangemessene, auf die Archäologie früherer Islame gegründete Systeme nahelegen (z. B. Zen), sondern eher schon geht es um das Auftauchen des gesamten lebendigen Seins aus den Zuckungen und der ständigen Umgestaltung der Getrenntheit und um seinen Übergang in völlige Erloschenheit. Die Zellen müssen »zur Ruhe gebracht werden«, denn man kann sie nicht vom »Geist« trennen. Daß wir auch weiterhin die Form »sehen«, beruht auf unserem illusionären Sinnes-Schleier, welcher die Welt und die »Geschichte« überhaupt erst begründet. Für die Menschen von Fanâ »stirbt alles außer Seinem Gesicht«.

Der Schaich al-Akbar sagt:

> Als Allah, er sei gepriesen, der Schöpfung die Pforte der Prophetie und der Botschaft verschloß, hinterließ Er den Geschöpfen die Pforte zum Verstehen dessen, was Allah Seinem Gesandten offenbart hatte, möge Er ihn segnen und ihm Frieden gewähren, in Form Seines mächtigen Buches. 'Alî ibn Abî Tâlib, möge er Allah wohlgefallen, hat gesagt: »Mit dem Ende des Gesandten Allahs, möge Allah ihn segnen und ihm Frieden gewähren, war auch das Ende der Offenbarung gekommen. Was übriggeblieben ist, halten wir in unseren Händen. In diesem Koran stattet Allah den Sklaven mit Verstehen aus.« Unsere Gefährten, die Menschen ohne Schleier, stimmen bezüglich der Verläßlichkeit der folgenden, den Gesandten betreffenden Überlieferung überein, möge Allah Seinen Propheten segnen und ihm Frieden gewähren: Er soll über die *Âjât* (Die Verse) des Koran gesagt haben: »Es gibt keine Âja, welche nicht aus einem offenbaren Teil, einem verborgenen Teil, einer Grenze und einem Anstieg bestehen würde.«

Bevor wir unsere Reise fortsetzen können, müssen wir untersuchen, was der Koran ist und was »Offenbarung« bedeutet. Er ist das Buch des Wandels, welches all die Bücher vor ihm außer Kraft setzt, indem er einige »Formen« der alten Bücher beibehält und andere verändert, wobei er die außer Kraft gesetzten »Formen« durch bessere ersetzt, entsprechend der überfließenden Güte des Form-Gebers, Er sei gepriesen.

5. Die Wissenschaft vom Koran

Der Edle Koran, das Buch des Islams, wurde dem Gesandten Muhammad, Segen und Frieden seien mit ihm, während eines Zeitraumes von 23 Jahren geoffenbart, und zwar angefangen mit der ersten Offenbarung, welche der Gesandte im Alter von 40 Jahren empfing. Das Buch besteht aus 114 Suren oder Formen (113, wenn man die Bismillah-Eröffnung als Anfang einer Sure wertet). Diese umfangreichen Formen-Abschnitte sind außerdem von Zeichen in 6666 Âyât unterteilt. Der Koran enthält 86430 Wörter und 349331 Buchstaben, wovon 124331 Buchstaben-Vokale und der Rest Konsonanten sind.

Er enthält:
52243 *Fat-has* (Vokalzeichen »a«),
39582 *Kasras* (Vokalzeichen »i«),
und 8804 *Dammas* (Vokalzeichen »u«).
Außerdem enthält er:
105684 *Nuqat* (Punkte),
1771 *Maddas* (Dehnungszeichen),
1250 *Taschdîde* (Verdoppelungszeichen)
und 240 stumme *Alifs*.

Im Monat Ramadân wird der Koran zur Gänze gelesen, und in der Nacht der Macht *(lailatu'l-qadr)* liest man ihn wenn möglich in einem durch. Innerhalb des Textes wird unter vielen Namen auf das Buch Bezug genommen, unter anderen: »Das Buch«, »Die Unterscheidung«, »Das Gericht«, »Die Gnade«, »Das Licht«, »Die Wahrheit«, »Das Argument«, »Die Warnung«, »Die Weisheit«, »Die Verdeutlichung«.

In diesen Âjât wendet sich die Wirklichkeit an den Gesandten und sagt:

> Und in Wahrheit haben wir ihn hinabgesandt, und in Wahrheit stieg er hinab, und dich entsandten wir nur als Freudenboten und Warner.
> Und wir haben den Koran in Abschnitte geteilt, damit du ihn den Menschen in Zwischenräumen vorliesest; und wir sandten ihn nach und nach hinab. (Koran 17.106/7)

Bevor wir uns den einzelnen Themen des Buches zuwenden, müssen wir uns erst einmal Klarheit darüber verschaffen, weshalb es als »Offenbarung« bezeichnet wird. Wenn wir ehrlich sind, müssen wir zugeben, daß diese Bezeichnung als psychologischer Begriff bedeutungslos ist. Der so benannte Vorgang liegt außerhalb unserer Erfahrung, es sei denn, wir nehmen die Kategorie des vorwarnenden Traums hinzu. Ein Teil der Schwierigkeiten des modernen Menschen, einen realistischen Zugang zum Islam zu gewinnen, liegt in seinem Vorurteil hinsichtlich des Wesens eines »Propheten« begründet. Im Arabischen leitet sich das Wort aus der Wurzel NB'A her, was bedeutet »entrückt sein«, »verkünden«, »jemanden bekannt machen mit«. Das Bild ist also ganz klar. Der Nabîi ist der Verkünder der Neuigkeiten, der einen damit bekannt macht, wie-es-ist, d. h. mit dem Realitäts-Prozeß. Das Wort für Offenbarung *(Tanzîl)* hat einen besonderen Charakter: Seine Wurzel ist: NZL, was bedeutet »herabsteigen«, »das, was für einen Gast bereitet ist«, »eine Ergötzung«, »ein Geschenk«, »eine Wohnstatt«. Als Nomen bedeutet es »Einigkeit« und heißt wörtlich »ein Abstieg«. Die Vorbereitung von etwas für einen Gast ist seine vielleicht gewichtigste Bedeutung von den diversen Blüten, die auf diese Wurzel zurückgehen. Der Koran ist, wenn man so will, das Geschenk des Gastgebers an seine Gäste, die Geschöpfe, während ihres kurzen Aufenthaltes in der Wohnstatt Erde. Und zugleich ist er selbst eine Wohnstatt der Weisheit. Er ist

»eine Ergötzung«, welche das Herz erhebt und es mit Hilfe der Schönheiten und Belohnungen des Unsichtbaren von dieser Welt abzieht. Das Mittel seines In-Erscheinung-Tretens war seine »Herabkunft«. In dem koranischen Weltbild der Weisheit gibt es nun jedoch nur vier Richtungen und keine fünfte. Das heißt, es gibt nur links/rechts und vorne/hinten. Jenes »oben«, von wo der Koran »herabkam«, kann nur das »Innen« sein, dessen Gegenteil nicht »außen« ist. Was heißt das?

Wir haben schon gesehen, daß die *Samâwât* (das Wort ist Plural), welche wir als die »Himmel« bezeichnen, im Grunde keine andere Dimension der Existenz benennen, sondern eher jenen nicht-räumlichen Bereich, der nirgend-wo ist. Die Himmel sind eine Wirklichkeit des Unsichtbaren, nicht des Kosmos. Da jedoch die Wirklichkeit nur aus den vier Elementen besteht, ist dieses Nirgend-wo ebenfalls das »oben« des phänomenalen Himmels. Als die Beduinenfrau, als *Kâfir* (Ungläubige), zum Gesandten gebracht wurde, fragte er sie: »Wo ist Allah?« Nun ist eigentlich die Antwort, Allah halte sich an einem Ort auf, für einen Muslim unannehmbar. Als die Frau jedoch, ohne zu zögern, himmelwärts zeigte, gab der Gesandte den Befehl, sie sofort freizulassen. Samâwât ist es, wie wir uns erinnern, was uns die Namen gibt. Die fundamentale Zwei-Einheit ist: Samâwât/Ard. Beide zusammen bilden Eine Wirklichkeit, und so gesehen war die Herabkunft des Korans eigentlich ein Heraustreten. Was ist passiert? Zunächst einmal, wie ist er »hineingekommen«?

Wir wollen uns zuerst mit einer Erzählung auseinandersetzen.

> Wahb bin Kaisan erzählte mir, 'Ubaid habe zu ihm gesagt: Jedes Jahr während des Monats Ramadân pflegte der Gesandte Allahs in Abgeschlossenheit zu beten und den Armen, die zu ihm kamen, zu essen zu geben. Und immer, wenn der Monat zu Ende war und er aus der Zurückgezo-

genheit wiederkehrte, bestand seine erste Handlung, noch bevor er sein Haus betrat, darin, zur Ka'ba zu gehen und sie siebenmal zu umschreiten, oder sooft es Allah gefiel. Dann ging er gewöhnlich nach Hause, jedenfalls bis zu dem Jahr, da ihm Allah Seine Sendung gab. Damals brach der Gesandte im Monat Ramadân, währenddessen Allah willens war, ihn wissen zu lassen, was Sein Wille sei, zum *Hira,* dem Lichtberg, auf, und dort ehrte Allah ihn mit seinem Auftrag.

»Er kam«, sagte der Prophet, »während ich schlief mit einer Brokatdecke zu mir, auf der etwas geschrieben stand, und Er sagte: ›Lies!‹ Ich sagte: ›Was soll ich lesen?‹ Darauf drückte Er mich mit der Decke so stark zu Boden, daß ich glaubte, das sei mein Tod; dann ließ Er mich los und sagte: ›Lies!‹ Ich sagte: ›Was soll ich lesen?‹ Er erdrückte mich beinahe mit der Decke, so daß ich dachte, das sei mein Tod, und dann sagte Er: ›Lies!‹ Ich sagte: ›Was soll ich lesen?‹ – Und das sagte ich nur, um mich von Ihm zu befreien, damit Er das gleiche nicht noch einmal tue. Er sagte:

›Lies! Im Namen des Herrn und Schöpfers,
Der den Menschen aus Erde geschaffen hat.
Lies! Und dein Herr wird der Freigebigste sein,
Der durch die Feder Belehrung erteilt,
Den Menschen lehrt, was dieser bisher nicht wußte.‹

Daher las ich es, und Er verschwand. Und ich erwachte aus meinem Schlaf, und es war, als seien diese Worte meinem Herzen eingeschrieben. Es war mir nun jedoch unter Allahs Geschöpfen keines so verhaßt wie ein ekstatischer Dichter oder ein Besessener; selbst ihren Anblick konnte ich nicht ertragen. Ich dachte: ›Weh mir, ob Dichter oder Besessener – niemals sollen die Quraisch solches von mir sagen! Ich werde auf den Gipfel des Berges steigen und mich herabstürzen, damit ich tot sein möge und Ruhe gewinne.‹ Als ich den Berg zur Hälfte erstiegen hatte, hörte ich eine Stimme vom Himmel, die sagte: ›O

Muhammad! Du bist der Gesandte Allahs, und ich bin Dschibrîl!‹
Ich erhob mein Gesicht zum Himmel, um zu sehen, und da war Dschibrîl in Menschengestalt, mit seinen Füßen die entferntesten Punkte des Horizonts berührend, und sagte: ›O Muhammad, du bist der Gesandte Allahs, und ich bin Dschibrîl.‹ Ich starrte ihn an und bewegte mich nicht vorwärts und nicht rückwärts. Dann wandte ich langsam mein Gesicht von ihm ab, aber in welche Himmelsgegend ich auch schaute, ich sah ihn wie zuvor. Und ich stand immer noch dort, bis Chadîdscha ihre Diener nach mir sandte und diese die Höhen oberhalb von Mekka erreicht hatten und zu ihr zurückkehrten, während ich immer noch an jenem Ort stand.«

Im weiteren Verlauf der Geschichte vertraut der Prophet seiner Frau seine Angst an, wahnsinnig zu sein. Sie argumentiert, das sei unmöglich, da seine Eigenschaften die der seelischen Gesundheit selbst seien, nämlich Vertrauenswürdigkeit, Freundlichkeit und Ausgeglichenheit. Chadîdschas ganze Art, mit diesem verwirrenden Ereignis umzugehen, spricht nicht nur für ihren feinen Intellekt und ihre Liebe zum Gesandten, sondern zeigt auch, daß sie und ihre Familie schon mit der Weisheits-Tradition ihrer Stammesgenossen vertraut waren. Entscheidend für jegliches Verständnis des In-Erscheinung-Tretens dessen, was wir heute Islam nennen, ist es zu begreifen, daß es seit Ibrâhîms (Abrahams) Zeiten, Friede sei mit ihm, eine lebendige geistige Linie der Einheits-Lehre gegeben hatte. Diese Wissenschaft, welche *Hanîfa* benannt wurde, hatte eine ununterbrochene Kette von Anhängern, welche sie weitergaben und die den ibrâhîmischen (brahminischen) *Tawhîd* (Yoga) praktizierten. *Hanîfa* leitet sich von HNF, »sich neigen«, her. Es heißt folglich nicht nur »der Wahrheit zugeneigt sein«, sondern ebenfalls »empfänglich sein für«, »sich öffnen und sich der Wahrheit überlassen«. Das wesentliche Merkmal des Hanîfen und später – denn es gab da keinen Unterschied – des Muslims war es, biegsam und nachgiebig und nicht starr und unbeugsam zu sein. Sie waren bekannt als die Menschen der *Hudâ*, die Menschen der Rechten Führung. Das Wort *Hudâ* leitet sich von HDA her, was »auf dem rechten Weg führen«, »den rechten Weg verfolgen«, »ein Opfer der Selbstaufopferung«, »ein Angebot«, »die Richtung einhalten«, »jemand, der die Richtung anzeigt« bedeutet. Deshalb standen sie für die Weisheits-Tradition; denn es ist die Rolle der in die Weisheit Eingeweihten, diese nicht nur zu praktizieren, sondern auch für ihre Verbreitung zu sorgen. Die erste Erklärung darüber, für wen der Koran bestimmt ist, findet sich in der eröffnenden Haupt-Form (-Sure) »Al-Baqara«:

> Alif. Lam. Mim.
> Dies Buch, daran ist kein Zweifel,
> ist eine Leitung für die Gottesfürchtigen,
> Die da glauben an das Verborgene und das Gebet verrichten und von unsrer Gabe spenden:
> Und die da glauben an das, was auf dich herabgesandt ward und herabgesandt ward vor dir, und fest aufs Jenseits vertrauen. Diese folgen der Leitung ihres Herrn, und ihnen wird's wohlergehen. (Koran 2.1-4)

Der Anhänger der Weisheit bietet sich ganz der Wirklichkeit dar, öffnet sich wie Ismâ'il, der Sohn Ibrâhîms, Friede sei mit ihnen beiden. Ein solcher Mensch nimmt sogar das Risiko der Vernichtung seiner Lebens-Erfahrung auf sich, und zwar in einem Akt der Aufgabe der Selbst-Illusion, wobei er erfährt, daß sich die Wirklichkeit ihm öffnet und Hudâ zu ihm kommt. Hier haben wir das Geheimnis jenes Vorgangs, um den es in der sogenannten »prophetischen Erfahrung« geht, nämlich jene völlig fließende Offenheit des Auserwählten, Muhammad. Er wurde von einem unvermeidlichen Geschick auserwählt; denn er hatte sein Eigenrecht hinsichtlich der Wahl so gänzlich hintangestellt, daß die Auserwähltheit hineinströmte, um das Vakuum seiner aufgegebenen Selbst-Form aufzufüllen. Das ist die Wirklichkeit, wie-sie-ist.

Chadîdscha, die sich der Bedeutung seiner Vision bewußt war, wußte genau, was zu tun war. Sie eilte quer durch Mekka zum Haus ihres Cousins Waraqa bin Naufal bin Asad bin Abdu'l-'Uzza bin Qusajj, welcher Christ geworden, aber in der Tradition der Hanîfa aufgewachsen war. Als sie ihm erzählte, was passiert war, bekräftigte er die Authentizität des Geschehens. Er ging zum Gesandten und ließ sich die Geschichte noch einmal erzählen. Er erhärtete auch auf der physischen Ebene, was er aufgrund seines geheimen Wissens erkannt hatte; er bat den Gesandten nämlich, den Nacken zu entblößen. Dort fand er, wonach er suchte: das Siegel der Prophetenschaft, den von den Zellen gesteuerten äußeren Beweis dafür, daß Muhammad innerlich derjenige sei, welcher die Botschaft der Wirklichkeit »empfangen« sollte. Waraqa bestätigte: »Zu dir ist der größte Nâmûs gekommen, welcher auch zu Saljidina Mûsâ (Moses) gekommen ist. Man wird dich einen Lügner nennen, man wird dich erniedrigen, dich verstoßen und mit dir kämpfen. Ganz gewiß bist du der Prophet dieses Volkes.« Und er küßte ihn auf die Stirn und ging.

Chadîdscha war entschlossen, den vollständigen Beweis der Authentizität seiner Erfahrungen zu führen, um ihren Ehemann davon zu überzeugen, daß er weder ein Poet noch ein Besessener sei. Als die Engelserscheinung sich in ihrem eigenen Haus ereignete, ersann sie einen Weg, deren Echtheit festzustellen. Sie forderte ihren Mann auf, sich auf sie zuzubewegen und fragte ihn ständig, ob die Vision anhalte. Sie hieß ihn, auf ihrem Schoß Platz zu nehmen, und als sie sich entblößte, verschwand die Vision. Wäre die Vision während eines sexuellen Aktes erhalten geblieben, so hätte sich daraus schließen lassen, daß sie von den Dschinn stamme, welche sich die Hitze-Energien des Feuers zunutze machen, und nicht von Engeln, welche sich der Luft-Energie bedienen. Das ist der Grund, weshalb Ghusl zwischen den Geschlechtsakt und Salât eine Trennungslinie legt. Der Wasser-Ritus folgt auf den Feuer-Akt, um das Selbst für den anderen Akt der Vereinigung, welcher vom Luft-Element und vom Atem abhängt, zu reinigen.

Die Quraisch waren in ihrer Ablehnung des neuen Propheten unerschütterlich, und die drei Hauptanklagepunkte, welche sie gegen ihn erhoben, wurden im Text des Buches selbst analysiert und widerlegt. Diese drei Möglichkeiten waren:

1. daß er ein Dichter sei,
2. daß er ein Magier sei,
3. daß er wahnsinnig oder von Dschinn besessen sei.

Während der Vorwurf, er sei besessen, in Mekka verbreitet wurde, kam ein Mann aus Azd Shanu'a, der einen großen Ruf als Dschinn-Austreiber genoß, zum Gesandten. Sein Name war Dimad. Als Dimad vom Gesandten hörte, dachte er, es werde für ihn ein Segen sein, wenn es ihm gelinge, diesen Mann zu heilen. Er ging zum Auserwählten und sagte: »Ich übe die Wissenschaft, Dschinn auszutreiben; Muhammad, möchtest du, daß ich dich derart behandle?« Der Gesandte erwiderte: »Preis gebührt Allah, den wir preisen und um Hilfe anflehen. Niemand kann jemanden in die Irre führen, den Allah leitet, und niemand kann jemanden leiten, den Allah irregehen läßt. Ich bekenne, daß es keinen Gott außer Allah gibt, nur Ihn, ohne Ihm Ähnliches, und ich bekenne, daß Muhammad Sein Sklave und Prophet ist. Und nun fang an!« Dimad war unfähig fortzufahren und sagte: »Wiederhole, was du gerade gesagt hast.« Nachdem der Prophet die Worte dreimal wiederholt hatte, sagte Dimad: »Ich habe gehört, was die *Kâhins* (Wahrsager) sagen, was die Zauberer sagen und was die Dichter sagen, aber ich habe niemals etwas deinen Worten Vergleichbares vernommen, welche mich in einer Tiefe getroffen haben, die tief ist wie das Meer. Wenn du mir deine Hand gibst, werde ich dir Gefolgschaft schwören und den Islam annehmen.« Diese Geschichte findet sich in einer Überlieferung des Ibn 'Abbâs und wurde von Muslim weitergegeben.

Die Hadithe geben ein deutliches Bild von den äußeren Umständen während der Offenbarungs-Zeit.

> ʻÂischa erzählte, daß Harîth bin Hischâm Allahs Propheten gefragt habe: »Auf welche Weise kommt die Erfahrung zu dir, Gesandter Allahs?« Worauf jener erwiderte: »Zuweilen kommt sie zu mir wie ein Glockenschlag; das ist die unerbittlichste Art für mich. Dann hört sie auf, nachdem ich mir eingeprägt habe, was der Engel gesagt hat. Gelegentlich erscheint mir der Engel in Menschengestalt und spricht zu mir, und ich präge mir ein, was er sagt.« ʼÂischa sagte, sie habe dieses Ereignis an einem sehr kalten Tag selbst miterlebt, und seine Stirn sei in Schweiß gebadet gewesen, als es vorüber war. Dies überliefern sowohl Buchâri als auch Muslim.

> Ubada bin as-Samit berichtete, der Gesandte habe, wenn ihm eine Offenbarung zuteil wurde, dabei sehr elend ausgesehen und sein Gesicht habe eine dunkle Färbung angenommen. Nach einer Version senkte er dann sein Haupt, und seine Gefährten taten es ihm gleich; war die Erscheinung vorüber, so erhob er das Haupt. Muslim hat es überliefert.

Die beiden zu den erschütterndsten Offenbarungen des Korans zählenden Suren »Yâ Sîn« und »Hûd« hatten eine derart überwältigende Wirkung auf den Gesandten, daß ein Teil seines Haares bei ihrer Herabkunft weiß wurde. Es geht aus diesen Berichten und Beschreibungen ganz deutlich hervor, daß man sie auch als Beweis dafür nehmen könnte, daß der Prophet tatsächlich »ein besessener Mann« gewesen ist. In diesem Zusammenhang taucht eine Frage auf, die wir schon berührt haben. Es ist die Tatsache, daß es im Wesen des geistigen Weges liegt, daß seine Etappen jenen Zuständen der Identitäts-Fragmentierung, welche wir Wahnsinn nennen, nicht unähnlich sind. Wir wollen es noch einmal wiederholen; denn wir müssen unserem Verständnis der Selbst-Form ein neues Zentrum geben, wenn wir die Wahrheit dieser Fragen begreifen wollen:

Das Ziel des Weges ist das Erlöschen des erfahrenden Selbst, des Zentrums oder Ortes, von dem aus die endlos fließenden Zustände derart in Erscheinung treten, daß sich uns die Annahme der Wirklichkeit und Geschichtlichkeit des Selbst aufdrängt. Ziel ist es, von diesen Form-Schatten frei zu werden und es dem Licht, welches das Ur-Formbild jenes Zentrums im Unsichtbaren ist, zu gestatten zu erscheinen. Daher ist das Ergebnis genau genommen »die Vernichtung der Persönlichkeit«. Wahnsinn ist die Zersplitterung der Erfahrung, wobei die greifbare empirische Welt unwirklich und die innere Erfahrung über-wirklich wird oder umgekehrt, so daß die innere Erfahrung einerseits entweder schrecklich und unerträglich oder großartig und entrückt erscheint, oder andererseits öde und trostlos. Wahnsinn beruht auf einer grundlegenden Spaltung zwischen dem »Zentrum« und der Außenwelt: Verhalten, Geschehen, Leuten und Gegenständen.

Entweder der wahnsinnige Mensch »kommt raus«, das heißt, er verläßt den Körper – man kann diesen quälen und bekommt dennoch kein Zeichen dafür, daß er bewohnt ist – und begibt sich an einen sicheren Ort, zum Beispiel auf den Mond, irgendwo ganz oben, oder der Mensch »geht nach innen« und verschließt alle Sinneseingänge, wird schweigsam und läßt Signale weder hinein noch heraus. Beide Arten des Wahnsinns beinhalten deshalb einen Bruch des Verhaltens mit den gesellschaftlich akzeptierten Verhaltensnormen. Ein grundlegender Aspekt dieses Bruchs ist die Weigerung, das allgemeingültige System der »Namengebung« anzuerkennen. Statt dessen führt der Wahnsinnige entweder eine Geheimsprache ein, oder er nimmt willkürliche Sprachveränderungen vor, indem er nach Belieben Nomina austauscht, so daß aus »diesem« »jenes« wird. Ziel des Weisheits-Weges ist es zwar, das Selbst systematisch zu entblößen, aber nicht mit Hilfe eines Selbstbetruges, durch den jener nicht-existente »Kern« doch noch geschützt und isoliert würde, sondern mit der Absicht, es dem Geheimnis der lebendigen Totalität zu öffnen.

Das Freilegen der einzelnen Zwiebelschichten, ist ein großartiger Akt der Befreiung und Öffnung für die Wirklichkeit. Schließlich zeigt es sich, daß es nicht nur keinen Kern, sondern auch niemals eine Zwiebel gegeben hat. Es ist nichts gewonnen und nichts verloren. Während verschiedener Etappen des Weges mag das Abwerfen der einzelnen »Hautschichten« wie das Ein- und Ausgehen des Irren erscheinen. Es gibt nur einen Unterschied. Der Irre wirft selber die Haut ab – er führt eine selbstzerstörerische Operation durch, und zwar unter der falschen und schicksalhaften Voraussetzung, daß es ein »Ich« gebe, welches in der Lage sei, die eigene »Ich-heit« freizulegen. Daher zersplittert der Wahnsinnige die Wirklichkeit, er bricht sein eigenes Herz; denn »es gibt keine zwei Herzen in der Brust«, wie der Koran es ausdrückt. Der Gesandte verfolgt seinen Weg unter direkter Leitung von seiten des Unsichtbaren Meisters, des Engels, während jene, welche in seine Fußstapfen treten, ihren Weg von einem Schaich, einem sichtbaren Meister gewiesen bekommen. Er löscht sie aus. Das ist die Bedeutung der sufischen Redensart, welche von dem Schaich al-Kâmil in seinem Diwan zitiert wird:

> Wer nicht den Schaich als Meister nimmt, dessen Meister wird Schaitân sein.

Gemäß der sufischen Auffassung vom Wesen der Nafs haben die Sendboten Gottes und die Propheten nicht in der gleichen Weise zu kämpfen wie die *Awlijâ*, das heißt diejenigen, welche Vollkommenheit erreicht haben. Sie sind die »vollkommenen Vorbilder«, sie sind die ursprüngliche Menschen-Gestalt in ihrer ganzen Vollkommenheit. Deshalb sterben sie auch nicht aufgrund einer Krankheit von innen heraus, sondern müssen von außen getötet werden. Da die Gestalt vollkommen ist, würde sie ihrem eigenen Wesen entsprechend ohne Ende sein, da sie aber ein endliches Geschick hat, muß der Gestalt in Übereinstimmung mit der Natur ein Ende gesetzt werden, wobei außen und innen von einem anderen Standpunkt aus betrachtet natürlich identisch sind. Dennoch enthält diese Vollkommenheit alle Etappen des Weges und alle Stationen der Awlijâ. Das Ziel der Reise, zu dem die Awlijâ aufgebrochen sind, liegt jenseits der Berge des Wahnsinns, und sie gilt es zu übersteigen. Der Anfang der Offenbarungs-Periode des Gesandten entsprach jener Prüfungszeit, nur daß er jede Etappe mit der inneren Vollkommenheit seiner »ungeheuren Selbst-Form« durchlebte, wobei diese Selbst-Form jene Erfahrung einschloß und ihr in der tiefen seelischen Gesundheit der prophetischen Gabe eine Grundlage bot.

Während der geistesgestörte Mensch sich selbst-besessen verhält, war der Gesandte die Verkörperung des großzügigen, sozial ausgeglichenen und aktiven Menschenwesens. Darin bestand die verblüffende und unbestreitbare Konstitution jenes Mannes, den seine Mitbürger als geistesgestört brandmarken wollten. Er sagte von sich: »Wenn bei mir keine Gerechtigkeit zu finden ist, wo wollt ihr sie finden?« Weiterhin sagte er: »Ich bin der erste der Söhne Adams, und ich sage das ohne Überheblichkeit.« Er war einfach da, um sich seinen Zeitgenossen als Vorbild zu zeigen und um seine Lebensweise als Sunna für das menschliche Leben der ganzen Welt und für die Menschen aller Kulturen und Klimazonen, angefangen in seiner Zeit bis zum Weltende, anzubieten. Er war der konzentrierte Höhepunkt der menschlichen Situation, das Siegel der vollkommenen Prophetenschaft. Wenn wir die ihm zuteil gewordene Offenbarung studieren, dürfen wir die menschliche Feinheit, Empfindsamkeit und den Mut des Wüsten-Propheten nicht aus den Augen verlieren. Beispielsweise berührte er niemals eine Frau, die nicht seine Gattin war oder zu seinem Haushalt gehörte. Als er in

Aqaba von seiten der Frauen den Eid ihrer Gefolgschaft und Annahme des Islams entgegennahm, ließ er einen Krug mit Wasser zwischen sich und die Frauen stellen. Er tauchte seine Hand hinein, und danach taten sie das gleiche, so daß die Übertragung zwar durch Kontakt erfolgte, jedoch vermittelt durch ein reinigendes Medium. Es machte den Gesandten verlegen, als Sidi Abû Bakr seinen weißhaarigen und verehrungswürdigen Vater zu ihm führte. Sofort brachte er seine Betroffenheit darüber, daß er nicht hatte zu dem alten Mann gehen können, zum Ausdruck. Als der Siddîq darauf bestand, ein solches Verhalten wäre unpassend gewesen, kniete der Prophet, er sei gesegnet und Friede sei mit ihm, neben dem alten Mann nieder, streichelte seine Brust, lächelte und bat ihn darum, sein Gelöbnis abzulegen. Es ist dieser dem lebendigen Augenblick gegenüber unendlich feinfühlige Mann, der den Anspruch auf die Prophetenschaft erhob. Und er ist es, über den jene schaudernden und machtgeladenen Zustände kamen, denen die koranische Botschaft entsprang. Es bestand niemals der geringste Zweifel darüber, was Teil der Botschaft und was einfach eine Offenbarung war. Obwohl die Offenbarung direkt durch den Engel vermittelt wurde, mußte sie dennoch diesen »Filter« passieren, welcher den Gesandten für die Zeit ihrer Übermittlung erlöschen ließ, bevor die Offenbarung Teil des Großen Buches wurde. Hier ist ein weiterer zeitgenössischer Bericht darüber, wie die Araber versuchten, mit diesem einzigartigen Geschehen, welches in ihrer Mitte stattfand und welches ihre gesamte Gesellschaftsordnung umstürzen und das Schicksal jedes einzelnen von ihnen berühren sollte, fertigzuwerden.

> Als die Zeit für den Markt gekommen war, kam eine Anzahl der Quraisch zu Walid bin al-Mughîra, der ein Mann von einigem Ansehen war, und er richtete die folgenden Worte an sie: »Die Zeit für den Markt ist wieder einmal gekommen, und Vertreter aller Araber werden sich bei euch einfinden. Sie werden über diesen Mann aus eu-

rer Mitte gehört haben; daher wollen wir uns widerspruchslos auf eine Meinung einigen, damit niemand den andern der Lüge bezichtigt.« Sie erwiderten: »Sage uns deine Meinung über ihn.« Er sagte: »Nein, ihr sprecht, und ich werde zuhören.« Sie sagten: »Er ist ein Kâhin; daher muß er besessen sein.« »Nein, das ist er nicht«, sagte er, »wir haben die Besessenen gesehen, und in diesem Fall hat es keine Erstickungsanfälle, krampfhafte Zuckungen und kein Flüstern gegeben.« – »Dann ist er ein Dichter«, sagten sie. »Nein, er ist kein Dichter, denn wir kennen alle Formen und Metren der Poesie.« – »Dann ist er ein Zauberer.« – »Nein, wir haben Zauberer und ihre Künste gesehen, und hier handelt es sich nicht um Speien und Knoten.« – »Was sollen wir dann sagen, o Abû 'Abd Schams?« fragten sie. Er erwiderte: »Bei Gott, seine Rede ist süß, seine Wurzel ist eine Palme, deren Äste Früchte tragen, und alles, was ihr gesagt habt, würde sich als falsch erweisen. Der Wahrheit am nächsten kommt eure Behauptung, er sei ein Zauberer, der eine Botschaft gebracht hat, welche einen Mann von seinem Vater trennt oder von seinem Bruder oder von seiner Frau oder von seiner Familie.«

Die erste Offenbarung, welche wir im Detail dokumentiert haben, wurde in der vom Koran sogenannten »Nacht der Macht« *(lailatu'l-qadr)* herabgesandt. Diese Nacht ist von solcher Wichtigkeit, daß es im Koran eine Macht-Form (– Sure) gibt, in der sie beschrieben wird. Es ist die allgemeine Ansicht, daß in jener Nacht der gesamte Koran herabgesandt wurde, um in lebendigen Situationen durch das ganze Leben des Gesandten hindurch Stück für Stück aufzutauchen, aber Allah weiß es am besten. Hier ist die Macht-Form:

Im Namen Allahs, des Erbarmers, des Barmherzigen!
Siehe, wir haben ihn in der Nacht El-Kadr geoffenbart.
Und was lehrt dich wissen, was die Nacht El-Kadr ist?

Die Nacht El-Kadr ist besser als tausend Monde.
Hinab steigen die Engel und der Geist in ihr mit ihres Herrn Erlaubnis zu jeglichem Geheiß.
Frieden ist sie bis zum Aufgang der Morgenröte.
(Koran 97)

Es ist die Nacht der Macht, welche den Höhepunkt des Ramadâns darstellt. In ihr wird der Koran von Anfang bis Ende rezitiert, und der Mumin hält Wache während der ganzen Nacht bis zum Morgengrauen.

Seit jener Nacht fand die Offenbarung statt, manchmal nur eine Âja bei einer Gelegenheit, manchmal eine lange Passage oder eine ganze Sure, je nach der Situation. Dieser Zustand hielt während der verbleibenden Lebensspanne des Propheten an; die letzte Offenbarung wurde ihm auf dem Berge 'Arafât während seiner letzten Haddsch, als er seine Anhänger über die endgültige und gereinigte Form der alten Riten des Haddsch belehrte. Wann immer eine Offenbarung sich einstellte, tauchte sie aus einer bestimmten Lebenssituation auf, und sie kam als eine Erleuchtung jenes Augenblikkes und legte die Wahrheit jener Situation offen. Sie leitete die Handlungen des Propheten und entfaltete gleichzeitig die »gute Nachricht und die Warnung«, welche zu den immer wiederkehrenden Themen des Buches gehören. Neben der speziellen Anleitung für Lebenssituationen förderte die Offenbarung das Grundmuster der Geschichte seit den Anfängen des Menschen auf Erden zutage und zeigte die Bedeutung jener Vielzahl von Meta-Zyklen auf, welche die Gattung durchlebt hatte. Fünf Grundthemen werden in ständiger Wiederkehr in dem Buch variiert, und sie lassen sich folgendermaßen zusammenfassen:

1. Spezielle Anleitung an den Gesandten, worin ihm gesagt wird, was in spezifischen Situationen zu tun sei, belehrend, tröstend, ihn korrigierend.

2. Die Geschichte des globalen Menschheitsgeschicks von Anfang an, die Rolle der frühen Propheten und ihrer Bücher

in dieser zyklischen Geschichte des menschlichen Geleitet-Seins, die Verderbnis dieses Geleitet-Seins und sein Verlust und die Sendung einer neuen Leitung, welche in dem letzten Zyklus der Lenkung durch den Gesandten kulminiert.

3. Die neue Scharî'a oder Straße, welche Allah für die ganze Menschheit niederlegt, wobei er frühere Straßen, die von früheren Propheten für spezifische Nationen und Rassen gesandt waren, außer Kraft setzt.

4. Das Wesen der Wirklichkeit. Die neuerliche Bestätigung von Tawhîd, der Deklaration der Einheit – welche die grundlegende Botschaft aller Propheten ist.

5. »Die gute Nachricht und die Warnung«, die unmittelbare Konfrontation jedes einzelnen Menschen damit im Akt des Lesens: »Welchen Weg also schlägst du ein?« Das Buch spricht die Warnung aus, dieses Leben sei der Bezirk des Handelns, und der Mensch sei seinem Schöpfer verantwortlich und werde in der nächsten Phase der Existenz, wenn er seinen Körper abgelegt hat, Rechenschaft geben müssen über das, was er auf Erden getan hat. Es herrscht eine vollständige Kontinuität der Erfahrung zwischen dem Lebens-Zustand, dem sogenannten Todes-Zustand und dem Zustand des nächsten Lebens. Diese ist die Ereigniswelt, und jene ist die Bedeutungswelt.

Im Rahmen der hier abgesteckten Grund-Themen benennt der Koran zwei Weisen der Offenbarung, welche er mit großer Präzision definiert:

> Er ist's, der auf dich herabsandte das Buch. In ihm sind evidente Verse, sie, die Mutter des Buches, und andre dunkle. Diejenigen nun, in deren Herzen Neigung zum Irren ist, die folgen dem Dunkeln in ihm, im Trachten nach Spaltung und im Trachten nach seiner Deutung. Seine Deutung weiß jedoch niemand als Allah. Und die Festen im Wissen sprechen: »Wir glauben es; alles ist von unserm Herrn.« Aber nur die Verständigen beherzigen es.
>
> (Koran 3.5)

Die Gelehrten, welche versucht haben, im Islam eine rabbinische Kommentierungstradition zu schaffen, haben verständlicherweise die Bedeutung dieser Âja eingeschränkt, um zu der einfachen Schlußfolgerung zu gelangen, das Buch beruhe auf faktischen »Gesetzes«-Versen. Ironischerweise haben sie das Gesetz in all seiner ungeheuerlichen Einfachheit spitzfindig, zweideutig und erdrückend schwer gemacht, bis schließlich eine völlig rabbinische Erfindung, Koranisches Gesetz genannt, auftauchte, mittels dessen sie den pseudo-islamischen Staat, den sie nach ihrem eigenen Bild und in Ablehnung der Gemeinschafts-Form, wie sie in der Sunna des Propheten umrissen ist, aufrechterhielten. Die evidenten Verse (Zeichen) beziehen sich auf alle großen Verkündungen der Göttlichen Einheit, welche auf den wiederholten Befehl des Buches zurückgehen, die Schöpfung selbst auf all die evidenten Zeichen hin zu untersuchen und die Nafs genau anzusehen und dort dieselben die Einheit bestätigenden Zeichen zu beobachten. Genau diese Verkündung der Tawhîd ist die »Mutter« des Buches. Das Buch ist »daraus hervorgegangen«, die organischen Lebensgesetze gehen daraus hervor und nicht umgekehrt. Die evidenten Verse sind jene, die zu Gerechtigkeit, Mitgefühl, Großzügigkeit und Friedensstiftung aufrufen und dazu, die Hungrigen zu nähren und die Waisen zu beschützen. Die dunklen Verse (Zeichen) sind nicht nur, wie es sich die »Rabbiner« ausgedacht haben, jene Âjât, die sich auf geheime Dinge wie die Reise des Dhu'l-Qarnain oder die Schlafenden in der Höhle beziehen, sondern eher schon sind es jene, die in grundsätzlicher Weise auf die zentrale Lehre des Buches Bezug nehmen. Die Verhaltens-Lehre, worauf die gesamte Weisheits-Lehre beruht, findet sich in den Passagen evidenter Verse, welche auf der Anerkennung der Einheit im Selbst und in der Schöpfung beharren und die zu einem korrekten und mitfühlenden Verhalten aufrufen – das heißt dazu, sowohl der *Scharî'a*, der Straße, zu folgen, als auch an Taten des Mitleids in der Weise Allahs festzuhalten. Die Lehre von Gott basiert auf den dunklen Versen. Nun ist es bezeichnend, daß Allah-Ta'âlâ in diesen Âjât den sehr konkreten Terminus für Gleichartigkeit dem abstrakt gleichnishaften Terminus *(Mithâl)* vorzieht.

Mutaschâbih leitet sich aus der Wurzel ShBH her, was »eine Ähnlichkeit«, »einander gleichen« bedeutet. Es ist das im Koran benutzte Wort, um den an Jesu Stelle Gekreuzigten (nachdem seine Anhänger ihn weggebracht hatten), den »Doppelgänger« (Ähnlichen) zu bezeichnen. In der »Sure Baqara« (die Kuh) ist es das Wort, mittels dessen die Ähnlichkeit einer Kuh mit einer anderen bezeichnet wird. Daher kann es hier keinen Zweifel geben! Die Gottes-Lehre basiert auf diesen Ähnlichkeits-Zeichen (Versen). Wahres Lernen über die Wirklichkeit gründet in diesen Ähnlichkeits-Versen. Genau genommen ist dies der einzige Weg, auf dem die Wirklichkeits-Situation den Menschen vermittelt werden kann, und es ist der Weg aller Propheten und Bücher gewesen. Das Wort, das an anderer Stelle benutzt wird, um diese Lehrmethode im Koran zu benennen, ist *Mithâl.* MThL ist die Wurzel und bedeutet: »sein wie«, »ein Vergleich«, »eine exemplarische Bestrafung«, »vor Augen erscheinen«, »stehen für«, »etwas bedeuten«, »ein Muster oder Bild«. Es gibt keinen anderen Weg, dem Geist des Menschen das Wesen der Existenz zu vermitteln außer durch Mithâl (Gleichnis) – dies ist ein Mithâl für jenes. Es ist ein Bild, eine Gestalt des anderen. Es ist nicht »dasselbe«, und es ist keine Definition. Man kann keinen Aspekt dieses dynamischen, in Selbsterneuerung befindlichen Prozesses festschreiben, es sei denn vorübergehend, im Flug. Man kann die Verbindung sehen – doch wenn man sie festhält und sie verdinglicht, entgleitet einem die ganze Sache. Solch ein Mithâl eröffnet dir sein Wesen entsprechend der Tiefe deines Auffassungsvermögens. Du kannst es nicht einfangen, es physikalisieren und dich seiner objektiv bedienen. Du mußt dich dem Mithâl unterwerfen – und die Erleuchtung kommen lassen, wie Er will. Das Mithâl ist eines Seiner Mittel, Zugang zu dir zu gewinnen und eins deiner Mittel, zu Ihm Zugang zu gewinnen. Daher warnt diese Âja vor logischen Spitzfindigkeiten und vor Interpretationen, wo Reflexion und Offenheit in Demut und Achtsamkeit verlangt sind. Die Leute der Weisheit »erinnern sich« – und das Wissen, welches sich einstellt, ist die Frucht von Dhikr. In der Sprache der Sufis verlangt die Weisheit der evidenten Verse *Fikr* (Denken), die Weisheit der Ähnlichkeits-Verse dagegen *Dhikr* (Schock-Erwachen).

In koranischer Sprache ausgedrückt, gibt uns das sowohl den *Furqân* (Trennung) als auch den *Koran* (die Zusammenfügung, Lesung).

Der Gesandte, er sei gesegnet und Friede sei mit ihm, hat in einer berühmten Hadith gesagt: »Mir sind alle Worte gegeben.« Mit diesem Weisheits-Ausspruch stellt er sich neben den ursprünglichen Menschen, Sajjidina Âdam, Friede sei mit ihm, welchem dem Koran nach alle Namen gegeben waren. Diese Fähigkeit der Benennung war das Kennzeichen des Menschen-Geschöpfs. Der Koran selbst besteht, wie wir schon dargelegt haben, aus großen Form-(Suren-)Einheiten, kurzen Zeichen-(Vers-)Einheiten, Worten, Buchstaben und Schweigen. Das Schweigen ist der wesentliche Teil des Lesens, sonst käme es zu Doppeldeutigkeiten. Eines der Geheimnisse des Korans ist die Gruppe von Buchstaben, welche durch das ganze Buch hindurch benutzt wird, um die Eröffnung bestimmter Suren zu markieren. Sie entstammen nicht dem Katalogisierungsbemühen irgendeines frühen Gelehrten, wie einige christliche Kommentatoren in ihrem verzweifelten Versuch, die Autorität des Buches herabzusetzen, glauben machen wollten. Es gibt viele Hadithe, die sich auf diese Buchstaben beziehen, und zwei Suren tragen tatsächlich solche Buchstaben als Überschrift: die Suren »Yâ-Sîn« und »Tâ-Hâ«. Wir mußten unvermeidlich an den Punkt kommen, wo wir das Wesen der Sprache selbst untersuchen müssen, wenn wir nämlich feststellen, daß der Ursprung des Weisheits-Weges immer durch Bücher offenbart wird und auch in der Vergangenheit wurde.

Im Wesen eines geoffenbarten Buches liegt es nicht nur, daß es jenem Offenbarungsprozeß entspringt, welchen wir gerade untersucht haben. Die Sprache muß zudem bereit sein für die Offenbarung und rein genug, die Offenbarung auszudrücken – daher erscheint ein Buch an einem Ort und zu einer Zeit, da die Sprache es »tragen« kann. Was wir beobachtet haben, ist, daß die Bedeutungen über den Rahmen des Wortes hinausfließen in die einzelnen Buchstaben. Folglich ist klar, daß, bevor wir das Wesen der menschlichen Situation und den Wert des Buches in aller Tiefe erfassen können, wir nicht nur die Wörter, sondern die Buchstaben selbst verstehen müssen. Wenn wir nicht wissen, was Buchstaben sind – und deshalb, was Sprache ist –, werden wir nichts für das Verständnis des Menschen Wesentliches begreifen, und der Weisheits-Weg bleibt uns verschlossen.

Was wir im Begriff sind zu untersuchen, und es handelt sich dabei um eine tiefgründige Sprache, müssen wir als eine der vielen Früchte der koranischen Wissenschaften erkennen. Wir beschäftigen uns nicht mit etwas, das dem Islam von launischen Gelehrten angehängt worden wäre und das sie entweder aus Indien oder Griechenland entlehnt hätten. Wie wir jedoch schon dargelegt haben, war es verständlich, daß muslimische Gelehrte dazu motiviert und davon fasziniert waren, frühere »Archäologien« ihres eigenen Wissens in den zugrundegegangenen Weisheits-Lehren früherer Islame, ob nun pythagoräisch oder brahminisch, zu sehen. Für al-Birûni bestand, als er nach Indien ging, keine Notwendigkeit, von den heruntergekommenen Schiwa-Kulturen, die er sah, zu entleihen. Er war jedoch erstaunt, Elemente der sufischen Wissenschaft, die er schon so tief kannte, dort wiederzuerkennen. Das Wissen, welches wir nun in seinen nackten Umrissen untersuchen werden, ist eines, das unter den Menschen des Weges seit der Zeit des Gesandten, Friede sei mit ihm, schon immer wohlbekannt gewesen ist.

Es liegt in der Natur dieses Wissens, und wir müssen das an dieser Stelle wiederholen, wie eine Spirale zu seinem Ausgangspunkt zurückzukehren. Während wir nun eine Reise in das Reich der Buchstaben unternehmen, wird diese Untersuchung unvermeidlich auf den nächsten Gegensatz unserer Studie übergreifen, nämlich das Wesen des »Stoffes« selbst. Wir beginnen jetzt, ein anderes Bild der Existenz zu erfassen, und zwar anders in bezug auf den dualistischen Rahmen, mit dem wir in unserer von Unwissenheit geprägten, durch »Erziehung« antrainierten Orientierung bisher gearbeitet haben. Wir begeben uns nun in eine Welt, wo wir erkennen, daß alles dynamisch und in Bewegung begriffen ist; Muster überschneiden andere Muster und vermitteln die Illusion von greifbaren und dauerhaften Dingen. Diese Illusionen nehmen einen »Wirklichkeitscharakter« an, welchen das kosmische Bild ständig regiert. Anstelle eines Körper/Geist-Dualismus stehen wir einer organischen, viel-elementigen Wirklichkeit fließender Erfahrungen gegenüber. Wir befinden uns in einer Welt, in der alles sich bewegt, schmilzt, sich verändert, verschwindet. Aber was sich bewegt und verändert, wird gemäß der empfindlichsten, schwingenden Ordnung strukturiert und umstrukturiert. Wir beginnen, das Handeln des Einen in der Manifestierung Seines Universums endloser Formen zu erkennen.

Wie immer, unterstreichen wir am Anfang eine Einheit, welche sowohl unteilbar ist als auch unabhängig von Formen; nicht einen »Grund«, auf dem alles ruhen würde, oder eine darüber oder jenseits davon stehende Macht, sondern eine Wirklichkeit ohne Ort, welche allumfassend ist. Wie der Schaich al-Akbar es ausdrückt:

> Wisset – möge Allah uns und euch erhalten – daß, als die Existenz noch absolut und ohne Grenzen war, sie den Verpflichtenden, und Er ist die Wirklichkeit, Er sei gepriesen, enthielt sowie die Verpflichteten, und sie sind die Welt und die Buchstaben zusammengenommen.

Wir müssen uns nun für das Bild der Wirklichkeit öffnen, wie es von den »Menschen ohne Schleier« erfahren wird. Hier sind wir nicht länger in dem einschränkenden Bereich der Sinneserfahrung gefangen, behindert von den ungenügenden Werkzeugen der Logik. Es ist vielmehr eine Welt, welche, wie wir schließlich erkennen werden, der Welt gleicht, wie sie die Astrophysiker und die Atomphysiker beschreiben – wohlgemerkt »beschreiben« und nicht »kennen«. Nur handelt es sich bei dem Instrument, welches das messende Teleskop und den destruktiven Reaktor ersetzt, um die erfahrende innere Sicht des Herzens.

Dem Schaich al-Akbar nach gibt es 261 Himmel, welche um die Buchstaben kreisen und in Seinem Himmel – dem *Malakût* – enthalten sind. Der Rang der Buchstaben leitet sich aus Elementen her, aus denen die Buchstaben zusammengesetzt sind. Er nennt alle Buchstaben »gepunktet«, da alle Buchstaben aus dem »Punkt« hervorgehen. Den »Punkt« können wir als die Manifestierung der Phänomene nehmen. Und die Erscheinungswelt tritt aus den Buchstaben heraus in die Wirklichkeit.

Nun gibt es 29 Buchstaben im arabischen Alphabet, das heißt in der Sprache, die speziell für die Weisheits-Offenbarung oder »Wohnstatt« geschaffen ist. Zwei Buchstaben haben eine besondere Bedeutung, mit der wir uns später beschäftigen werden. Zwischen diesen beiden besteht eine sehr enge Beziehung. Es sind *Hamza* und *Alif.* Alif erscheint in manchen Berechnungen überhaupt nicht als Buchstabe, sondern als das Tor der Buchstaben, der Ursprung der Buchstaben, der Ur-Buchstabe. Hamza hängt gewöhnlich in seinem Auftreten von Alif ab, wie wir aus der Sprache selbst wissen. Das ergibt 28 Buchstaben, wenn wir einen dieser beiden, und 27, wenn wir beide auslassen. 27 ist 9 × 3 – die Bedeutung davon werden wir in Kürze untersuchen. Die 29 entspricht dem Mond-Monat. 29 × 9 ergibt die 261 Himmel. Zunächst müssen wir den Wert der 9 in der sufischen Berechnung der Wirklichkeit herausarbeiten.

Es ist von grundlegender Bedeutung, im Gedächtnis zu behalten, daß wir die Wirklichkeit jetzt als eine ansehen, indes die Himmel die Himmel überschneiden, das Unsichtbare sich mit dem Sichtbaren deckt. Mit jeder getroffenen Unterscheidung wird also nicht die Wirklichkeit gespalten, sondern bloß von einem anderen Standpunkt aus betrachtet. Wenn ein anderer »Rang« oder eine andere »Wirklichkeit« angerufen wird, verschwinden die jeweils vorhergehenden, denn diese Getrenntheiten bestehen nur auf der Beschreibungsebene, nicht jedoch in Wahrheit. Wenn man zum Beispiel Bezug nimmt auf die Göttlichen Attribute, spricht man von Ihm als dem Einen, der erschafft, und dann dem Einen, welcher zerstört, und man sagt nicht, Er sei jetzt der eine und dann der andere. Wir mögen Ihn als den Schöpfer der Materie ansehen, aber gleichzeitig zerstört Er sie – nicht »später«. Seine Gnade und Sein Zorn sind nicht getrennt, sie sind nicht verschieden, aber sie sind auch nicht dasselbe. Wir können uns zu einem gegebenen Zeitpunkt nur von einer Seite her nähern, jedenfalls im Bereich des Denkens. In der Erfahrung des »Schmeckens« jedoch müssen wir die verschiedenen Aspekte zusammenfügen. Wenn wir auf der Ebene des Sklaven sagen, der eine sei ein Muslim und der andere ein Kâfir, treffen wir eine gültige Unterscheidung; sprechen wir jedoch über das Gericht und die Waage, so können wir uns Gnade für den Kâfir und Bestrafung für den Muslim vorstellen; denn wir beschäftigen uns mit ihrer Situation in Beziehung auf einen anderen Göttlichen Namen oder Aspekt. Vom einen Standpunkt aus gesehen sind wir handlungsfähig und verantwortlich, von einem anderen Standpunkt aus betrachtet ist Er der Handelnde, und Er tut, was Er will. Es gibt keine Negation, aber wenn man an einem Aspekt haftet, verliert man den anderen.

Ausgehend von der grundlegenden Betonung der Einheit wollen wir nun einen zweiten Schritt tun. An dieser Stelle werden wir den einfachsten und notwendigsten Rahmen unserer Kosmologie skizzieren, welche vollkommen aus dem Koran und den Hadithen hergeleitet ist. Die Schöpfung ist aus drei Rangstufen gebildet. Die Erschaffung der Formen verläuft absteigend (von 1 über 2 nach 3), wobei jener

»Abstieg« natürlich nur auf der Beschreibungsebene, nicht jedoch in Wirklichkeit existiert.

1) DSCHABRÛT: Die Göttlichen Namen (Allmacht)
2) MALAKÛT: Die Welt der Ursprungs-Formen (Herrschaft)
3) MULK: Die Welt der Erscheinenden Formen (Königreich)

Jede dieser Rangstufen besteht wiederum aus drei Rängen. Jede hat eine erscheinende und eine verborgene Wirklichkeit. Diese ist ein »Zwischen-Raum«. Dieser Terminus – *Barzach* – ist ein Schlüsselbegriff, auf den wir ständig zurückkommen werden, und es ist wesentlich für unseren Standpunkt, daß jeder phänomenale Bereich der Existenz, ob sichtbar oder unsichtbar, in sich nur ein Zwischen-Raum zwischen zwei anderen Bereichen ist. Das heißt, die Sichtbare Welt ist ein Zwischen-Raum in sich selbst, aber ebenso ist die Welt der Ur-Formbilder im Unsichtbaren und der Dschabrût, wo Herrschaft aus dem Urgrund in die Schöpfung eintritt, ein Zwischen-Raum.

In unserem ersten Bild sehen wir die drei Ränge in ihrem »Abstieg« in die Formen. Berücksichtigt man, daß diese drei Ränge einander überschneiden, so kann man dem dominierenden Rang des Dschabrût den mittleren Rang zuweisen, denn er wendet sein eines Gesicht dem Mulk zu und das andere dem Malakût. Hier haben wir die drei Aspekte: Erscheinend, Zwischenraum, Verborgen. Folglich ist das Verborgene das Erscheinende des Dschabrût und das Verborgene des Dschabrût das Erscheinende des Malakût. Diese Berechnung ergibt 7 Zustände innerhalb der drei Ränge. Daher sind die 9 Rangstufen in Wirklichkeit 7 Zustände. Deshalb können wir mittels der 7 oder der 9 vorgehen, es ist das gleiche. Diese 9er-Wirklichkeit ist dem Herrn und dem Sklaven gemeinsam, denn sie ist die Schöpfung, der Bereich der Formen, sichtbar und unsichtbar. So ergibt sich aus der 9 die 18.

Da die menschliche Gegenwart wie die Göttliche Gegenwart, oder besser deren Ursprung, aus diesen drei Rangstufen zusammengesetzt ist, multiplizieren wir sie mit 7. Wenn wir vom Göttlichen Aspekt 3 abziehen ergibt das 18:

$$
\begin{array}{r}
7 \times 3 = 21 \\
-\ 3 \\
\hline
= 18
\end{array}
$$

Dasselbe machen wir mit dem menschlichen Aspekt. Das ergibt 18 Rangstufen des Königreiches.

Wenn wir die Perspektive ändern, erkennen wir das Göttliche Wechselspiel zwischen der Wirklichkeit und der Schöpfung. Es gibt 9 Himmel für den Akt des Hervorbringens – das heißt das leuchtende Schauspiel der Wahrheit und das Ausströmen der Form-Energie aus ihr – und 9 Himmel für die Empfängnis in der Formen-Welt. Der Ort der Begegnung ist das Königreich. Dieser »Ort der Begegnung«, das Königreich, ist der Ort der Offenbarung, von wo im Akt der Hervorbringung die Wahrheit Dschibrîl (Gabriel) mit der Botschaft herabgesandt hat und wo die Schöpfung, die Botschaft empfangend, sie vom Gesandten entgegennahm.

Die Wahrheit hat 9 Himmel geschaffen. Es gibt 7 Himmel im physischen Raum, das heißt, den Himmel jedes der 7 sichtbaren Planeten (die anderen 2 Planeten unseres Sonnensystems üben nach dieser Auffassung nur unter ganz bestimmten Bedingungen einen Einfluß aus, denn das ergibt eine 9); dazu zählen wir eine 1 für den *'Arsch*, das Universum der Sterne, und eine weitere 1 für den *Kursî*, den sternlosen Himmel »jenseits« der Sterne, oder um es in unserer neuen Sprache zu sagen, den sternlosen Himmel, der den Sternenhimmel »durchdringt«. Im Vergleich zum Kursî ist das Universum der Sterne wie ein kleiner Ring, der in eine unendliche Wüste geworfen wurde. Die Himmel, der 'Arsch und der Kursî ergeben die zugrundeliegende 9.

Der nächste entscheidende Schritt zur Überwindung der falschen Geist/Materie-Dualität liegt in der Erkenntnis des Grundcharakters der phänomenalen Existenz, welche auf die 4 gegründet ist. Die phänomenale Existenz basiert auf den vier ursprünglichen Zuständen heiß/kalt, naß/trocken, und es kommt kein fünfter hinzu. Es ist unhaltbar, daß es mehr als vier Grundzustände geben könnte. Der Schaich al-Akbar stellt fest:

> Es gibt also 4 Grundzustände der Zahlen. 3, welche in der 4 enthalten ist, zu 4 addiert, gibt 7. 2, welche in ihnen enthalten ist, plus diese 7 ergibt 9, und die 1, die in der 4 enthalten ist, plus diese 9 macht 10. Danach ist die Anordnung beliebig. Man wird keine Zahl finden, die etwas anderes als diese 4 ergibt, genau wie man keine perfekte Zahl außer der 9 findet, weil darin 1/2, 1/6 und 1/3 enthalten sind. So wurden heiß und trocken gemischt, und das Feuer entstand. Heiß und feucht wurden gemischt, und die Luft entstand (d. h. Hitze und Feuchtigkeit). Kalt und feucht mischten sich, und das Wasser entstand. Kalt und trocken mischten sich, und die Erde entstand. Schau daher auf die Bildung der Luft aus Hitze und Feuchtigkeit, sie war der Atem, welcher das Empfindungsleben ausmacht, und sie ist die bewegende Kraft aller Dinge durch ihren Atem. Sie bewegt Wasser, Erde und Feuer, und aufgrund ihrer Bewegung bewegen sich die Dinge, weil sie Leben ist. Diese sind die 4 Pfeiler, welche von den ersten Grundsubstanzen hervorgebracht worden sind.
>
> Versteht also, daß diese ersten Grundsubstanzen ihre Wirklichkeiten den Zusammensetzungen ungemischt vermitteln. Daher stammt die Hitze der Hitze von nichts anderem als ihr selbst. Es ist das gleiche mit dem Trocknen und Schrumpfen aufgrund von Trockenheit. Wenn man sieht, daß Feuer das Wasser an einem bestimmten

Ort getrocknet hat, glaube nicht, daß die Hitze es getrocknet hat, denn Feuer setzt sich aus Hitze und Trokkenheit zusammen, wie schon gesagt wurde. Daher wird Wasser durch die im Feuer enthaltene Hitze erhitzt, und das Trocknen geschieht aufgrund des Trockenen. So verhält es sich auch mit Biegsamkeit – welche nur aus der Feuchtigkeit herrührt – und mit dem Kaltwerden, welches von der Kälte kommt. Hitze erwärmt, Kälte macht kalt, Feuchtigkeit macht biegsam und Trockenheit trocknet. Folglich sind die Grundsubstanzen unvereinbar und sind nur in einer Gestalt zusammengefaßt, aber in dem Maß, welches ihre Wirklichkeiten ihnen bestimmt hat, und 1 (von ihnen) findet sich nie in einer Form. 2 jedoch findet man, wie etwa Hitze und Trockenheit, wie wir gesagt haben, in ihrem Verbund, sonst würde Hitze allein existieren. Doch es gibt nur es, aus sich heraus, in seiner Isolation. Es gibt zwei Arten von Wirklichkeiten: im Intellekt isoliert aufgefundene Wirklichkeiten wie Leben, Wissen, Artikulation und Sinneswahrnehmung und Erfahrungen, sowie Wirklichkeiten, die man aufgrund der Existenz von Zusammensetzungen findet wie Himmel, Welt, Mensch und Stein. Wenn man fragt: »Welches ist der Grund, der diese unvereinbaren Urzustände zusammenfügt, so daß aus ihrer Mischung die Phänomene in die Wirklichkeit treten?«, so muß ich erwidern, daß wir es hier mit einem wunderbaren Geheimnis und einer großen Schwierigkeit zu tun haben. Den Schleier davon wegzunehmen, wäre eine verkehrte Tat, weil der Intellekt es nicht fassen kann. Aber das unverschleierte Auge sieht es ...

Derart gewährleisten die Wirklichkeiten, daß diese Grundsubstanzen in ihrem Wesen überhaupt keine Wirklichkeit haben, bevor nicht aus ihnen die komplexen Formen hervorgehen.

Wohl gewahr, daß diese Beschreibung der Dinge im Widerspruch zur wissenschaftlichen Auffassung zu stehen scheint, versichert der Schaich al-Akbar, daß es Unwissenheit ist, mit der Anklage an seine Tür zu kommen, er gebe einen »unwissenschaftlichen« Einblick in die Wirklichkeit. Er akzeptiert die wissenschaftliche Auffassung, stellt jedoch ihre Eignung in Frage, das Wesen des So-Seins der Dinge vor uns zu entfalten, da sie schon gleich zu Beginn eine grundlegende Teilung zwischen Wissen, dem Wissenden und dem Gewußten vornimmt. Für die Leute des Weges ist – während es viele Wissende gibt, die auf verschiedene Weise »wissen« – das Wissen selbst Eines, und deshalb ist alles, was sie erfahren, eine private Enthüllung eines winzigen Teiles der Einen Wirklichkeit, und dieses Wissen muß dem Wissenden entspringen und nicht seinen Gedanken.

Er sagt:

> Daher ist Wahrheit, Er sei gepriesen, Eine, aus welcher wir unser Wissen beziehen, wenn das Herz sich vom Gedanken abkehrt und wenn es die Neigung besitzt, die Öffnungs-Erfahrung zu akzeptieren (d. h., daß du kein abgetrennter Wissender bist). Er ist es, der uns die ganze Angelegenheit an ihrem Ursprung schenkt ohne Zusammenfassung oder Verwirrung. Daher kennen wir die Wirklichkeiten entsprechend ihrer Grundlage – es ist egal, ob sie isoliert waren oder gemäß der Zeit-Struktur der Formationen (d. h. die Zusammensetzungen) auftreten oder ob sie Göttliche Wirklichkeiten sind.

Wiederum deutet er an, daß man es so oder so sagen kann, entweder wir betrachten die Dinge als innerhalb der Erscheinungswelt befindlich, oder wir sehen sie als Entfaltung der Gottheit; die Beschreibung ist in beiden Fällen nicht das Entscheidende. Es gibt keine wissenschaftliche Tatsache, sondern nur die begrenzten, je nach Standpunkt unterschiedlichen Bilder. Diese sind unsere eigenen Produkte. Ihn interessiert nur die Entschleierung, welche aus der Wirklichkeit zum Sklaven kommt. Er zitiert die Âja aus dem Koran, welche über den Gesandten sagt: »Wir haben ihn nicht die Dichtkunst gelehrt, sie ist nicht schicklich für ihn.« Schaich al-Akbar kommentiert das derart:

> Poesie ist der Ort des Resümierens, der Symbole und Rätsel.

Diese seine Lehre entspringt – und darauf besteht er – der Koranischen Offenbarung und seinem eigenen Rang als Walî; sie kommt aus der direkten Wirklichkeits-Erfahrung, und sie unterscheidet sich daher von den anderen Arten des menschlichen Wissens und ist ihnen überlegen.

Um auf unsere Darstellung des Kosmos zurückzukommen: Alle Buchstaben sind aus dem Alif hervorgegangen. Es ist ihr Himmel, geistig und sinnlich. Es gibt einen Himmel, welcher das Dasein der Erde begründet, einen Himmel, aus dem die Existenz des Wassers herrührt, einen Himmel, aufgrund dessen die Luft existiert, und einen Himmel, welcher die Existenz des Feuers bewirkt. Das ergibt in diesem Bild 5 existierende Himmel. Jeder dieser Himmel kreist um gewisse Buchstaben und gelegentlich sogar um Teile von Buchstaben.

In einer sehr speziellen Darlegung des besonderen Unterschiedes zwischen naß/kalt und den anderen Zusammensetzungen macht der Meister eine sehr erhellende Anmerkung. Der Himmel dieser Verbindung ist offensichtlich nicht wie jener der anderen Kombinationen, sondern ist ein anderer umkreisender Himmel. Wäre er der gleiche gewesen, so stellt Schaich al-Akbar fest, wäre jener Himmel an ein Ende gekommen, und seine Kraft wäre mit seinem Eintreten in die empirisch-zufällige Welt erloschen. Denn heiß/feucht ist in Auflösung und Bewegung begriffen, und seine Wirklichkeit endet, obwohl es nicht verschwindet. Aus diesem Grund hat uns der Schöpfer, Er sei gepriesen, wissen lassen, daß »die letzte Wohnstatt das Leben ist« und »alles Sein Lob verkündet«. Schaich al-Akbar fährt fort:

So setzt der Himmel des Lebens in Vor-endloser-Zeit das sich ausdehnende Leben Vor-endloser-Zeit in Gang. Es hat keinen Himmel, daher hat sein Zyklus ein Ende. Das Leben in Vor-endloser-Zeit gehört selbst dem Lebendigen an, und deshalb hat es kein Ende. Folglich ist das Leben der Nach-endlosen-Zeit durch das Leben der Vor-endlosen-Zeit verursacht, und es akzeptiert kein Ende. Seht ihr nicht, daß, wenn das Leben der Geistwesen wesenhaft ihnen angehört, der Tod für sie keine Gültigkeit besitzt? Wenn das Leben nur zufällig in den physischen Körpern wäre, so würden Tod und Auflösung auf ihm beruhen. Daher stammt das Leben der erscheinenden Körper von den Lebensspuren des Geistes, genau wie das Sonnenlicht, welches auf der Erde ist, von der Sonne kommt. Wenn die Sonne vorüber zieht, folgt ihr das Licht, und die Erde wird dunkel. Wenn also der Geist aus dem Körper in seinen Himmel geht, woher er gekommen ist, folgt ihm das Leben, mit welchem er den Körper durchströmt hat, und der Körper bleibt für unser Auge in der Gestalt des Unbelebten zurück. Daher sagt man: »Der und der ist gestorben«, aber in Wahrheit sagt man, er sei zu seinem Ursprung zurückgekehrt. »Daraus haben Wir euch geschaffen, und Wir werden euch dorthin zurückführen und Euch ein zweites Mal hervorbringen.«

Der Geist kehrt gleichermaßen bis zum Tag der Auferstehung zu seinem Ursprung zurück, und die Versammlung wird eine Offenbarung des Geistes für den Körper mittels der Liebe sein. Daher werden seine Teile vereinigt und seine Glieder in einem subtilen Leben neu organisiert werden. Die Bewegung der Glieder zur Neuformation wird durch eine Wendung des Geistes erreicht. Deshalb manifestiert sich der Geist dem Körper mittels des sanften

> Rufes des Engels Isrâfil durch das kreisende Horn, nachdem die Formierung stattgefunden hat und die Formierung des Staubes aufgerichtet ist. Derart fließt Leben in seine Glieder, und er wird zu einem klar umrissenen Individuum wie beim erstenmal. Dann bläst der Geist wiederum hinein, so daß sie dort stehen und zusehen, während die Erde von dem Licht ihres Herrn erleuchtet wird: »Wie er dich geschaffen hat, kehrst du wieder.« – »Sprich: ›Er wird sie wiederbeleben, der sie zum erstenmal hervorgebracht hat, entweder verworfen oder glücklich.‹«

Aus diesem Bild geht klar hervor, daß die Existenz der Buchstaben und die Bedeutung ihrer Aktivität mit dem gesamten Schöpfungsvorgang zu tun hat. Es ist ein weiteres bedauerliches Ergebnis des Studiums der muslimischen Schriftsteller durch die Orientalisten mit Hilfe der entsprechenden Filtervorrichtungen, daß die Beschäftigung mit den Buchstaben, welche die Basis des Sufismus berührt, so lange ignoriert, oder schlimmer, als eine Art von abergläubischer Magie abgetan worden ist. Die Reduzierung der Wissenschaft von den Buchstaben auf eine geheime Esoterik hat den Weg zu einer seriösen Auseinandersetzung mit der islamischen Kosmologie verbaut. Die modernen Muslime hatten ihrerseits, da sie in einer kolonialen Situation aufwuchsen und erzogen wurden, umgeben von einem christlich bourgeoisen Ethos, ebenfalls wenig Gelegenheit, diese Wissenschaft zu würdigen, so sehr waren sie damit beschäftigt, vor den Idolen der Technologie, welche auch heute noch sehr viele von ihnen mit tiefer Ehrfurcht betrachten, auf dem Bauch zu liegen. Es hat keinen Sinn, sich mit diesem Bild einer Welt, in welcher die Formen »aus« den Buchstaben »kommen«, zu beschäftigen, wenn man nicht klar versteht, daß es sich dabei um eine ernsthafte und präzise Beschreibung des Lebensprozesses handelt und daß diese Auffassung nicht beinhaltet, daß der Schaich mit seinem überragenden Intellekt uns glauben machen will, der Anfang der Dinge sei eine Art kosmischer Kinder-Party mit einer Menge Buchstaben des Alphabets, die vom Himmel fallen. Wir müssen uns schon darum bemühen, die Bedeutung und Weisheit der Geheimnisse der Existenz, welche er vor uns ausbreitet, zu begreifen, wobei wir niemals seine ständigen Warnungen außer acht lassen dürfen, die ich nur wiederholen kann:

> Wir gehen in dem Verständnis dieser Worte einen anderen Weg, und der besteht darin, daß wir unsere Herzen von meditativer Spekulation freimachen und mittels Dhikr mit der Wahrheit auf dem Teppich der Höflichkeit sitzen und in Gegenwart und vorbereitet auf die Annahme dessen warten, was Er willens ist, uns von Sich, Er sei gepriesen, zu geben. Wir tun dies, bis die Wahrheit, Er sei gepriesen, unsere Belehrung in Besitz nimmt, und zwar mittels Entschleierung und Erkenntnis durch das, was ihr ihn habt sagen hören: »Fürchtet Allah, Allah belehrt euch.« Er sagt: »Wenn ihr Allah fürchtet, wird Er euch eine Offenbarung geben«, und »Herr, vergrößere mein Wissen«, und »Wir lehrten ihn Wissen aus Unserer Gegenwart.«

Glücklicherweise ist die intellektuelle Situation heute viel offener für die Weisheits-Lehre, als sie es in den ersten arroganten Tagen war, da die wissenschaftliche Methodologie sich geeignet dünkte, alle Probleme zu behandeln. In seiner Antrittsrede sagte der Biologe Jacques Monod vor dem Collège de France: »Es ist die Sprache, welche die Menschen geschaffen hat, und nicht umgekehrt.« Wenn man die wechselweise verbundenen Systeme der Psycholinguistik, der strukturalen Linguistik und so fort untersucht, so stellt man fest, daß es weniger die Vision ist, die den Sprachwissenschaftlern fehlt, sondern die Bereitschaft, eine Wissenschaftstheorie über Bord zu werfen, welche die zeitgenössischen Wissenschaftler von ihren Vorgängern geerbt haben. Schon der Gedanke, diese aufzugeben, versetzt sie in Schrekken. Es ist überall dieselbe Geschichte, wo die wissenschaftliche Forschung die Menschen an die Grenzen der Logik, der Sprache und der Meßbarkeit geführt hat, wo die mikrokosmische Struktur auf die makrokosmische Ebene hinübergleitet und umgekehrt, oder wo die Formen aus dem fruchtbaren Nichts auftauchen, von dem diese Forscher *glauben*, daß sie es beobachten. Viele Ergebnisse der Biologen und Physiker bringen sie an einen Punkt, wo es sich ihnen aufdrängt, zwar nicht die Ungültigkeit ihrer Ergebnisse, aber doch die ihrer wissenschaftlichen Haltung zugrundeliegende Psychose zu erkennen. Tatsächlich steht vieles von dem, was sie sagen, in Zusammenhang mit unserer Untersuchung – daß sie in einer Sackgasse gefangen sind, ist ihre eigene Schuld und auch ihre eigene Angelegenheit. Hier ist beispielsweise ein Zitat von George und Muriel Beadle, die im Bereich der Molekularbiologie tätig sind:

> Die Entzifferung des DNS-Kodes hat uns gezeigt, daß wir eine Sprache besitzen, die viel älter ist als die Hieroglyphen; eine Sprache, so alt wie das Leben selber, eine Sprache, die von allen die lebendigste ist.

In einem Kommentar zu den Aussagen, die Crick und Yakofsky zu dem machen, was sie die »Vier-Buchstaben-Sprache, welche in den Molekülen der Nukleinsäure verkörpert ist« nennen, stellt der Linguist Roman Jakobson fest:

> Tatsächlich erfahren wir, daß alle detaillierten und spezifischen genetischen Informationen in molekular kodierten Botschaften enthalten sind, und zwar in ihrer linearen Anordnung innerhalb von Kodewörtern oder sogenannten »Kodons«. Jedes Wort umfaßt drei kodierende Untereinheiten namens »nukleotide Basen« oder »Buchstaben« des Kode-»Alphabets«. Dieses Alphabet besteht aus vier verschiedenen Buchstaben, die »benutzt werden, um die genetische Botschaft zu buchstabieren«. Das »Wörter-

buch« des genetischen Kodes umfaßt 64 unterschiedliche Wörter, die aufgrund ihrer Zusammensetzung als »Triplets« bezeichnet werden, denn jedes von ihnen besteht aus einer Sequenz von drei Buchstaben. 61 dieser Triplets haben individuelle Bedeutung, während drei offensichtlich nur die Funktion haben, das Ende der genetischen Botschaft zu signalisieren.

Noch ein Zitat aus einer Rede vor dem Collège de France, diesmal von dem Wissenschaftler Jacob, der sagte:

> Die alte Vorstellung vom Gen als einer integralen Struktur, die man mit einer Perle auf einem Rosenkranz zu vergleichen pflegte, mußte der Vorstellung einer Serie von vier Elementen weichen, die sich in Permutationen wiederholen. Vererbung ist durch eine chemische Botschaft determiniert, welche entlang der Chromosomen eingeschrieben ist. Überraschend ist, daß genetische Besonderheiten nicht in der Weise von Ideogrammen wie zum Beispiel im Chinesischen, sondern in einem Alphabet wie im Französischen geschrieben sind oder eher noch in einem Morse-Alphabet. Die Bedeutung geht aus der Kombination von Zeichen zu Wörtern und der Anordnung von Wörtern zu Sätzen hervor. Im Nachhinein erscheint diese Lösung als die einzig logische; wie sonst könnte eine solche Knappheit der Mittel eine ähnliche Vielfalt der architektonischen Formen gewährleisten?

Es spricht für den traurigen Zustand der Blindheit dieser »Beobachter« des Lebensprozesses – frage nicht, wie sie aus der Existenz »herausgeraten« sind –, die derart in ihrer selbst auferlegten Rolle gefangen sind, daß sie gezwungen sind zu schlußfolgern, die verschiedenen Komponenten seien für sich genommen ohne Bedeutung. Hier haben wir wiederum jene subjektive Projektion ihrer eigenen existentiellen Situation in die sogenannte Objekt-Beobachtung. Der Schaich al-

Akbar besteht darauf, daß, wenn jemand ein Modell entwirft, er am Ende nur ein Modell seiner selbst anfertigt. Dem »Buchstaben« die Bedeutung vorzuenthalten heißt, sie auch dem »Satz«, welcher das Leben ist, zu bestreiten. Was wir jedoch, wenn wir den Mut aufbringen, klar zu beobachten, in jedem Stadium des Weges sehen, ist Bedeutung. Der Satz ist strukturiert. Es gibt, um es in der mechanistischen Sprache der Wissenschaft zu sagen, eine »Architektur«. In diesem Stadium der menschlichen Existenz ist es absurd, die alten Argumente von Uhren und Uhrmachern zu wiederholen, aber erstaunlicherweise gibt es sie immer noch. Wir beschäftigen uns nicht mit einer Maschinenwelt, sondern mit einer Wirklichkeit, welche in erster Linie sich mit uns beschäftigt. Zweitens ist sie nicht mechanistisch, innen/außen, und es gibt auch keine Geist/Körper-Dualität. Drittens, sie ist auf jeder Ebene strukturiert, und die Entfaltung der organischen Formen-Muster vollzieht sich von »innen« nach außen, solange es sich um Lebens-Formen handelt, und von außen zum Zentrum hin auf der kristallinen Ebene.

Form ist etwas, das sowohl mit verschiedenen Komponenten zu tun hat, als auch von ihnen getrennt ist, wie wir in uns selbst beobachtet haben oder jedenfalls hätten beobachten können, wenn wir den Mut behalten hätten, sowohl uns als auch den Koran anzusehen, wie es der Koran von uns verlangt. Abhängig von einem reichen Komplex von Impulsen von außen – aus der Umwelt von Ort/Geschehen – und von innen – der inneren Umwelt von Selbst/Energien –, verändert sich das menschliche Gesicht, die »Form« des Menschen selbst, mit einer solchen Geschwindigkeit, daß wir den Vorgang manchmal unmittelbar beobachten können. Sowohl in der augenblicklichen Veränderung des »Zustandes« und in dem längerfristigen Aufbau veränderter »Zustände« beobachten wir, wie sich die Form des Menschen durch die ganze nur scheinbar getrennte Materie seiner biologischen Struktur hin verändert. Wir beschäftigen uns mit einer Welt, welche nichts als »Bedeutungen« ist.

Bedeutung, Ma'nâ, ist ein Schlüsselwort der sufischen Lehre. Hier ist seine Wurzel: »Bedeutung«, »Geistes-Bild«, »etwas, von dem man meint, daß es durch ein Wort bezeichnet wird«, »durch ein Wort gemeint sein«, »was das Wort bezeichnet«, »Sinn«.

In seinem Diwan sagt der Schaich al-Kâmil:

O ihr, welche es nach der Gegenwart, ein Augenzeuge zu sein, verlangt, ihr müßt euch erheben über den Geist und die Formen –

Und an der ursprünglichen Leere festhalten – und sein, als wäret ihr nicht, o Ausgelöschte!

Wahrlich, ihr werdet das Sein mittels eines Geheimnisses sehen, dessen Bedeutungen zu allen Zeitaltern verbreitet waren.

Keines der Bilder des Handelns und der Wesenheit vermehret den Handelnden in irgendeiner Weise.

Wer also sich erhebt über jedes vergängliche Ding, dem zeigt sich das Sein ohne Zweiheit.

In seinem Lied »Rückzug in die Wahrnehmung des Wesens« spricht Allah:

Die Attribute Meines Wesens waren verborgen, und in den Daseins-Spuren wurden sie offenbart.

Wahrlich, geschaffene Wesen sind Bedeutungen in Gestalt von Bildern.

Alle, die das verstehen, gehören zu den Menschen der Erkenntnis.

In der Wurzel-Definition von Ma'nâ stoßen wir wiederum auf die entscheidende Balance zwischen Buchstaben und Erscheinung der Formen. Sie ist es, worauf das Wort abzielt. Im Zentrum dieser Frage finden wir die sufische Lehre über den Namen selbst, von dem alle Namen stammen.

Über diese Lehre sagt der Schaich al-Kalabadhi:

> Einige Meister behaupten, die Namen Allahs seien weder Allah noch Anderes-als-Allah; das deckt sich mit ihrer die Attribute betreffenden Doktrin. Andere vertreten den Standpunkt, die Namen Allahs seien Allah.

Beide Auffassungen sind nur zwei verschiedene Weisen, dasselbe zu sagen; nur auf der Beschreibungsebene macht man einen Unterschied. Die Lehre des Harith al-Muhasibi, welche besagt, daß Allahs Rede aus den Buchstaben und den Lauten besteht und daß diese Attribute Allahs sind, ungeschaffen in Seinem Urgrund, ist die reinste von allen.

Wir stellen fest, daß die Wissenschaftler das Wort »Wörterbuch« benutzen, um damit das Ursprungs-Buch der Kodierung zu bezeichnen – für die Leute des Weges ist ein derart projektives Bild unangemessen. Wenn der Koran – das Buch der Bücher, welches wir besitzen und das seinerseits bloß die offenbarte Version des Verborgenen Buches ist – bestätigt, daß alles in einem manifesten Buch niedergeschrieben ist, dann erkennen wir, daß die Aufzeichnung die Wirklichkeit selbst in ihrer Entfaltung ist. Wenn der Koran sagt, daß »jedermann sein eigenes Buch hat«, verstehen wir darunter nicht nur die Aufzeichnung des Geschicks, welche den Zellen eingeschrieben ist, sondern die Beschreibung der Zellen, welche dem Geschick eingeschrieben war, bevor es sich ereignete.

Roman Jakobson, ein Linguist, der sich der metaphysischen Implikationen seiner Wissenschaft bewußt ist, stellt fest:

Wie sollte man all diese auffälligen Homologien zwischen dem genetischen Kode, der in allen Organismen im wesentlichen derselbe zu sein scheint (siehe J. D. Watson: *Molekularbiologie der Gene*), und dem den verbalen Kodes aller menschlichen Sprachen zugrundeliegenden architektonischen Modell interpretieren, welches, wohlbemerkt, die natürliche Sprache oder ihre Substitute mit keinem anderen semiotischen System teilen. Die Frage dieser isomorphischen Merkmale erweist sich als besonders lehrreich, wenn wir erkennen, daß sie keine Analogie in irgendeinem System tierischer Kommunikation haben.

Wir müssen betonen, daß wir hier nicht suggerieren wollen, die Wissenschaftler würden irgend etwas *beweisen*. Ihre Beobachtungen lassen sich jedoch nutzbringend assimilieren, wenn sie so klarsichtig angestellt werden. Von unserem Standpunkt aus gesehen, sind es die Wissenschaftler, welche mit den Problemen, die ihrer Phantasie-Objektivität und ihrer dualistischen Sprache mit all ihren teleologischen Fallstricken zugrundeliegen, zurechtkommen müssen. Hat doch ihr gesamtes Konstrukt nur so lange eine Bedeutung, wie die ganze Sache »ein Problem« bleibt, von dem sie arroganterweise glauben, es zu »lösen«.

Unsere Sicht der Sprache, der Buchstaben, geht darauf hinaus, daß diese die Basis des Schöpfungs-Prozesses sind, daß sie die Erscheinung der phänomenalen Formen bewirken. Die Buchstaben, die gleich zu Beginn der Form-Situation erscheinen (wenn die vier Grundzustände – heiß, kalt, feucht, trocken – sich mischen und die vier Grundelemente – Luft, Erde, Feuer, Wasser – auftauchen, welche für uns die Schöpfung hervorbringen), sind von Himmeln umgeben, von angelischer Aktivität, von einer Umlaufbahn, und deshalb von Bewegung und Aktivität. Innerhalb der Schöpfung entfalten die Buchstaben ihre Form-Botschaft, bis der Mensch selbst in der »greifbaren« Welt auftaucht. Sobald sich Sajjidina Âdam manifestiert, werden ihm, in der koranischen Ausdrucksweise, »alle Namen« verliehen. Das ist sein Kennzeichen als Mensch, welcher *Chalif* (Stellvertreter) Allahs in Seiner Schöpfung ist. Denn gibt es erst einmal Formen – und gibt es erst einmal die Schöpfung –, dann ist Allah Verborgen, weil Er in allen Dingen Offenbar ist. Ist Er einmal Verborgen, läßt Er Seinen Chalifen zurück – denn der Chalif ist derjenige, der den König in Seiner Abwesenheit vertritt. Die Sprache Adams und die Sprachen der adamischen Völker sind nichts anderes als das »Wissen« um die ursprünglichen Schöpfungsbuchstaben. Genau wie die Sprache auf der molekularen Ebene den Zellen eingebaut ist, so entspringt sie insgesamt dem Menschen in seiner molekularen Totalität. Das ist der Grund, weshalb wir, wenn wir die arabische Sprache untersuchen, die – man darf das nicht vergessen – die älteste in der semitischen Gruppe ist, feststellen, daß in ihrem Wurzelzustand sich alles auf eine spezifische existentielle und phänomenale Wirklichkeit bezieht, wie wir in diesem Werk immer wieder gesehen haben.

Ein Teil der Blindheit der modernen Muslime gegenüber ihrem eigenen geistigen Erbe liegt in ihrem mangelhaften Verständnis der arabischen Sprache begründet. Sie haben die Sprache, welche zwecks Weisheits-Übertragung geschaffen wurde, auf ein bloßes merkantiles Austauschmedium reduziert. Ein modernes arabisches Wörterbuch enthüllt einen völligen Bruch der Sprache mit ihren Wurzeln, eine weitgehende Abstraktion von den Wurzel-Besonderheiten und eine katastrophale Übernahme der merkantilen Kodierung der bürgerlichen Gesellschaft. Dieses merkantile Denken hat die Menschen so erfolgreich erobert aufgrund der in der bürgerlichen Gesellschaft üblichen Vorrangstellung der Wertbegriffe gegenüber dem Weisheits-Weg – eine Haltung, die dem Einfluß der Gier, der Macht und des Ehrgeizes immer nachgibt. Es ist nicht so, daß die christlich-bourgeoise Gesellschaft der Weisheits-Übertragung überlegen wäre. Die Menschen haben vielmehr letztere einfach aufgegeben und sie genügend korrumpiert, um der anderen Haltung ihre Vorrangstellung zu gestatten.

Dieses Schöpfungs-Bild der Wirklichkeit in Form eines Buches, welches Sinn und Geschichte dieses Prozesses enthüllt, zeigt sich uns jetzt in einem klareren Licht als in unserer ursprünglichen Auffassung davon. Nach dieser Auffassung handelt es sich bei dieser Vorstellung nur um einen beliebigen primitiven Mythos. Im Koran heißt es:

> Kein Unglück geschieht auf Erden oder in euch selbst, das nicht in einem Buch ist, bevor Wir es hervorbringen. – Siehe! Das ist ein Leichtes für Allah.

Unsere letzte Aufgabe wird es sein, die Darstellung der Zeitlichkeit und die Zeit-Raum-Wirklichkeit, in der wir uns befinden, im Lichte dieser Weisheits-Lehre näher zu betrachten. Wir haben nämlich bereits einen Standpunkt erreicht, der uns zwingt, den täuschenden Charakter der Zeit zu erkennen. Wir können unmöglich die Entstehung der Formen, die verschlüsselte Bedeutung der Organismen verstehen, wenn wir nicht die Permanenz der Schöpfungs-Situation begreifen. Rufen wir uns noch einmal die Beschreibung des menschlichen Lebens, des Todes und des Weiterlebens, wie sie der Schaich al-Akbar (Seite 204) gibt, ins Gedächtnis, und wir werden uns einer völlig neuen Vision des So-Seins der Dinge öffnen. In dieser Sicht der menschlichen Existenz ist der Koran nicht nur das Buch des Wandels, sondern das Ursprungs-Buch aller Formen, *al-Mutaschâbih*, das In-allseinen-Teilen-Übereinstimmende; denn darin besteht das Wesen der großen kosmischen Realität des Universums. In seinem gesamten Bedeutungsumfang ist es jedoch nicht nur das Buch der Formen. Es ist selbst aus dem Stoff zusammengesetzt, aus dem das Leben ist; es ist dynamisch, aktiv und wirksam – und enthält die lebensbezogenen Beurteilungskriterien für solch elementare Lebensfragen wie Ehe, Scheidung, Entwöhnung von Säuglingen, Krieg. Darüber hinaus findet sich in ihm die einheitliche Lehre von der Wahrheit. Es ist selbst ein lebendiger und aktivierender Energie-Prozeß, der während der Lektüre und bei der Rezitation eine alchemistische Kraft gewinnt, welche die Situation umformt, in welcher sich die Buchstaben und Laute des Buches in die Luft und in die Herzen der Zuhörer in der sichtbaren und unsichtbaren Wirklichkeit ergießen.

»Die Buchstaben sind«, so der Schaich al-Akbar, »die Imame der Beständigkeit.« Sie sind es, welche die Zeit-Raum-Realität des Organismus aufrechterhalten; es ist die ihnen zugrundeliegende verborgene Wirklichkeit auf der genetischen Ebene, die das Dasein des Einzelwesens auf der Ebene von Beständigkeit/Zustand begründet. Sie sind es, welche den unendlichen Formenreichtum der Schöpfung aus den Namen hervorbringen. Der Meister erklärt weiterhin:

> Wisset, möge Allah uns und euch Erfolg gewähren, daß die Buchstaben eine der Gemeinschaften sind, das Sprechen und gewisse Verpflichtungen betreffend. In ihnen gibt es Propheten, welche ihnen selbst entspringen, und ihre Namen beziehen sich auf sie. Nur die Menschen des Weges ohne Schleier wissen dies. Sie teilen die Lebens-Praxis in verschiedene Bereiche ein ... Sie haben eine Scharî'a, welche ihrer Anbetung zugrunde liegt, und sie haben sowohl Subtilität als auch Stofflichkeit (Dichte).

Der Zwischen-Raum zwischen Buchstaben und Namen, der Ursprung aller Buchstaben, ist das *Alif*, dem der numerische Wert 1 entspricht. Darüber sagt Schaich al-Akbar:

> Für denjenigen, der eine Ahnung von den Wirklichkeiten hat, gehört das Alif nicht zu den Buchstaben, aber der gemeine Mann nennt es einen Buchstaben. Wenn also die Erleuchteten sagen, es sei ein Buchstabe, so ist das nur

methaphorisch gemeint. Der Punkt der umgebenden Kreislinie, die einfachen und die komplexen Welten sind weder in ihm enthalten, noch sind sie außerhalb von ihm.

Ein weiterer Buchstabe, der sich in seiner Bedeutung verändert und folglich je nach seiner spezifischen Rolle in seinem jeweiligen Kontext anders berechnet wird, ist *Hamza*. Er erklärt seine besondere Funktion so:

> Das Hamza durchschneidet die Zeit und schützt durch Vereinigung alles, was in seiner Nähe ist, vor Abtrennung. Es ist die Zeit *(Dahr)*, und seine Macht ist groß. Es ist jenseits der Möglichkeit, in einem Mithâl wiedergegeben zu werden.

Das Alphabet hat 29 Buchstaben. Nach den Buchstaben kommen die Vokale, und die Vokale der Buchstaben sind 6. Sie treten nach ihrer Gestaltung in die Buchstaben ein. So geht es dann weiter:

> Es gibt eine weitere gewachsene Einheit, die man als Wort bezeichnet, genau wie das Zusammenfallen bestimmter Bedingungen in einer Person einen Menschen ausmacht. Entsprechend erwächst die Welt der Wörter und Sätze aus der Welt der Buchstaben. So gehören also die Buchstaben durch gegenseitige Anziehung in der gleichen Weise zu den Wörtern wie Wasser, Erde, Feuer und Luft zur Begründung des Wachstums von Körpern gehören.

Mit dem Übergang Wort-Wortgruppe oder Wort-Zeichen gelangen wir, wenn wir bei der Sprache des Korans bleiben, zu einer weiteren Komplexifizierung der verschiedenen Grundstrukturen der Existenz. Wirklichkeiten entstehen aufgrund dieses organischen Aufbaus von Buchstabeneinheiten.

Diese Wirklichkeiten, die aus besagtem organischen Beziehungsgeflecht hervorgehen, existieren nur aufgrund der Existenz dieses Beziehungsgeflechts und verschwinden mit seiner Nicht-Existenz. Folglich gibt es die Wirklichkeit von »Tier« nur zugleich mit der Urheberschaft aussprechbarer, erkennbarer Wirklichkeiten, die ihr Wesen ausmachen, und diese sind Körper, Ernährung und Sinneswahrnehmung. Wenn Körper, Ernährung und Sinneswahrnehmung kombiniert sind, dann erscheint die Wirklichkeit »Tier«. Sie ist weder Körper noch Ernährung, noch Sinneswahrnehmung allein. Ist die Wirklichkeit des Fühlens nicht gegeben, während Körper und Ernährung vorhanden sind, dann spricht man von der Wirklichkeit »Pflanze« – einer Wirklichkeit, die nicht der ersteren entspricht.

Der Schaich al-Akbar benennt die drei grundlegenden Aspekte der Existenz. Er bezeichnet sie als: das »Reiche Unabhängige Sein«; die Genügsamkeit, ein bedürftiges Sein, das von ersterem abhängig ist; und ein drittes Sein, das verbindende Medium, durch das das zweite von dem ersten abhängig ist. Er verknüpft diese drei Aspekte von Herr – Sklave – Ur-Formbild mit dem innersten Wesen der Sprache selbst. Daher definieren wir Sprache als in drei Wirklichkeiten zugleich enthalten, eben in gesagten drei Aspekten: Wesen – Ereignis – Verbindung.

Das ergibt:

Nomen/Wesen
Verb/Ereignis
Partikel (Präpositionen usw.)/Verbindung*

* Dies ist die »klassische« Gliederung der islamischen Grammatik. (Anm. d. Übers.)

Diesen dritten, verbindenden Begriff werden wir im nächsten Stadium unserer Untersuchung näher prüfen. Für den Augenblick genügt es, das vereinheitlichende Prinzip der Lehre zu beachten, wie sie die Strukturierung der Sprache aufzeigt und diese mit der Strukturierung der Existenz selbst in Beziehung bringt.

Ein weiterer Aspekt der Sprache taucht auf, wenn wir von den isolierten Wörtern zu den Ausdrücken, den Zeichen übergehen. Hier läßt sich wieder eine Vierheit von Grundzuständen feststellen wie bei den Grundzuständen kalt/heiß, trocken/naß in den Elementen. Diese sind:

1) Klare Ausdrücke: Nomina, Intransitiva wie »Ozean«, »Schlüssel«, »Schere«.
2) Verstandene Ausdrücke: solche, die eine akzeptierte Typenbezeichnung aufweisen wie »Mann« und »Frau«.
3) Homonyme: Ausdrücke einer Form mit verschiedenen Bedeutungen wie *'ain* = »Auge«/»Ursprung«; *mushtarî* = »Verkäufer«/»Käufer«; *insân* = »Mensch«/»Pupille«*
4) Synonyme: Wörter verschiedener Form mit gleicher Bedeutung: Löwe = *asad, laith, hisabr, ghadanfar;* Schwert = *saif, husâm, sârim;* Wein = *chamr, rahig, sahba', chandaris.*

So stehen wir hier einer Sprache gegenüber, die uns über die Wirklichkeit unserer Existenz Auskunft geben kann.

Der Koran erteilt uns bei näherer Betrachtung Belehrung über zwei Wege, uns der Wirklichkeit anzunähern. Auf den ersten Blick widersprechen sie einander völlig. Im einen Fall erzählt man uns, daß keine Form und kein Begriff die Wirklichkeit, die jenseits unserer Assoziationsmöglichkeiten liegt, zu be- oder umschreiben vermag. Andererseits finden wir in dem Buch eine Fülle von Aussprüchen, die in schreiendem Widerspruch dazu stehen – wir lesen von Seiner

* Die tiefe Bedeutung des Zusammenhangs dieser beiden Bedeutungen des Wortes läßt sich im Englischen noch erkennen, wo »Pupille« wörtlich »Schüler des Auges« *(pupil of the eye)* heißt. (Anm. d. Übers.)

Hand und daß Er auf einem Thron sitzt usw. Wir müssen nun diese Darstellung der Existenz mit ihren verwickelten wechselseitigen Abhängigkeiten, der kosmischen Wirklichkeit in ihrer Unendlichkeit und Komplexität, die gekrönt ist von diesem Selbst-bewußten Geschöpf, dem Menschen, erweitern und erkennen, daß dieser Mensch zugleich Chalif der Göttlichen Wirklichkeit und Sklave ist. Wir müssen untersuchen, wie der entrückte Herr und der Sklave zusammenhängen, und wir müssen die Art der Verbindung überprüfen, und zwar unter der Voraussetzung, daß wir nichts mit Ihm verbinden können.

Wir sind an dem Punkt angelangt, wo wir Fragen stellen müssen über das Wesen des Wissens und die Grundzusammenhänge der Schöpfungs-Wirklichkeiten, um die Bedeutung der *Tawhîd,* der Einheit, zu verstehen.

6. Die Wissenschaft von der Verunsicherung

Wir haben Schritt für Schritt die dualistische und mechanistische Auffassung der menschlichen Existenz, wie man sie uns gelehrt hat, freigelegt und damit begonnen, sie durch eine lebendige, in Bewegung begriffene Darstellung einer Wirklichkeit zu ersetzen, welche in kaskadischem Überströmen einer geheimen Quelle entspringt. Diese hat ihren Ursprung in einem mächtigen unsichtbaren Wasserfall, der uns hinter seinen gewaltigen Gischtwolken verborgen ist, bis er zu dem sichtbaren Fluß fließender und lebendiger Formen wird, der sich in den ungeheuren Ozean der Vielfalt verströmt, den wir die Erscheinungswelt nennen.

Bevor wir begreifen konnten, wie das Buch der Formen, der Koran, geoffenbart wurde, mußten wir uns zunächst eine Beschreibung der Schöpfung als Entfaltung aus der Göttlichen Wirklichkeit vor Augen halten. So stellten wir fest, daß es sich beim Koran um das Buch des Buches des Lebens selbst handelt. Im Lichte dieses Wissens müssen wir uns noch einmal die Beschreibung des Ausfließens aus dem erhabenen und Unerkennbaren Urgrund in die Fülle der Gestaltungen ansehen. Diesmal werden wir den Prozeß des Ausfließens noch genauer untersuchen, so daß jedes Stadium seines Vollzuges klar wird. Dabei darf man nicht vergessen, daß das »Ausfließen« nicht räumlich gemeint ist und daß die Hierarchie nur der Beschreibung, nicht jedoch der Wirklichkeit entspricht. Wir dürfen niemals die Position der Unterstreichung der Einheit (der Welt) aufgeben, zu der wir – auch wenn wir einmal gezwungen sind, sie zu verlassen – dennoch in jedem Fall zurückkehren müssen.

Dieses Ausfließen heißt in der Sprache der Sufis *Tanazzula* (Herabkunft). Über folgende Stadien vollzieht es sich:

1. AHADIJJA: Auf dieser Ebene ist die Wirklichkeit unbegrenzt und total – nach Aussage des großen Sufi Abd al-Karîm Dschilî gibt es hier »keine Manifestation, keinen Namen, keine Eigenschaft, keine Beziehung, kein Attribut und auch sonst nichts«. Es handelt sich um die große Dunkelheit, auf die sich der Gesandte bezog, Friede und Segen Allahs seien mit ihm, als er gefragt wurde: »Wo war Allah vor der Erschaffung der Welt?« Wir werden diese Sprache, die Räumlichkeit und Zeitlichkeit mit Allah in Verbindung bringt, im nächsten Stadium unserer Reise untersuchen. Im Augenblick sei nur betont, daß der Gesandte – in Übereinstimmung mit dem Buch und der Weisheit, die er empfangen hatte –, wenn er sich derart ausdrückte, dies nur zum Zweck der Beschreibung tat (wie in der Begegnung mit der unwissenden Beduinenfrau) und nicht weil er glaubte, daß man Allah irgendwo lokalisieren könne. Seine Antwort auf die Fragen nach dem »Wo« Allahs lautete: »Er war in dem großen *'Amâ*«, was dunkler Nebel bedeutet. Mit anderen Worten, vor der Offenbarung seiner Namen und dem Vollzug seiner Herrschaft als Schöpfer ist Er verborgen und unzugänglich. Es war diese Wirklichkeit, die der Gesandte meinte, als er die Kontemplation des Urgrundes verbot. Sie ist weder dem Denken noch der Mitteilung zugänglich. Die Sufis nennen sie *Ghaib al-Ghaib* – das Verborgene des Verborgenen. In seinem Ausspruch »Allah war, und nichts war außer Ihm« bezieht sich der Prophet ebenfalls auf diese erhabene Wirklichkeit. Sie ist *al-'Ain Mutalq* – der Absolute Urgrund. Sie ist *al-'Ain al-Kâfûr*, die Kampfer-Quelle; denn was immer mit Kampfer in Berührung kommt, wird ebenfalls Kampfer.

Von dieser Ebene begeben wir uns nun auf die nächste Stufe der Göttlichen Rangordnung:

2. WAHDA: In diesem Stadium zeigt sich, was bisher verborgen war. Hier weiß die Wirklichkeit um sich selbst, um ihre Möglichkeiten und ihre Ganzheit. Hier tauchen vier Aspekte auf, die sich jedoch noch nicht voneinander differenziert haben: Existenz, Licht, Wissen und Selbst-Offenbarung. Auf dieser Ebene ist Er für Sich Selbst. Dies alles bleibt jedoch im Urgrund, denn wir müssen wiederum betonen, daß es keinen Bruch und keine Trennung zwischen diesen Stadien gibt. Hier sind zwar schon alle Namen der Gottheit und des Universums gegeben, aber sie beziehen sich nur auf den Urgrund und sind für ihn und haben noch nicht den Charakter spezifischer Bedeutungen angenommen. Dieser Zustand heißt *Tadschallî'l-Awwal,* die erste Manifestation. Man bezeichnet ihn ebenfalls als *Haqîqatu'l-Muhammadîja,* die Wirklichkeit Muhammads. Darauf bezieht sich die Hadith: »Das erste Ding, das Allah schuf, war das Licht des Gesandten.« Ebenso: »Ich bin aus Allahs Licht, und die ganze Welt ist aus meinem Licht.« Diese Ebene heißt deshalb auch *an-Nûr al-Muhammadîja.* Damit es zu keinem Mißverständnis kommt: Es handelt sich hier nicht um das Wesen des Gesandten, denn, wie wir später sehen werden, die *Dhât* oder das Wesen der Geschöpfe offenbart sich auf einer niedrigeren Ebene. Eher schon handelt es sich dabei um das Geheimnis der Formen selber.

Von hier kommen wir nun zur nächsten Stufe:

3. WAHIDÎJA: Dies ist die dritte und letzte Stufe der Göttlichen Rangordnung. Hier trennen und offenbaren sich die Namen. Der Pfau öffnet sein Rad. Hier hat jeder Aspekt des Schöpfers, des Dirigenten, individuelle Ausprägung erfahren, steht in einer spezifischen Wechselwirkung zu allen anderen Aspekten Gottes. In der Wahda ist zwar alles »da«, jedoch nur implizit; in Wahidîja dagegen ist alles da, und zwar ausdrücklich. Diese beiden letzten Stufen bilden zusammen eine, sie sind gleichsam ein Vorhang, dessen eine

Seite dem Verborgenen, dessen andere Seite der Erscheinungswelt zugewandt ist. Daher besteht aus beiden Ebenen zusammengenommen der *Barzach al-Kabîr*, der große Zwischenraum.

Wiederum wollen wir, bevor wir uns der Welt der Formen im Universum zuwenden, die Identität der Stufen innerhalb der Göttlichen Rangordnung betonen – die Wirklichkeit *(Haqîqa)* ist niemals jetzt dieses und dann jenes. Ihr Wissen ist nicht zunächst implizit und dann ausdrücklich. Sie ist niemals ohne Bewußtsein Ihrer Selbst oder ohne Licht und ohne Namen. Die Attribute sind identisch mit dem Urgrund. »Er ist jetzt wie Er war am Anfang.«

Der kosmischen Rangstufen sind zwei:

1. Die *'Ujûn* (Plur. v. *'Ain*) *ath-Thâbita,* die beständigen Urformbilder aller individuellen Dinge, fließen aus ihrer Beständigkeit in den Göttlichen Namen in das Unsichtbare.
2. Die *'Ujûn ath-Thâbita* werden zu den Dingen in der Welt der Sinneserfahrung. Hier treten sie ein in die Welt der Greifbarkeit/Dauer.

Dies ist das Universum. Aber wir betonen noch einmal unsere erste Voraussetzung: »Und Er ist, wie Er war am Anfang«, wobei »am Anfang« vor der Erschaffung des Universums bedeutet.

Dieses Ausfließen ist seinem Wesen nach eine Bewegung, ein Energieprozeß, und das wird der letzte Aspekt der Wirklichkeit sein, mit dem wir uns näher beschäftigen wollen. Für den Augenblick begnügen wir uns mit den Regeln, denen diese Bewegung unterworfen ist.

Hier ist eine andere Umschreibung, die uns helfen kann, Klarheit zu gewinnen über die Darstellung der Entstehung des (bewußten) Lebens. Inzwischen sollten wir für die Implikationen dessen, was sich uns zeigt, offen sein: nämlich für die unausweichliche Tatsache, daß es eine Triplizität der

Wirklichkeit im Universum gibt: Die Dinge entstehen und vergehen; sie sind dauerhaft und ohne Ende; sie haben weder jetzt noch jemals zuvor existiert. Diesem Problem muß man sich Schritt für Schritt nähern, und es sei noch einmal wiederholt, daß wir, sobald wir uns einer dieser Darstellungen zuwenden, die anderen aus den Augen verlieren, und wenn wir an einer anderen Darstellung haften, die erstere verlorengeht. Sie sind jedoch alle wahr.

Das Durchlaufen der Göttlichen Rangordnung erscheint in dieser Darstellung als Emanation aus dem Urgrund in die Ur-Formbilder. Dies ist das Reich der Dinge in ihrer Möglichkeit – sie haben sich noch nicht verwirklicht. In diesem Zustand hat der Töpfer eine Vorstellung von der Form des Topfes, hat ihn jedoch noch nicht gemacht. Diese Darstellung ist immer noch abhängig von unserer form-gebundenen Lebenssituation und erfaßt nicht eigentlich die Wirklichkeit, die gänzlich außerhalb der Welt der Formen ist. Die Dualität Uhr/Uhrmacher gibt es nicht. Diese Emanation heißt *al-Faid al-Aqdâs,* die Absolut-Reine-Emanation (wörtl. »Überflutung der Heiligkeit«). Das heißt, die Form-Idee entstammt einer Wirklichkeit, die völlig rein ist von allen Formen. Der Vorgang entspricht dem Ausfließen in die Namen, wenn die Formen allein Allah, nicht jedoch der Welt erscheinen. Wird die Form erst einmal Formbild im Unsichtbaren, dann nimmt sie Wirklichkeit an und erscheint in der sichtbaren Welt. Dieses Ereignis heißt *al-Faid al-Muqqadas,* die Reine-Emanation (wörtl. »heilige Überflutung«). Im Koran gibt sich die Gottheit unter verschiedenen Pronomen zu erkennen: Er und Wir. »Er« bezieht sich auf den Urgrund, jenseits aller Zusammenhänge mit der Formenwelt, beispielsweise: »Er, Allah, ist Eins.« »Wir« findet Anwendung im Reich der Herrschaft, es ist das »Wir« des Königlichen Befehls. Der Befehl entspricht dem Vorgang des In-die-Wirklichkeit-Setzens aus den Namen. Man nennt dieses Geschehen *Rubûbîja,* Herrschaft, die Herrschaft des Schöpfers über Seine Schöpfung, die Göttlichkeit.

In seinem Buch *Die Siegelringsteine der Weisheiten (Fusûs al-Hikma)* sagt der Schaich al-Akbar:

> Abu'l-Qâsim ibn Qasi sagt in seinem Buch *Das Ablegen der Sandalen*: »Jeder Göttliche Name hat die Eigenschaften aller Göttlichen Namen, und seine Beschreibung ist in ihrer Beschreibung enthalten.« Es ist folgendermaßen: Jeder Name sagt den Urgrund aus entsprechend seiner Bedeutung, welche er zur Darstellung bringt. Hinsichtlich seiner Aussage über den Urgrund beinhaltet er alle Namen; hinsichtlich seiner spezifischen Bedeutung unterscheidet er sich von anderen, wie z. B. der Herr, der Schöpfer, der Bildner der Formen usw. Folglich ist der Name hinsichtlich des Urgrundes identisch mit dem Bezeichneten, und hinsichtlich seiner besonderen Bedeutung unterscheidet sich der Name von dem Bezeichneten.

An anderer Stelle sagt er:

> Wisset denn, daß der Eine, den wir Allah nennen, eins ist in Seinem Urgrund (Wesen) und in all Seinen Namen, und jedes existierende Ding hängt mit Allah ausschließlich durch seinen eigenen Herrn (Namen) zusammen; denn es ist unmöglich, daß es das Ganze besitzt. Was die Göttliche Einheit, *Ahadîja* betrifft, so ist niemand in ihr enthalten, denn man kann keinen ihrer Aspekte benennen, und sie läßt keine Unterscheidung zu. Daher enthält Seine Einheit all Seine Aspekte als Möglichkeit.
>
> Glücklich, »wer seinem Herrn gefallen hat«. Es gibt niemanden, der seinem Herrn nicht gefallen würde; denn es ist jeder einzelne, wodurch Rubûbîja, die Herrschaft, sich erhält. Daher ist Er Ihm wohlgefällig, und er ist glücklich. Aus diesem Grund sagt Sahl at-Tustarî: »Rubûbîja hat ein Geheimnis, und dieses Geheimnis bist du.« Er wandte sich mit dieser Aussage an jede einzelne Ursprungs-Form.

»Wäre sie in Erscheinung getreten, so hätte die Rubûbîja sich außer Kraft gesetzt.« Er benutzte das Wort »Gesetz«, das Partizip von Unmöglichkeit, denn sie tritt niemals in Erscheinung, und daher ist die Herrschaft auch niemals außer Kraft gesetzt. *Kein Ur-Formbild hat irgendein Dasein,* außer durch seinen Herrn. Der Ursprung ist immer da, folglich wird Herrschaft niemals außer Kraft gesetzt.

Und an anderer Stelle:

Jedes vorhandene Ding gefällt seinem Herrn (Namen), was nicht notwendigerweise bedeutet, daß jedes vorhandene Ding, welches seinem Herrn gefällt, ebenfalls dem Herrn eines anderen Dinges gefällt, weil Herrschaft sich von jedem einzelnen Namen herleitet und nicht aus dem Großen Einen der absoluten Einheit. Folglich ist das, wodurch es sich von dem Ganzen unterscheidet, nur das, was ihm zugeschrieben wird. Daher steht es unter Seiner Herrschaft. Niemand ist mit Ihm hinsichtlich Seiner Einheit verbunden. Deshalb ist den Anhängern Allahs die Offenbarung Seiner Einheit (Ahadîja) verboten. Wenn du Ihn durch Ihn ansiehst, dann ist Er der Eine, der Sich ansieht. Er bleibt Er Selbst, wenn Er durch Sich Selbst Sich Selbst ansieht. Siehst du Ihn jedoch durch dich selbst an, geht die Einheit deinetwegen verloren. Betrachtest du Ihn aber durch Ihn und durch dich, verschwindet die Einheit ebenfalls, weil das die zweite Person repräsentierende Pronomen notwendig etwas anderes als das, was betrachtet wird, einschließt. Also muß es irgendeine Beziehung geben, welche die Dualität von Betrachter und Betrachtetem erzwingt, und daher verschwindet die Einheit, obwohl es nur den Einen gibt, der Sich Selber durch Sich Selbst ansieht. Es ist klar, daß in dieser Beschreibung Er der Betrachter und das Betrachtete ist.

Schaich al-Akbar schreibt auch:

So kam es, daß die Sklaven sich voneinander unterschieden und die Herren ebenfalls verschieden voneinander wurden. Wäre es nicht zu dieser Unterscheidung gekommen, dann hätte man durch die Interpretation eines beliebigen anderen Namens den Einen Göttlichen Namen in all seinen Aspekten erfaßt: Die Aufhellung der Bedeutung des »Erhabenen« ist eine andere als die des »Zerschmetterers« usw., außer unter dem Aspekt der Einheit. Es verhält sich, wie wir es von jedem Namen gesagt haben, daß er nämlich den Urgrund zur Spache bringt und ebenfalls seine Wirklichkeit hinsichtlich dessen, was er ist. Folglich ist das Eine – auch wenn wir es mit einem Namen versehen – nur das Eine, und deshalb *ist* der Erhabene der Zerschmetterer, in Beziehung auf den Benannten. Mit Blickrichtung auf sich selbst und seine Wirklichkeit ist der Erhabene nicht der Zerschmetterer.

Sieh nicht auf den Wirklichen, Ihn der Schöpfung entkleidend.
Sieh nicht auf die Schöpfung, sie in Anderes-als-den-Wirklichen kleidend.
Bringe Ihn in Verbindung und bringe Ihn nicht in Verbindung,
und du wirst am Ziel der Aufrichtigkeit sein.
Verharre in Sammlung, so du es wünschst,
verharre in der Welt der Formen, so du es wünschst.
Du wirst alles gewinnen, selbst wenn alles sich aufgemacht hat, den Tag fortzutragen.
Du wirst nicht ausgelöscht und hast keinen Bestand.
Und die Formen werden nicht ausgelöscht und haben keinen Bestand.
Erleuchtung erfährst du nicht im Hinblick auf andere
und wirst sie niemandem geben.

Wir wollen jetzt kurz die beiden Begriffe Verbundenheit und Getrenntheit untersuchen. Für den Augenblick genügt es festzustellen, daß sie für zwei gänzlich widersprüchliche Wege der Annäherung stehen. Wir müssen uns nun auf unser Wissen besinnen, daß die Göttlichen Namen nichts anderes sind, als was sie bezeichnen. Die Wirklichkeiten, welcher die Namen bedürfen, um ihre Herrschaft zu verkörpern, sind nichts anderes als das Universum selbst. Um nachdrücklich auf diese Einheits-Situation hinzuweisen, bedient sich der Schaich einer sehr gewagten Ausdrucksweise; wir dürfen hier nicht aus den Augen verlieren, was er in obigem Gedicht gesagt hat!

> Daher verlangt Göttlichkeit (*Ulûhîja*, Gott-heit) nach einem Gegenstand, den sie vergöttlichen kann *(Ma'lûh)*, genau wie Herrschaft ein beherrschtes Objekt *(Marbûb)* erfordert. Sonst haben die Göttlichen Namen kein wirklich eigenes Dasein. Was völlig frei ist von irgendeinem Anspruch an das Universum, ist nur die Wirklichkeit *(Haqîqa)* in ihrem reinen Sein. Die Herrschaft hat keine solche Eigenheit. So wird die Wirklichkeit letztendlich von diesen beiden Aspekten bestimmt: einerseits von dem, was für die Möglichkeit von Herrschaft erforderlich ist, und andererseits von der gänzlichen Unabhängigkeit des reinen Seins (Urgrunds) von der Welt, welche es rechtmäßig für sich in Anspruch nimmt. *Aber in Wirklichkeit ist die Herrschaft identisch mit dem reinen Sein (Urgrund).*

Nun wollen wir von diesen beiden Aspekten zu unserer früheren Darstellung zurückkehren, welche besagtes verbindende Element zwischen beiden zu umreißen versuchte. Wir wollen uns wiederum der Triplizität von Wahrheit, Welt, und, als verbindendem Begriff, den Ur-Formbildern zuwenden. Es ist wesentlich, daß wir ein klares Verständnis des Charakters dieser »Verbindung« besitzen. Diese Formbilder qualifizieren sich nicht durch reale Existenz, aber ebenso wenig durch Nicht-Existenz. Man kann auch nicht sagen, sie seien in der Zeit, noch sie seien in Endloser-Zeit. Dennoch gehören diese Ur-Formbilder der Endlos-Zeit seit endloser Zeit an. So handelt es sich hier um etwas, das weder existent noch nicht-existent ist und trotzdem die Wurzel der Welt bildet, das, woraus die Welt entsteht. Es ist die Form aller Welt-Formen. Es erscheint als die Endlos-Zeit in der endlosen Zeit, und es erscheint als In-der-Zeit in der Zeitlichkeit. Behauptest du, es sei die Welt, so hast du recht – erklärt der Meister –, und wenn du behauptest, es sei die Wirklichkeit, die Endlos-Zeit, so hast du ebenfalls recht. Solltest du jedoch sagen, es sei weder die Welt noch die Wahrheit, sondern etwas von beidem Verschiedenes, so hast du gleichermaßen recht. Jede dieser Behauptungen ist richtig. Es ist Anders-als-Allah, und es ist nicht Anders-als-Allah.

Wir wollen uns noch einmal die verschiedenen Perspektiven, die wir bei unserer Betrachtung des Göttlichen Ausfließens in die beständigen Formen der physischen Welt durchlaufen haben, in Erinnerung rufen. Wir haben gesehen, daß es die individuellen Buchstaben waren, die Formen hervorgebracht haben; aber aus dem Tiefsten Sein der Buchstaben heraus – waren es die Wörter, die vorgesehen waren. Aus dem Sein der Wörter heraus entstanden Gruppierungen, aus denen Ausdrücke entstanden; von Anfang an waren die Ausdrücke vorgesehen. In unserer auf den Koran gestützten Darlegung sahen wir, daß aus den Âjât, den Zeichen (Versen), die Suren oder Formen entstanden. So waren also von Anbeginn des Entfaltungsprozesses Formen vorgesehen. Wir haben ebenfalls gesehen, wie durch Verknüpfungen, Formen-Kombination, unserem Bild der Erfahrung etwas Neues hinzugefügt wird. Eine Wirklichkeit überlagert die Form in all ihrer aufgefächerten architektonischen Strukturierung. Man kann sie nicht davon trennen, und dennoch ist sie nicht identisch mit der Form; denn sie bleibt losgelöst, getrennt, Buchstaben in einem gemeinsamen, wechselseitigen Spannungsverhältnis. Wir haben gesehen, wie, wenn irgendein Aspekt der Verknüpfung wegfällt, eine andere »Wirklichkeit« auftaucht, eine andere *Ma'nâ* oder Bedeutung. Der Wissenschaftler lehnt die Ur-Formbilder ab; denn sie sind seiner Methodologie nicht zugänglich, und die Esoteriker lehnen eine ins Detail gehende Beschreibung der Schöpfungs-Situation ab, wenn diese dabei in ihre einzelnen Bestandteile zerbrochen wird, seien diese Nukleinsäuren oder Elementarteilchen. Für den Sufi gibt es zwei Arten der Annäherung an das Dasein – er kann seinen Blick auf die Welt richten und dabei die Formen sehen, oder er wendet sich der Wirklichkeit selbst zu, und die Formen verschwinden. In der großen Hadith über das Schöpfungsgeheimnis sagt der Gesandte, er sei gesegnet und Friede sei mit ihm:

> Allah verbirgt sich hinter 70 000 Schleiern aus Licht und Dunkelheit. Würde Er diese Schleier lüften, würde das gleißende Licht seines Gesichts sofort das Augenlicht jeglicher Kreatur, die es anzusehen wagte, zerstören.

In einem Kommentar sagt der Schaich al-Akbar, die Schleier der Dunkelheit seien die natürlichen Körper und die Schleier des Lichtes die subtilen Geistwesen; denn das Universum besteht aus dem Groben und dem Feinen. Er fährt fort:

> Daher ist das Universum sich selbst ein Schleier, und es kann die Wirklichkeit nicht wahrnehmen, da es sich selbst wahrnimmt. Es ist ständig in einem Schleier, welcher niemals entfernt wird, da es weiß, daß es von seinem Schöpfer unterschieden ist aufgrund seiner Bedürftigkeit nach Ihm. Es hat keinen Anteil an der wesenhaften Notwendigkeit, welche der Existenz Allahs angehört, daher kann es Ihn niemals wahrnehmen. So gesehen ist Allah dem schmeckenden Wissen und dem unmittelbaren Augenschein immer unbekannt, weil das Zur-Zeit dazu keinen Zugang hat.

Hier stoßen wir wiederum auf eine erstaunliche Verneinung. Wir waren aufgebrochen, entschlossen einem Pfad zu folgen, welcher uns zur Erfahrung der Wirklichkeit bringen würde, zu jenem unmittelbaren Schmecken, von dem wir nun erfahren, daß der Größte Meister seine Möglichkeit leugnet. Bleibt uns also nichts als irgendeine nihilistische intellektuelle Haltung, und wenn ja, wozu soll dann die ganze Reise gut sein? Es ist der Zeitpunkt gekommen, da der verbindende Begriff der *'Ain ath-Thâbita* (Plural: *'Ujûn ath-Thâbita)* seine entscheidende und unvermeidliche Bedeutung gewinnt.

Die 'Ujûn ath-Thâbita erfahren wir unmittelbar in der Erscheinungswelt aufgrund einer uns innewohnenden Fähigkeit zu strukturieren und aufgrund des abgelösten Informations-Bildes, das wir beim Abtasten der Welt aufbauen. Aus den einzelnen Zellen-Einheiten »konstruieren« wir einen Menschen, eine Katze, ein Pferd. Wir »lesen« das Verhalten und die Energie-Wellen der Katze und interpretieren daraus ihren Wut-Zustand und daß sie gleich springen wird. Wir geben der Existenz den Sinn. Wir selbst strukturieren die Strukturen. Darin besteht die alltägliche Erfahrung. Sie basiert auf dem direkten und permanenten Erkennen »der Außenseite« der sich offenbarenden 'Ujûn ath-Thâbita.

Der Schaich al-Akbar bedient sich des Mithâl eines Spiegels, um das Wesen des Ur-Formbildes auszudrücken, jener nicht-existenten Möglichkeit/Form im Göttlichen Namen, welche sich als Ereignis/Form realisiert. Wir haben schon darauf hingewiesen, daß wir nicht sind, was wir zu sein scheinen. Genauso, wie es die sich im Phänomenalen manifestierende Wirklichkeit der Ur-Formbilder gibt, die in ihrem subtilen Aspekt von jemand anderem erkannt werden kann, so gibt es auch die wahre Wirklichkeit dieser verborgenen Form im Unsichtbaren, und diese Form ist den Namen entsprungen, und die Namen stammen aus dem Urgrund. Nun mag ich sehr wohl in der Lage sein, etwas von der verborgenen Wirklichkeit des Menschen zu sehen, der gerade auf mich zukommt, aber niemals werde ich fähig sein, sein Ur-Formbild in seinem Göttlichen Wesen zu sehen. Diesbezüglich kann ich über kein Geschöpf etwas wissen – außer über eines, und das bin ich selbst.

Ich unter allen Geschöpfen, und nur ich, habe Zugang zu meinem eigenen unveränderlichen Ur-Formbild. Ich bin fähig, mich selbst zu erkennen. Und das ist die Grenze des Wißbaren. Hier eine weitere Passage aus den *Siegelringsteinen der Weisheiten* des Schaich al-Akbar:

> Was die Gnaden, Geschenke und das Überfließen des Urgrundes betrifft, so kommen sie nur aus Göttlichem *Tadschallî* (Manifestation). Tadschallî entströmt dem Urgrund nur durch Vermittlung der Formen der Veranlagung desjenigen, dem Tadschallî gemacht wird. Dieser Vorgang verläuft niemals anders. Daher sieht derjenige, der Tadschallî empfängt, nur seine Form im Spiegel der Wahrheit, und er wird nicht die Wahrheit sehen, denn es ist nicht möglich, Ihn zu sehen. Zugleich weiß er, daß er nur seine eigene Form darin sieht. Es verhält sich wie mit dem Spiegel in der sichtbaren Welt: Insoweit man Formen oder die eigene Form darin sieht, sieht man den Spiegel nicht. Gleichzeitig weiß man, daß man die Formen oder die eigene Gestalt nur mittels des Spiegels sieht. Daher offenbart Allah dieses als ein Seinem wesenhaften Tadschallî angemessenes Mithâl, so daß derjenige, der Tadschallî empfängt, weiß, daß er nicht Ihn sieht. Es gibt kein Mithâl, welches dem »Phänomen« des Sehens und des Tadschallî näher käme als dieses. Versucht doch selbst, zugleich mit der Form im Spiegel auch den Spiegel selbst zu sehen – ihr werdet ihn niemals sehen. Es ist wahr: Einige Leute, welche dieses Mithâl der Form im Spiegel erkennen, sagen, die gespiegelte Form befinde sich zwischen dem Sehen des Sehenden und dem Spiegel. Das ist das letzte, was der Verstand dazu sagen kann, und die Angelegenheit verhält sich, wie wir gesagt haben. Wenn du einen Geschmack

davon haben möchtest, dann erfahre jene Grenze, jenseits derer es keine höhere, dem Geschöpf noch erfahrbare Grenze mehr gibt. Erschöpfe dich nicht, indem du über diese Stufe hinausgehst; denn im Prinzip kommt danach nur noch reine Nicht-Existenz.

Dies ist, was der Schaich al-Kâmil in seinem Diwan in dem Lied »Der Burâq des Tarîq« meint:

> Der *Adab* (die sufische Weise), die Geschöpfe zu betrachten, ist, den Schöpfer zu sehen – kein anderes Gesicht!
>
> Daher suchst du den Schöpfer im Geschaffenen und den Spender im Gespendeten.
>
> Die Wahrheit ist nur in ihren Manifestationen zu sehen, ob von Engeln oder von Sterblichen.
>
> Die erste Offenbarung ist das Licht Ahmads, möge er aufs Höchste gesegnet sein in Endloser-Zeit.
>
> Durch ihn hat die Wahrheit jedes Geschöpf erfüllt und alles, das ist oder war.

So bleibt für den Suchenden nur eine Tür offen – seine eigene Tür. Jenseits davon ist nichts. Die Wirklichkeit ist Eine. Der Sklave ist der Sklave und der Herr der Herr. Aber in seinen Herrn, den Ursprung seiner Existenz, das Spiegel-Bild der Vollkommenheit des Urgrundes, *kann* er sich versenken – kurz, er *kann* Wissen von sich selbst haben. Auf der anderen Seite dieses Wissens liegt das Erlöschen, und das ist die Weisheit der Weisen. Das ist die Bedeutung der Hadith, in welcher der Gesandte sagt: »Wer seine Nafs kennt, wahrlich, er kennt seinen Herrn.«

Der Schaich al-Akbar rät:

Erkenne dein Ur-Formbild und wer du bist, was deine »Er-heit« und welche deine Beziehung zu Allah ist, und wodurch du die Wahrheit bist und wodurch das Universum und der andere, und was immer diesen Begriffen ähnlich sein mag.

Und dies ist die Schlußfolgerung:

Daher wisse, daß du eine Einbildung bist und daß, was du wahrnimmst und wovon du sagst: »Dies ist nicht Ich«, Einbildung ist. So ist alles, was du als Existenz wahrnimmst, Einbildung in einer Einbildung.

Die Welt des Seins und des Werdens ist Einbildung – aber sie ist in Wahrheit die Wirklichkeit selbst.

Sein Wort lautet: »Sprich: Wenn du Allah liebst, folge mir, und Allah wird dich lieben.« Folglich bezog er sich auf eine Gottheit, zu welcher man Zugang hat und die gekannt wird in Hinsicht auf das Ganze, die aber unsichtbar ist. »Und auch die Augen nehmen Ihn nicht wahr, aber Er nimmt die Augen wahr« – durch seinen *Lutf* (Gnade) und Sein Ausströmen in das Ur-Formbild der Dinge. Die Augen nehmen Ihn nicht wahr, wie sie ihre *Arwâh* (Geister) nicht wahrnehmen, welche ihre Gestalt und ihre äußere Form regieren. »Und Er ist der *Al-Latîf* (Allmilde), der All-Gewahre.« *Erfahrung ist Geschmack, und Geschmack ist Tadschallî.* Tadschallî tritt in Formen auf. Daher sind sie notwendig, und er (Tadschallî) ist notwendig, und wer Ihn mittels seines Verlangens sieht, muß Ihn anbeten, wenn ihr nur verstündet! Bei Allah liegt das Ziel des Weges.«

Ein weiterer widersprüchlicher Aspekt der Lehre taucht dort auf, wo der Schaich auf das hinweist, was für den Suchenden am besten ist. Er hat gesagt: »Wende im Verhältnis zu Ihm beides an, *Tanzîh* (Reinigung) und *Taschbîh* (Vergleich), und du wirst am Ziel der Aufrichtigkeit sein.« Wiederum müssen wir uns nicht einen zweideutigen Zugang zur Existenz zu eigen machen, sondern einen widersprüchlichen, welcher eine Weise der Annäherung als unversöhnliche Kraft auf die andere prallen läßt. Wie üblich werden wir uns erst einmal den Wurzeln der beiden Worte, welche ganz unkompliziert und direkt sind, zuwenden: *Tanzîh* leitet sich von NZH her, was bedeutet »etwas von allem Verseuchenden und Unreinen fernhalten«. *Taschbîh* kommt von SchBH und heißt »eine Sache einer anderen ähnlich machen oder sie für ähnlich halten«. Dieser zweiten Wurzel sind wir schon begegnet. Das war in einer Âja, welche uns darüber belehrte, daß bestimmte Âjât, nämlich die mehrdeutigen Verse, eine Ähnlichkeits-Zeichen-Weisheit enthalten, welcher wir uns nicht mit dem Intellekt nähern, sondern die wir akzeptieren und zur Grundlage der Erinnerung (!) machen sollten. Der Schlüssel zu jenem Wissen war *Dhikr* (Er-Innerung), nicht *Fikr* (Denken). Diese Âjât enthalten ganz offensichtlich die profundeste Weisheit – und dennoch sollen wir uns dieses (intellektuellen) Aktes enthalten und uns darüber erheben. Tanzîh bedeutet, daß wir »trennen« – Taschbîh, daß wir »verbinden«. In Wahrheit kann man sich weder an das eine noch an das andere halten. Diese beiden Gegensätze, nämlich einmal Formen mit der Wirklichkeit zu verbinden und andererseits die Wirklichkeit aller Formen zu entkleiden (trennen), sind zwei Wahrheiten, welche es in gleichzeitig ausgewogener und dynamischer Spannung zu halten gilt. Die Vollkommenheit dieser paradoxen Weisheit ist am klarsten in der Âja ausgedrückt, welche lautet:

> Nichts ist gleich ihm; und er ist der Hörende, der Schauende. (Koran 42.9)

Im ersten Teil erklärt Allah, Seine Wirklichkeit sei jenseits jeglichen Zusammenhangs mit der Welt der Formen, und betont derart die Trennung. Im zweiten Teil betont Er, daß Er an der Formen-Welt teilhat, das Sehen ist Sein, und das Hören ist Sein, und derart unterstreicht er die Verbindung. Vom Standpunkt der Menschen der Wirklichkeit aus gesehen, ist die bloße Trennung eine Begrenzung und Einschränkung Allahs und weiterhin eine Ablehnung der nabijischen (prophetischen) Methode der Mithâl-Weisheit. Der Koran ist voller Bilder, welche den Zusammenhang Allahs mit Seinen Geschöpfen zum Ausdruck bringen. Ihm werden »Hände« und »Füße« zugeschrieben, Er »sitzt auf dem Thron«, Er »rollt das Universum auf wie eine Schriftrolle«. Das entspricht allerdings nicht einer Blakeschen Vision eines patriarchalischen Wesens in den über unseren Köpfen ausgespannten Himmeln, und es wäre ein Zeichen von Unwissenheit, es als solches zu nehmen. Die Weisheits-Lehre des Islams ist in diesem Punkt kategorisch: Er erzeugt keine Formen, und Er ist von keiner Form gezeugt, das heißt, das Hervortreten von Formen mindert nicht sein Allumfassend-Sein. Er hat keine Form, oder, wenn man Taschbîh praktizieren wollte, würde das davon ausgehen, daß, wenn er nicht die Formen ist, er Form-an-sich ist, woraus alle Formen entstehen. Doch dies ist der Bereich der Namen, nicht der des Wesens. Mit anderen Worten, von Ihm in Verbindung mit den Formen zu sprechen, heißt, dem strukturellen Rahmen verhaftet zu sein, dessen wir uns bedient haben; im Wesen ist Er, wie Er vor der Erschaffung der Myriaden von Formen war. Die Sprache der »Ähnlichkeit«, welche solche Bilder wie »Seine Finger« beinhaltet, ist die Mithâl-Methode, welche uns einfach zeigt, wie es in jener Dimension ist, zu welcher wir keinen Zugang haben, ohne die Formen-Sprache zu benutzen. Im Bereich der Wirklichkeiten bedürfen wir der Formen-Sprache, denn diese Wirklichkeiten sind keine Formen, sondern die Formen gehen über sie hinweg. Nähern wir uns jedoch der Dimension des Urgrundes, dem großen 'Amâ in seinem undurchdringlichen Wesen, müssen wir bereit sein, alle Verbindungen aufzugeben. Für Allah in

Seinem Glanz gilt völlige Abgetrenntheit (von allen Formen); doch beschäftigen wir uns mit Allah, dem Herrn des Myriaden-Formen-Universums, dann müssen wir auf die Form zurückgreifen, auf Mithâls, um die Wirklichkeiten der Existenz zu begreifen, die Bedeutung des phänomenalen Geschehens. Das Mittel dazu ist die Verbindung.

> Bestimmte Elemente sind unveränderlich, und auch die Wirklichkeiten ändern sich nicht. Feuer brennt deshalb aufgrund seiner Wirklichkeit, nicht wegen seiner Form. Daher galt Sein Ausspruch, Er sei gepriesen, zum Feuer: »O Feuer, erkalte und sei friedlich«, nicht einer Form. Die Form ist glühende Kohle und Körper von glühender Kohle, welche vom Feuer verbrannt werden. Als das Feuer über ihnen stand, hörte das Feuer, und daher akzeptierte es Kälte, wie es Hitze akzeptierte.

Hier haben wir eine Beschreibung der bestimmenden Wirklichkeit im Verhältnis zur Form. Genauso nähern wir uns Seinem Verhältnis zu dem, was sich von den Formen der Welt manifestiert hat. Daher können wir Allah niemals durch eine Definition kennen, denn dazu müßten wir die definitive Wirklichkeit jeder Form im Universum durch die gesamte Zeit-Erfahrung hindurch kennen, und das ist unmöglich. Geben wir acht, nicht in die Fallgrube der christlichen Orientalisten zu geraten, welche die Sufis fälschlich für Pantheisten hielten. Es gibt im Islam absolut keine Gleichsetzung Allahs mit den Formen. Wir haben ja schon den strukturellen und dynamischen Vorgang benannt, welcher es uns gestattet, sogar diese subtile Verbindung (Allahs mit den Formen) herzustellen, und haben dabei gesehen, daß diese nur dann Wirklichkeit hat, wenn wir parallel zu ihr jegliche Wirklichkeit der Formen vor Seiner unangreifbaren Einzigartigkeit und Reinheit von Formen leugnen. Allah ist das Manifeste. Das Universum ist daher Seine Form, und zwar im Rahmen dessen, was wir über die 'Ujûn ath-Thâbita gesagt haben, aber zugleich ist das Universum auch Seine Erheit. Er ist die Bedeutung, der Geist all dessen, was manifest ist, und daher ist Er der Verborgene. Daher bist du Seine Form, und Er ist deine Wirklichkeit. »Du stehst zu Ihm wie deine leibliche Gestalt zu dir, und Er steht zu dir wie der Geist, der den Körper regiert.« Wir wollen noch einmal die grundlegende Doktrin betonen: Wenn du nur die Verbindung praktizierst, bist du ein Dualist; wenn du nur die Trennung praktizierst, bist du ein Trennender.

Wir sind nun an den Punkt gelangt, wo wir einerseits bestätigen müssen: nämlich, daß alle Ur-Formbilder, die ja Manifestationen der Namen sind, deshalb auch alle auf ein Ur-Formbild zurückgehen. Denn alle Namen fallen im Namen des Rahman zusammen, der Gnade, welche das Universum erhält, und der ist dem Koran nach derselbe wie der Höchste Name, Allah. Du kennst Ihn durch dich selbst. All die unzähligen Millionen von Dingen sind nichts anderes als die Er-heit des Urgrundes. Und wir sind an einen Punkt gelangt, an welchem wir verneinen müssen: Du selbst – die ganze manifeste Welt – bist ein Schatten einer Wirklichkeit, du bist das Spiegel-Bild, worin Allah Seine Namen betrachtet. Du bist nicht-existent, eine in Raum/Zeit projizierte Bedeutung, eine Einbildung. Dennoch ist beides unerbittlich eines, und Tawhîd ist bestätigt. Tawhîd heißt nicht nur Einheit, sondern auch Vereinigung. Du hast *eine* Wirklichkeit, und wenn sie in deiner Erfahrung »ge-ein-t« ist, so hast du das Ziel erreicht. All dies ist nur der Rahmen. Vereinigung ist unser Geschäft auf dem Weg, Vereinigung des Wissenden, des Wissens und des Gewußten.

Dies bringt uns auf die Frage nach der Methode. Sicherlich erreicht man das Ziel nicht durch Denken, denn wir sind ja gewarnt, daß wir in diesem Bereich des Begreifens das Wissen ohne unsere Einmischung von dem Wissenden kommen lassen müssen. Das Mittel besteht darin, die Reflexion bis zu jener Grenze zu treiben, jenseits derer Vernunft und Intellekt keine Funktion mehr haben. Die Übung besteht darin, den Geist zum Stillstand kommen zu lassen. Wir müssen an die Grenze des (persönlichen) Geistes gelangen, an den Rand der Klippe. Diese Übung heißt *Haira,* Verwirrung. Wir hatten schon eine einigermaßen beunruhigende Situation konstatiert, nämlich daß die Wirklichkeit im Zustand der Getrenntheit in der Verbindung den Geschöpfen entspricht. Obwohl wir zwischen Geschöpf und Schöpfer unterschieden haben, haben wir erkannt, daß die vielen Wesen nichts weiter als das Eine Einzigartige Wesen sind. Die Haira stellt sich ein, weil, wie es der Schaich al-Akbar ausdrückt, sich der Geist polarisiert. Dies ist der wiederholte Ausruf des Meisters Rûmî in seinem großen Weisheits-Buch, dem *Mathnawi.* Immer wieder ruft er dort aus: »Der Geist steht still!« In unserer Existenz erfahren wir Dualität und sind von ihr abhängig, von Tag/Nacht, heiß/kalt, naß/trokken und so weiter. Dies ist das Reich der Natur, in welchem jedes einzelne Ding von zweien hervorgebracht wird. Nun verlangt es uns nach Kenntnis des Einen, dessen Wirklichkeit sich als Zahlen manifestiert, welche natürlich vom Standpunkt des Schaich al-Akbar aus auf einen einzigen Ursprung zurückgehen. Jede Zahl besteht aus Einern. Daher hat sie einerseits ihre eigene Identität – zwei ist nicht drei und vier ist nicht fünf – doch zugleich beruhen sie alle gemeinsam auf eins. Ein weiterer Mithâl für die Beziehung der Wesen zu dem Wesen (Urgrund). Nachdem wir in der Natur die Vorrangstellung der Zwei gesehen haben, müssen diese vereinigt werden, wenn wir unser Ziel erreichen wollen. Ihrem Wesen nach kann man sie jedoch nicht vereinigen, denn heiß und kalt lassen sich nicht mischen, wie wir gesehen haben, und genausowenig naß und trocken. Das gleiche gilt für die Namen selbst. Wir haben schon den Zusammenprall von Ihm, Der erhöht, und Ihm, Der erniedrigt, untersucht. Was wir erkennen müssen, ist, daß Er zugleich der Erhöher und der Erniedriger ist. Er ist der Äußerlich Manifeste und der Innerlich Verborgene zugleich, aber ein Gesicht der Namen ist der Form zugekehrt und das andere dem Urgrund.

Schaich al-Kashani sagt in einem Kommentar zu dieser Haira:

> Dieser Ozean von Haira ist die alles-durchdringende Einheit, welche sich in der Fülle der Formen manifestiert. Sie ist verwirrend, weil die Einheit in der konkreten, begrenzten Form in jedem einzelnen Ding erscheint und dennoch im Ganzen unbegrenzt bleibt. Sie ist verwirrend, weil sie Nicht-Begrenztheit und Begrenztheit ist.

Der Meister Abû Sa'id al Charraz aus Bagdhad sagte: »Ich gelangte zur Gnosis Allahs durch die Verbindung der gegensätzlichen Namen.« Schaich Maulajj al-'Arabî ad-Darqawi, möge Allah ihm gnädig sein, ein Schaich unseres Schaichs und ein großer Meister der sufischen Weisheit, der vor 150 Jahren in der Nähe von Fez in Marokko starb, beschreibt in seinen Briefen detailliert diese Erfahrung als letzte auf seinem Pfad, bevor er sein Tawhîd erlangte. Nachdem er die Doktrin des Fanâ, des Erlöschens der Erfahrungs-Nafs, erläutert und noch einmal nachdrücklich bestätigt hat, was wir an dieser Stelle untersucht haben – daß es nur *Wahn*, die Illusion ist, welche die Wirklichkeit vor dem Menschen verschleiert, wobei jene Illusion in unserer Fähigkeit besteht, den manifesten Gegenständen in der Vielfalt Bestand zu verleihen –, fährt er fort:

> Wir beobachten – doch Allah weiß es am besten –, daß dieses Erlöschen, wenn Allah es will, mit Hilfe einer bestimmten Methode, den Namen der Majestät, Allah, anzurufen, innerhalb kürzester Zeit stattfindet. Auf diese Methode stieß ich in dem Werk des Verehrungswürdigen Meisters, des Walî Abu'l Hasan asch-Schadhili, möge sich Allah seiner freuen. Sie findet außerdem Erwähnung in bestimmten Büchern, die im Eigentum eines Gelehrten sind, der unter unseren Brüdern, den Bani Zarwal, lebt. Ich wurde darin in einer ein wenig anderen, einfacheren

und direkteren Form durch meinen edlen Meister Abu'l Hasan 'Alî, möge er Allah wohlgefallen, unterwiesen. Sie besteht darin, sich die fünf Buchstaben des Namens vor Augen zu rufen, während man Allah-Allah-Allah sagt. Wann immer die Buchstaben in meiner Einbildung undeutlich wurden, rief ich sie mir wieder vor Augen, und auch wenn sie sich tausendmal am Tag und tausendmal in der Nacht auflösten, so hörte ich nicht auf, sie mir tausendmal am Tag und tausendmal in der Nacht vor das innere Auge zu rufen. Diese Methode verschaffte mir Augenblicke gewaltiger innerer Vision, als ich sie am Anfang meines geistigen Pfades für etwas länger als einen Monat angewandt hatte. Sie verschaffte mir ein großes Wissen und ebenfalls tiefe Ehrfurcht, aber ich achtete nicht darauf, beschäftigt wie ich war mit der Anrufung des Namens und dem Vor-Augen-Rufen der Buchstaben, bis der Monat zu Ende war.

Dann erzwang ein Gedanke meine Aufmerksamkeit: Allah-Ta'âlâ sagt, daß »Er der Erste und der Letzte und der Äußerlich Manifeste und der Innerlich Verborgene« ist (Koran 57.2). Anfangs wandte ich mich von diesem Gedanken ab, der sich einschleichen wollte, entschlossen, ihm kein Gehör zu schenken, und ich setzte meine Übung fort. Aber diese Stimme ließ mich nicht in Ruhe, sie sprach mit allem Nachdruck und wollte meine Weigerung, ihr Gehör zu schenken, nicht akzeptieren, genau wie ich ihr Verhalten nicht akzeptieren wollte und nicht auf sie hörte. Aber schließlich, da sie mich nicht in Frieden ließ, antwortete ich ihr: »Was Seine Worte, Er sei der Erste und der Letzte und der Innerlich Verborgene, anbelangt, so verstehe ich sie recht gut, aber ich verstehe nicht Seine Bekräftigung, Er sei das Äußerlich Manifeste, weil alles, was ich außen sehe, Geschaffenes ist.« Darauf antwortete die Stimme: »Hätte Er mit Seinem Ausdruck das ›Äußerlich Manifeste‹ etwas anderes gemeint als die Erscheinungswelt, die wir sehen, so wäre es nicht äußerlich, sondern innerlich. Und daher sage ich zu dir – Er ist das Äußerlich Manifeste.« Da wurde mir bewußt, daß es keine Wirklichkeit außer Allah gibt und nichts im Universum außer Ihm, Preis und Dank seien Allah.

Das Erlöschen im Urgrund unseres Herrn geschieht ganz schnell, wenn Allah es will, und zwar mit Hilfe der gerade beschriebenen Methode, denn mittels dieser Methode ist die Reflexion von morgens bis abends fruchtbringend, vorausgesetzt, man hat die Aufhebung des Denkens lange genug geübt. In meinem Fall erntete ich die Früchte nach gerade einem Monat und ein paar Tagen, aber Allah weiß es am besten. Würde jemand die Aufhebung des Denkens für ein oder zwei Jahre oder vielleicht sogar drei üben, so würde ganz gewiß das Denken, welches dann erscheint, große Weisheit und ein blendendes Geheimnis gewähren.

Dies ist der Weg unseres Schaichs und Meisters, das Qutb Muhammad ibn al-Habîb, möge Allah ihm gnädig sein, und was damals der Wahrheit entsprach, ist auch heute wahr, wenn ein suchender Mensch mit seiner oder ihrer Suche ernst macht und sich den Übungen und Dhikrs des Ordens (der *Tarîqa*) unterwirft. Aber diese gewaltige Unternehmung, mit der wir uns hier beschäftigen, existiert nicht in einem Vakuum und kann nicht einfach einem Leben aufgepfropft werden, welches man ansonsten nach christlich-bürgerlichen Maßstäben führt. Denn die Sunna-Lebensweise, welche wir untersucht haben, die gesamte alltägliche Lebenspraxis des Sklaven, der ein Leben in Übereinstimmung mit den Gesetzen der Existenz führt, eröffnet dem Suchenden als Lebensgrundlage jene tiefe seelische Gesundheit der Sunna unseres geliebten Gesandten, möge Allah ihn segnen und ihm Frieden gewähren. Sollte jemand all dies im Stil der Kultur, in welcher wir alle so katastrophal fehl-erzogen worden sind, als eine beliebige geistige oder »innere« Übung betrachten, welche sich als Therapie gegen die Übel unserer unstrukturierten Existenz anwenden ließe, so würde er sich ins Unglück stürzen. Der Weg bringt die Sunna und die Praxis des Dhikr in ein harmonisches Verhältnis, welches die Struktur des Lebens selbst ist, und diesen Zustand »herzustellen«, eben dazu rufen uns die Schaichs des Weges auf. Wie es sich bei dem oben beschriebenen Dhikr des Meisters um den Brennpunkt der Arbeit der Tarîqa handelt, so ist die Haira, welche den letzten Stadien des Weges vorhergeht, in der letzten und höchsten Aufgabe, die der Muslim in dieser Welt erfüllen kann, verkörpert. Und das ist die *Haddsch*. Die Wurzel HDDSCH bedeutet: »kämpfen mit«, »eine geistige Reise unternehmen«; sie bedeutet »Haddsch«, denn sie ist ihre eigene Wurzel; sie bedeutet zudem: »ein innerer Kampf«, »eine einzige Haddsch, ein Jahr«.

Wir können also sofort erkennen, daß es sich dabei um eine schwierige Reise handelt; die Haddsch ist zugleich ein innerer Kampf. Was für ein Kampf? Vom Standpunkt des Sklaven aus gesehen ist der Kampf – vom Beginn der Haddsch an, wenn der Sklave gezwungen ist, den *Ihrâm*, die obligatorische Pilgerkleidung, die aus zwei saumlosen weißen Tüchern besteht, anzulegen – jener von jeher geführte innere Kampf der Nafs, der sich in der unaufhörlichen Auflehnung des Selbst gegen genau den Akt der Unterwerfung, welcher sein Islam ist, ausdrückt. Die aufs Notwendigste reduzierten Rituale der schwierigen Reise kristallisieren die grundlegenden Aspekte des Kampfes der Nafs mit der Existenz und ihrer immer wieder aufgenommenen Versuche, die Ketten der Unterwerfung abzuschütteln und die Illusion der Freiheit zurückzugewinnen, heraus. Diese Illusion besteht in der Ablehnung der Tatsache der Sterblichkeit und dem Wiederaufnehmen der Phantasie, man werde ewig leben, ohne in der Welt nach dem Tod für seine Handlungen verantwortlich zu sein. Vom Standpunkt des Herrn aus gesehen, ist dies auch »die letzte innere Auflehnung dagegen«, daß der Sklave der Sklave und der Herr der Herr ist.

In ihrer tiefgründenden Struktur einer Abfolge von mathematisch genauen Bewegungen und Ruhezuständen bringt die Haddsch für den Suchenden ein Theorem aller Aktivitäten der (menschlichen) Existenz zur Darstellung, jener Aktivitäten, welche in alltäglichen Lebenssituationen chaotisch und willkürlich erscheinen mögen. In der Haddsch erfahren ein Mann oder eine Frau das Leben und das Selbst im Rahmen einer derart festgelegten und in ein Muster gefaßten geometrischen Aktivität, daß – auch wenn sich bis zu zwei Millionen Menschen in der Nähe befinden, die äußerlich alle gleichzeitig dieselbe Übung praktizieren – deutlich wird, wie innerlich jeder einzelne seinen einzigartigen Kampf führen muß, einen Kampf um die endgültige Aufgabe der eingebildeten Selbst- und Andersheit, worauf die Welt und all ihre hinreißend schönen und schrecklichen Ereignisse basieren. Die Haddsch ist »ein Jahr«, ein vollständiger existentieller Kreislauf.

Was die Problematik des »Kampfes« angeht, wollen wir festhalten, daß die gesamte Lebens-Erfahrung die Menschen zu der Überzeugung bringt, das Leben sei ein Kampf und der Feind sei »draußen«. Das andere, sei es ein Mann, eine Frau, ein Kind, die Umwelt oder der Augenblick und das Geschehen – es ist diese Andersheit der Welt, welche das Leben zum Kampf macht. Dort draußen ist die Ursache für meine Qual hier drinnen. Die Haddsch ist der Ritus der Enthüllung, welcher zeigt, daß man von einem gewissen Standpunkt aus gesehen mit allen anderen identisch ist. Bist du hier nicht von Hunderttausenden von Menschen umgeben, welche mit dir identisch sind, gekleidet wie du, von Sorgen bedrückt wie du; und ist nicht die Existenz während dieser Periode für euch alle gleich? Seid ihr nicht alle von der Tawaf um die Ka'ba und dem Gang nach Muzdalifa völlig ermüdet und erschüttert? Der Meister Rûmî hat gesagt, die Welt sei ein Berg, und alles, was man je von ihr zurückbekomme, sei der Widerhall der eigenen Stimme. Das ist eines der Geheimnisse der Haddsch. Nirgendwo ist man einsamer als in der wogenden Menge in der Ebene 'Arafât und beim

Umschreiten des Erhabenen Hauses. Nirgendwo ist man deshalb mehr genötigt, dem Rat des Schaichs Sidi 'Alî al-Gamal zu folgen: »Entspanne den Geist und lerne schwimmen.«

Der Koran sagt:

> Gemacht hat Allah die Kaaba, das heilige Haus, zu einem Asyl für die Menschen und den heiligen Monat und das Opfer und die Zieraten (des Opfers), auf daß ihr wisset, daß Allah weiß, was in den Himmeln und was auf Erden ist und daß Allah alle Dinge weiß. Wisset, daß Allah streng straft und daß Allah verzeihend und barmherzig ist. (Koran 5.98)

> Und (gedenke), da wir Abraham die Stätte des Hauses zur Wohnstätte gaben (und zu ihm sprachen:) »Setze mir nichts an die Seite und reinige mein Haus für die es Umwandelnden und für die im Gebete Stehenden oder sich Beugenden. Und verkünde den Menschen die Pilgerfahrt. Laß sie zu dir kommen zu Fuß und auf allen schlanken (Kamelen), ankommend aus allen tiefen Talwegen: Auf daß sie Zeugnis ablegen von den Vorteilen, die sie dadurch haben, und den Namen Allahs aussprechen an den bestimmten Tagen über dem Vieh, mit dem wir sie versorgten. So esset von ihm und speiset den Armen und den Bettler. (Koran 22.27-29)

> Und versorgt euch mit Zehrung; aber die beste Zehrung ist die Gottesfurcht. Und fürchtet mich, ihr Verständigen. (Koran 2.193)

Wie im Fall der grundlegenden Übung der Salât stellen wir fest, daß es immer wieder einen Aspekt der Riten gibt, unter welchem sie Reinigung und Trennung bedeuten, und eine andere Seite, die den Akt des Tawhîd, der Vereinigung, ausdrückt. Wir haben gesehen, wie Wudû und Ghusl den Weg bereiten für das Niederwerfen, daß Salât eine Basis minimaler, verbindlicher täglicher Übungspraxis hat, welche sich dann durch die *Nawâfil*, die zusätzlichen freiwilligen Gebete erweitert, bis schließlich im Ramadân mit dem Akt des *Tarâwih*, was wörtlich »Geist werden« oder »sich vergeistigen« heißt, ein Höhepunkt erreicht ist. Und dieses Ritual steigert sich dann noch einmal zu einem absoluten Gipfelpunkt und zwar während der Nacht der Macht in der Rezitation des gesamten Korans in einem Stück. Genauso führt die Haddsch den Haddschî durch eine Folge von Übungen, welche immer intensiver werden und ihn oder sie äußerlich erschüttern und zugleich innerlich erleuchten. Die für diese anstrengenden und schwierigen rituellen Handlungen notwendige Trennung ist einschneidender als die für den einfachen Akt des Niederwerfens erforderliche. Die Haddschîs müssen baden und dann am Anfang der rituellen Übungen die Ihrâm-Roben anlegen. Von diesem Augenblick an unterliegen sie den Pflichten der Haddsch: Es ist verboten, die Nägel zu schneiden, auch nur ein Haar von Kopf und Körper zu entfernen, auch nur ein Lebewesen, welches sich auf dem Körper niederläßt, zu töten oder fortzunehmen, Geschlechtsverkehr zu haben, zu streiten oder aufzubrausen, Handel zu treiben und innerhalb des gereinigten Bezirks der Haddsch zu jagen. Weiterhin besteht die Pflicht, alle Riten der Haddsch innerhalb der jedem einzelnen Akt zugewiesenen zeitlichen Begrenzung auszuführen.

Was die *Schahâda*, das Bekenntnis zum Islam, für den Augenblick, was Salât für den Tag ist, was Ramadân und Zakât für das Jahr bedeuten, das ist Haddsch für das ganze Leben. Sie ist die Zusammenfassung aller Akte des Dhikr, welche der Muslim in seinem ganzen Leben vollzogen hat, und sie ist eine Ritualisierung des Lebens-Aktes selbst. Sie ist Bewegung und Kampf und Erschöpfung, staubbedeckt und mühselig. Je mehr der Pilger erschüttert ist, desto größer ist die Erleuchtung und Ekstase des Herzens. Während der anfänglichen rituellen Handlungen sind die Leute frisch und frohgemut und ziemlich stolz darauf, Haddschîs zu sein. Am Ende stolpern sie und schleppen sich zu ihrem Ausgangspunkt, der Ka'ba, zurück; sie sind geblendet, voll Ehrfurcht, ernüchtert und erleuchtet.

Die drei großen rituellen Handlungen der Haddsch sind das Umschreiten des Hauses der Ka'ba, das Hin- und Herlaufen zwischen Safâ und Marwa und das Stehen auf der Ebene 'Arafât. Das Umschreiten des Hauses mag der Pilger so oft wiederholen, wie er wünscht, obwohl gewisse *Tawafs* (siebenmaliges Umschreiten) verpflichtend sind. Der Koran bezeichnet das Haus als den ersten Ort, an welchem Menschen gebetet haben. Auf Erden gibt es keinen reineren Ort, kein lichtvolleres Bauwerk. »Die Ka'ba«, hat der Gesandte gesagt, er sei gesegnet und Friede sei mit ihm, »ist einer der Juwelen des Paradieses«. Sie ist der Mithâl des *Kursî*, des sternlosen Himmels, welcher das Universum der Galaxien in sich trägt. Genau wie die Lichtengel den Thron umschreiten, so umschreiten die Pilger die Ka'ba. Die Ka'ba zu umschreiten, bedeutet in der Sprache des Größten Meisters, »sich im Herzen der Existenz der Welt zu befinden«. Ein Tawaf führt man aus, indem man siebenmal das Haus umschreitet; darauf folgen zwei Rak'as neben dem Stein des Ibrâhîm in der Nähe der Ka'ba an der Ecke des Schwarzen Steins.

Das andere wichtige in Mekka praktizierte Ritual ist der Sa'j, das Hin- und Hergehen zwischen den Felsen Safâ und Marwa. Dies ist eine Wiederholung der verzweifelten Suche Hâdschirs (Hagars) nach Wasser für ihren Sohn Ismâil, der später seinem Vater Ibrâhîm dabei half, dem Einen das Haus zu bauen. Man sagt, sie sei ohne Erfolg zwischen diesen beiden Felsen hin- und hergelaufen und habe nach einer Wasserstelle gesucht. Als sie aufgab und zu Boden sank, sprudelte direkt vor ihr die Quelle Zam-zam hervor. Dieses Wasser zu trinken, gehört auch zu den Übungen der Haddsch. Es ist eines der Wunder der Haddsch, daß diese unbedeutende Wüsten-Quelle jedes Jahr zur Pilgerzeit fließt und nach Ablauf der Haddsch-Periode in sich zurücksinkt. Während des entsprechenden Zeitraums spendet sie jährlich mehr als einer Million Pilgern Wasser. All das ist um so ungewöhnlicher, als die Pilgerzeit sich entsprechend der Bewegung des Mond-Kalenders durch das Jahr hin verschiebt. In diesem Ritual bewegt man sich schnellen Schrittes, wobei man in der Mitte der Strecke in ein Laufen übergeht, welches seinerseits wiederum zu einem raschen Gehen wird. Sobald man vom Safâ zum Marwa gelangt, gibt es einen »Halt«, und kommt man vom Marwa zum Safâ, so bleibt man ebenfalls stehen, und jedesmal grüßt man die anderen Haddschîs mit dem Ruf »Allâhu akbar«, wie um sie in ihrer Eile daran zu erinnern. Wenn der Haddschî seinen Sa'j beginnt, schließt er sich einer schon zwischen den beiden Felsen in Bewegung befindlichen Masse von Menschen an, so daß der Menschenstrom zwischen den beiden Wegzeichen endlos ist. Während du in jenem Meer an Aktivität versinkst, welches von hier nach dort und von dort nach hier brandet, und der Ozean an Gesichtern an dir vorbeirauscht – einige immer wieder und andere nur einmal und dann nicht mehr –, durchdringt jener Handlungsimpuls, der das ganze Leben der Vergessenheit beherrscht hat, das rhythmische Laufen von einem Ort zum anderen. All der Kampf und all die Verdrießlichkeit der Existenz, alles Kommen und Gehen findet verdichtet in diesen sieben furchtbaren Läufen von A nach B und von B nach A seinen Ausdruck. Siebenmal reicht aus, um die Gesamtheit des wirklichen Lebens dem eigenen bebenden Herzen zu offenbaren.

Man sieht hier, wie einfach und tiefgreifend die Riten der Haddsch sind. Hier sind die ersten beiden im Umriß: ein Kreis und eine gerade Linie. Dem Haddschî ist natürlich klar, daß der Sa'j sich auf das Dasein bezieht und der Tawaf auf Allahs Wirklichkeit und die Nicht-Existenz des Sklaven. Der Schaich al-Akbar drückt das folgendermaßen aus:

> Der Mensch, dessen Sicht verschleiert ist, zieht eine gerade Linie. Der Mensch in der Haira zeichnet einen Kreis.

An dieser Stelle beschreibt er den Tawaf, welcher ihn für das Wissen seiner *Mekkanischen Offenbarung* öffnete:

Als ich das gesegnete Mekka erreichte, den Ursprung aller Heimstätten, geistig und physisch, widmete ich mich ganz dem Tawaf Seines Alten Hauses. Während ich den Tawaf übte, sagte ich: *Subhân Allâh, Al-hamdu li'Llâh, Allâhu akbar* und *lâ ilâha illa'Llâh*. Manchmal küßte ich es, und manchmal berührte ich es, und manchmal tat ich nur, was vorgeschrieben ist. Als ich neben dem Schwarzen Stein stand, traf ich unversehens auf einen in Auflösung begriffenen Jüngling, der schweigend sprach; zusammengesetzt-einfach, verhüllt-verhüllend war er und weder lebendig noch tot. Als ich ihn den Tawaf des Hauses in der Art des Tawaf der Lebenden für die Toten verrichten sah, verstand ich dessen Wirklichkeit und metaphorische Bedeutung, und ich wußte, daß der Tawaf des Hauses wie das Gebet über der Leiche bei ihrem Begräbnis ist. Plötzlich entriß er mich mir selbst und überwältigte mich. Er sprach zu mir und sagte: »Betrachte das Geheimnis des Hauses, bevor es entflieht, und du wirst sehen, welchen Stolz es aus jenen herleitet, die geleitet sind und seinen Steinen Tawaf erweisen.« Als ich diese beobachtete, sah ich das Geheimnis erglühen, wie er gesagt hatte. Dann belehrte er mich über den Rang des Jünglings und über seine Freiheit von »Wo« und »Wann«. Als ich einmal seinen Rang kannte und seinen Halte-Platz, und als ich seinen Platz in der Existenz und seinen Zustand sah, küßte ich seine rechte Hand und wischte den Schweiß der Ekstase von seiner Stirn und sagte zu ihm: »Sieh auf einen Menschen, der in deiner Gesellschaft leben möchte und den es danach verlangt, dir nahe zu sein.« Da deutete er mir durch Gesten und Rätsel an, er ziehe es vor, zu niemandem zu sprechen außer durch Zeichen ...

Da verlor ich das Bewußtsein, und er hielt mich fest – und als ich aus der Ohnmacht erwachte und Furcht mein Fleisch noch immer erschaudern ließ, wußte er, daß das Wissen gekommen war ... Also sagte ich zu ihm: »Verrate mir einige deiner Geheimnisse, damit ich unter deinen Schreibern sein möge.« Und er sagte: »Betrachte die Äußerung meines Wesens und die Ordnung meiner Gestalt, und du wirst, was du suchtest, mir eingeschrieben finden. Denn weder spreche ich, noch redet man zu mir. Mein Wissen betrifft nur mich selbst, und mein Wesen ist nicht anders als meine Namen. Ich bin das Wissen, das Gewußte und der Wissende. Ich bin Weisheit, das Werk der Weisheit und der Weise.« Dann sagte er zu mir: »Verrichte Tawaf um die Spuren meiner Füße, und betrachte mich im Lichte meines Mondes, so daß du in meinem Wesen findest, worüber du in deinem Buch berichten willst...«

Hätte Er dem nicht Abschied gegeben, was meine Wirklichkeit erforderte, und hätte mein Weg nicht zu Ihm geführt, so hätte ich nicht Labung an Seiner Quelle gefunden, noch wäre ich Seinem Wissen zugeneigt. Deshalb kehrte ich zum Ende zurück, und deshalb kehrt Er wieder. Daher richte den Kompaß am Anfang des Kreises mit der Vereinigung mit dem Ende seiner Existenz auf den Anfangspunkt, und so verbinde die letzten und die ersten Dinge. Seine Nach-endlose-Zeit schließt an seine Vor-endlose-Zeit an. Folglich gibt es nichts als unaufhörliche Existenz, und fest-begründet ist die Fortführung des Bezeugens...

Das Ziel erreicht nur, wer den Weg einschlägt...

Dann sagte Er zu mir: »Dieses ist Mein Haus, und es steht für den Urgrund allen Seins, und die Umläufe des Tawaf entsprechen den Rangstufen der sieben Attribute; der Attribute der Vollkommenheit, nicht der Attribute der Majestät; denn sie sind die Attribute der Einheit zwischen dir und der Wechselwirkung. Daher gibt es sieben Umläufe für die sieben Attribute, und das Alte Haus bezeichnet den Urgrund. Schau auf den Engel neben dir, wie er Tawaf verrichtet, und der an deiner Seite steht ... Diese Meine Ka'ba ist das Herz der Existenz, und Mein Thron ist der begrenzte Körper dieses Herzens, und keines von beidem ist weit genug für Mich. Sage nicht über Mich, was du über sie sagst. Mein Haus, welches Mich enthält, ist die Andeutung deines Herzens, angesiedelt in deinem bezeugten Körper. Die Umschreiter deines Herzens sind die Geheimnisse. Sie enthalten die Rangstufen deiner Körper in ihrem Tawaf dieser Steine ... Ich bin der Große, der Selbst-Lobpreisende! Keine Grenze begrenzt Mich, und weder der Meister noch der Sklave kennen Mich. Göttlichkeit ist gereinigt, daher übersteigt sie jegliches Verstehen, und daher kann sie mit keinem Ding auf eine Stufe gestellt werden. Du bist das Ich! Und Ich bin das Ich! Daher suche Mich nicht in dir selbst, denn so wirst du nur Schwäche gewinnen! Daher suche Mich nicht außerhalb deiner selbst, oder du wirst Mir ein Ende setzen! Laß nicht nach in der Suche nach Mir, sonst wirst du unberührt bleiben. Suche Mich, bis du Mich findest, und du wirst erhöht werden! Aber bewahre auf der Suche eine feine Haltung. Unterscheide zwischen Mir und dir, denn du siehst nicht Mich, sondern nur dein eigenes Wesen, daher verharre in der Qualität des Betens. Sei ein Sklave! Sage, daß es unmöglich ist, jenseits der Wahrnehmung, welche du hast, wahrzunehmen. Darin wirst du frei sein, und du wirst veredelt werden und wahrhaftig.«

Also betrat ich Das Haus zusammen mit dem Engel, und er legte seine Hand auf meine Brust und sagte: »In meiner Fähigkeit, die Geheimnisse des Seins und die Geheimnisse der Existenz, die Geheimnisse besonderer Wesenheit und das Geheimnis des Ortes zu erfassen, stehe ich auf der siebten Stufe. Die Wahrheit hat mich als einen Teil von Hawwâs (Evas) Licht in ihrem Reinheitszustand geschaffen ...« Er offenbarte durch mich einen Reiter hohen Ranges auf einem dreibeinigen Reittier. Er neigte sein

Haupt mir zu, und Licht und Dunkelheit breiteten sich aus, und in meinem Herzen inspirierte er alle Wesen, und er zerriß meine Erde und meinen Himmel und belehrte mich über all meine Namen. So kannte ich mich selbst, und Anderes-als-ich unterschied zwischen meinem Guten und meinem Bösen und machte einen Unterschied zwischen meinem Schöpfer und meinen Wirklichkeiten. Dann ging der Engel von mir und sagte: »Du weißt jetzt, daß du die Gegenwart des Engels bist. Sei daher bereit für die Offenbarung und die Ankunft des Gesandten.«

Wir sind in der letzten Phase unserer Reise angelangt. Wir haben die Existenz des Universums als Göttliche Selbst-Offenbarung untersucht, als eine Folge endloser *Tadschallijât* (Manifestationen), angefüllt mit Wunder und Majestät von offenbarer und geheimer Natur, und alles das in Schönheit. Um unser Bild zu vervollständigen, bedarf es noch einer Dimension. Bis jetzt haben wir das Schöpfungs-Bild wie eine Struktur untersucht, so als sei es statisch. Aber nun müssen wir dieses Schöpfungs-Gewebe wieder mit dem verbinden, was wir über das schwingende und dynamische Wesen der Existenz in ihrer schimmernden und leuchtenden Aktivität herausgefunden haben. Wir befinden uns an der Schwelle zum Geheimnis der Schöpfung, dem Atem des Lebens – dem Atem des Erbarmers.

7. Die Wissenschaft vom Augenblick

> Der Gefährte Abû Huraira, möge Allah ihm gnädig sein, hat gesagt: »Ich nahm zwei Taschen aus den Händen des Propheten, möge Allah ihn segnen und ihm Frieden gewähren. Eine davon habe ich für euch geöffnet; hätte ich die andere geöffnet, so wäre mir die Kehle durchgetrennt worden.«

Bevor wir das dynamische Wesen des Universums untersuchen, wollen wir einen Blick auf die Beschreibung der Entstehung der Myriaden von Formen werfen, welche in der vom Propheten Muhammad, Friede sei mit ihm, sich herleitenden Weisheitslehre gegeben wird. Was wir in diesem Bild begreifen müssen, ist das Verhältnis zwischen den Wirklichkeiten und den Formen. Wie wir schon angedeutet haben, hängt Ersteres von Letzterem ab, aber das Letztere schließt das Erstere ein. Davon zu sprechen, daß eines dem anderen vorhergehe, ist auf der Ebene der Beschreibung und im Bereich von Bedeutung und Aufhellung gültig, sonst jedoch nicht. Bis vor kurzer Zeit tat man alle offenbarten Lehren – das heißt alle früheren »Islame«, welche, auch wenn sie inzwischen abgestorben und ohne Zentrum waren, dennoch eine Vision von der Entstehung des Universums besaßen – als »vor-wissenschaftlich« ab, als seien wir jetzt im Besitz eines faktischen Bildes des So-Seins der Dinge. Während die besten Wissenschaftler diese Mythologie, nach der die Welt schon »erklärt« ist, niemals empfohlen oder akzeptiert haben, ist es der Standpunkt der Massenerziehung und der von vielen weniger intelligenten Anhängern der wahren Wissenschaftler gewesen, die Existenz als erklärte Angelegenheit anzusehen. Unsere Zeit hat den vollständigen Zusammenbruch der Evolutionstheorie erlebt. In ihrem Zusammenbruch erkennen wir schon, bevor die Wellen sich ganz geglättet haben, wieviel persönliche Projektion in der Verkleidung einer eingebildeten Objektivität sich eingeschlichen hat. Die Menschen haben die Wirklichkeit so beschrieben, wie sie glaubten, daß sie sein solle, und nicht, wie sie war. Daß sie ein ohne jeden Zweifel hierarchisch geordnetes Sich-Ausfächern struktureller Formen beobachteten, blendete sie derart, daß sie darauf bestanden, dieser Vorgang vollziehe sich Schritt für Schritt in winzigen Veränderungsschritten über Jahrmillionen hinweg. Daß Lebens-Formen nicht in der gleichen Weise einer Entwicklung unterliegen wie etwa das Fortbewegungsmittel Pferd und Wagen, welches schnelleren und effizienteren Transportmitteln, angefangen bei der Dampflok bis hin zum elektrischen Einschienen-System, Platz machen mußten, lag für die meisten Abendländer am Ende des 19. christlichen Jahrhunderts außerhalb ihres persönlichen, provinziellen Verständnisses der Wirklichkeit.

Für jene Pseudo-Wissenschaftler und besonders für die Menschen, welche sie in den abstoßenden und bedrückenden Gebäuden »erzogen«, die sie zu dem Zwecke errichteten, ihrem Wissen die Ehre zu erweisen, war es schon immer ein Ärgernis gewesen, daß diese »mythologischen« Beschreibungen der Entstehung der Dinge bis zu den Anfängen des Menschen-Geschöpfes zurückreichten und daß sich dann alles um sie herumgruppierte. Sie belächelten Welten auf Elefanten, welche wiederum auf Schildkröten standen, und sie waren ratlos angesichts einer primitiven Welt von Engeln, Himmlischen Schreibfedern und wohlverwahrten Gesetzestafeln. Sie waren ja so klug – sie »wußten«, daß es keine große kosmische Schreibfeder im Himmel gibt und daß die Luft nicht von Scharen gefiederter Geschöpfe mit Flügeln, die aussahen wie die Phantasiegebilde einfacherer Gemüter wie etwa eines Giotto, bevölkert war. Natürlich haben sich die Menschen des Weges das alles auch nicht so vorgestellt, und sie wären ausgesprochen belustigt darüber gewesen, daß diese Herren so viel Zeit darauf verwandten, ein Weltbild zu diskutieren, welches für sie niemals Gültigkeit besessen hatte.

Aber genau jene Weise der inneren Schau, auf welche sich diese Sprache von Engeln und Schreibfedern bezieht, entsprach der Art des Verstehens, auf welches ernsthafte Wissenschaftler zur Formulierung ihrer Modelle und Theorien immer mehr zurückgreifen mußten. Das Wissen, welches sie gewannen, zwang sie zu einer paradoxen und wirren Sprache, einer Sprache, welche einen modernen Physiker dazu veranlaßte, in der Anwendung des »nicht-verstehbaren« Koan der Zen-Meister, eine Parallele zu ihrem neuen Denken zu finden. Der Schaich al-Akbar deutet in seinen Schriften an, daß das Geheimnisvolle und Rätselhafte unerläßlich für das Sprechen über die Wirklichkeit der Entstehung der Dinge ist. Die wichtige Entsprechung, auf welche wir in dieser Beschreibung stoßen werden, ist die zwischen dem Mikrokosmos des Menschen und dem Makrokosmos des Universums. Die Eingebundenheit des menschlichen Standorts im Universum in die Grundstruktur von Formen und Ereignissen, welche die Welt ausmachen, das ist der Angelpunkt unserer Doktrin von der *Wahdat al-Wudschûd*, der Einheit der Existenz.

In einer geheiligten Hadith wandte sich Allah-Ta'âlâ an den Gesandten und sprach: »O Muhammad, wenn nicht um deinetwillen, so hätte ich weder Himmel und Erde noch das Paradies und das Feuer geschaffen.« In der schönen Formulierung des Schaich al-Akbar lautet das so: »Im Universum ist es der Mensch, der vorgesehen ist.«

Wir haben schon gesagt, das erste geschaffene Ding war das Licht Muhammads, Friede sei mit ihm. Das ist auch der Inhalt des prophetischen Ausspruchs: »Ich war ein Prophet, als Adam zwischen Wasser und Lehm war.« Man darf nicht vergessen, daß er, Allahs Segen und Friede seien mit ihm, aus der Perspektive der Weisheits-Lehre das Siegel der Propheten und daher die Vollkommenheit und Totalität dessen verkörpert, was der Mensch ist. Während er die Erste Manifestierung des Lichtes des Urgrundes ist, offenbart er als letzter unter den Propheten seine Vollkommenheit. Daher hat er Erst-heit und Letzt-heit. Er ist das vollkommene Bild jeglichen Bildes und der Inhalt der Form. Nun gibt es noch einen anderen Namen für dieses Licht, welches wir *Nûr al-Muhammadîja* nennen, und der lautet: Universales Selbst, und noch ein anderer ist »die Schreibfeder«. Die Feder ist ein Mithâl für die Dynamik des Schöpfungsprozesses. Das erste existente Ding, welches emanierte, war die Wohlverwahrte Tafel der Formen. So »schrieb« also die Feder alle Formen auf die Tafel sowie Form/Ereignisse der gesamten Schöpfung von ihrem Anfang bis zu ihrem Ende. Diese beiden Dinge, nämlich Anfang-heit und End-heit, treten nur zugleich mit der Manifestierung der Form in die Wirklichkeit, was Räumlichkeit und, in unserem Verständnis, ebenfalls Zeitlichkeit einschließt.

Das Mithâl der Feder, welche auf die Tafel schreibt, entspricht dem des Samens, welcher die Befruchtung verursacht. Daraus entstanden die sechs Genera, und sechs ist die vollkommene Zahl, wie wir in der Wissenschaft der Buchstaben gesehen haben. Das ist die Bedeutung der sechs-»tägigen« Schöpfungsdauer. Die sechs Genera sind: Engel, Dschinn, das Unbelebte, die Pflanzen, die Tiere und – das Fundament und die Ordnungsmacht des Königreichs – der Mensch, der Chalif der Wirklichkeit. Sobald die Welt in Erscheinung tritt, ist Allah verborgen. Wenn Allah sich offenbart, ist die Welt verborgen. Und daher ist der Mensch auf die Erde gestellt als Sein Chalif, derjenige, welcher die Stelle einnimmt, solange der König abwesend ist. Der Mensch ist in seiner ureigensten Bedeutung ein *Barzach*, ein Zwischen-Raum.

Allah hat die sieben Himmel und die sieben Erden geschaffen. Dann ordnete er im Bereich des Manifesten jedem Himmel einen Planeten zu, der »jeweils in seiner Sphäre schwimmt«. Mit dem Eintreten der Sphären, und das heißt der Materie, in die Wirklichkeit entsteht die Zeit. So wird Zeit durch die erste Sphäre bezeichnet und ebenso durch die Bewegung von der ersten Sphäre zur zweiten; denn die Zeit selbst ist die Bewegung des Raums oder umgekehrt. Zugleich mit der Erschaffung der Sphären traten auch die vier Grundelemente Luft, Erde, Feuer, Wasser in Erscheinung. In unserem System gibt uns die Bewegung der Sonne »Nacht« und »Tag«. Die Nacht ist ein Vater und der Tag eine Mutter – jeder Vater steht in Verbindung zu einem Planeten und jede Mutter zu einem Element, wie wiederum die Elemente in Einfluß und Identität den Planeten verbunden sind. Die Bewegung der Sphären und das Schwimmen der Lichter ist in Übereinstimmung mit den wirbelnden Bewegungen des Wassers im Mutterschoß. Die vier Grundelemente Luft, Erde, Feuer und Wasser entsprechen den vier Frauen, die einem Mann nach der Scharî'a gestattet sind – so würde ein ausgeglichener und voll entwickelter Mann aufgrund der durch diese Vereinigungen bewirkten Reinigung in einem vollständig harmonischen Zustand gehalten werden.

Die Zeit, welche zugleich mit der ersten Sphäre ins Dasein tritt, beginnt zugleich mit dem gesamten Schöpfungs-Prozeß. Daher ist die Zeit in ihrer Bewegung das Auftauchen des Lichtes Muhammads, der Friede und der Segen Allahs seien mit ihm. Über die Zeit sagte er: »Die Zeit ist in kreisender Bewegung wie ihre Form am Tag, da Allah sie geschaffen hat.« Mit dem Licht tritt die Waage in Erscheinung, *al-Mîzân*. Ihre Bedeutung ist die der Gerechtigkeit und Harmonie der ganzen Schöpfung, und deshalb von Zeit und Raum, und daher ist sie in uns und in den Ereignissen. Sie ist die Bedeutung des Gartens und des Feuers, des Gleichgewichts zwischen den Grundelementen, sie ist, was in der alten Tao-Form des Islams in China *Yin/Yang* genannt wurde. Sie ist das Geheimnis der gegensätzlichen Namen, sie ist das Spektrum unseres Lebens und Sterbens, sie verwandelt unsere Handlungen und Absichten in Wirklichkeiten, die am Tag der Waage gewogen werden. Das Wesen des Gesandten, der Verkörperung des Schöpfungsprinzips, ist heiß/feucht; denn das stammt aus der Kraft der anderen Welt. Daher ist das Wissen im Islam in seiner endgültigen Form größer als in seinen früheren Formen, die von kalt/trocken dominiert wurden. Das ist der Grund dafür, weshalb diese Gemeinschaft zuletzt kommt und all das Wissen der früheren Gemeinschaften übersetzt. Deshalb das Lachen der buddhistischen Meister, denn sie haben trocken/kalt, aber nicht heiß/feucht, was ihnen die Weisheit der Tränen schenken würde. Die *Du'â* (Bittgebet) des Propheten lautete: »O Herr, belohne mich mit einem weinenden Auge«, und seine Warnung war: »Wenn ihr wüßtet, was ich weiß, so würdet ihr wenig lachen und viel weinen.« Das Weinen ist das äußere Zeichen von Freiheit von Furcht und deutet auf inneres Gleichgewicht und vollkommene Heiterkeit hin.

Der Mensch selbst steht im lebendigen Zentrum dieser kosmischen Aktivität, und zwar aufgrund der Tatsache, daß er zugleich eine Ansammlung aller Formen, eine Zusammenfassung des Schöpfungsprozesses und die höchste Verdichtung der Lebens-Energie darstellt. Wenn sie vollkommen ist, so ist der Mensch in seiner Gestalt die Vollkommenheit der Waage, das heißt er ist es in den Sendboten Gottes und in den Propheten, von denen es, wie wir festgehalten haben, seit Anfang der Schöpfung 124 000 gegeben hat. Er ist – in seiner vollendeten Gestalt – der Angelpunkt der Existenz. Es bleibt immer eine Verkörperung des Nûr al-Muhammadija auf Erden zurück – und zwar der erste der Awlijâ –, und während die Prophetenschaft mit dem letzten Gesandten abgeschlossen und beendet ist, ist der erste der Awlijâ dennoch die Verkörperung und der Vermittler des Lichtes des Gesandten. Denn der gesamte Weisheits-Prozeß ist nichts anderes als diese Übertragung. Dieses Licht ergießt sich in einem absteigenden Schwall durch die historische

Reihe der Vollkommenen in die Welt. Sie sind für den Organismus der Erde das, was das Atem-System für die Reinigung des Blutes im Körper ist. Das Verschwinden dieser lebendigen Menschen, dieser erwachten Menschen, würde den Tod des Planeten bedeuten. Und was der Mensch für die Erde ist, das ist die Erde für die Milchstraße – Größenverhältnisse haben mit all dem gar nichts zu tun.

Aus der Zahl der Rechtschaffenen *(Sâlihîn)* unter den Unterworfenen sind 300 in der Vollkommenheit der Demut, Armut, Liebe und Ehrfurcht auserwählt. Unter dieser Zahl finden sich 40 Meister; Männer, die das Ziel erreicht haben und in ihrem Wissen und nach ihrem geistigen Rang vollendet sind. Dieser Gruppe entstammen die zwölf *Nuqabâ* oder Anführer, und aus ihrer Mitte kommen die höchsten und im höchsten Grade einsgewordenen Beispiele der menschlichen Gattung, die sieben *Abdâl* oder Stellvertreter. Dieses Wort hat verschiedene Bedeutungen: Eine davon ist die grundlegende geistige Fähigkeit dieser Männer, an ihrem wirklichen Aufenthaltsort und anderswo durch die Erzeugung einer »stellvertretenden« Manifestation gleichzeitig in Erscheinung zu treten, und das hat nichts mit Gespenstern zu tun, sondern bedeutet nur, daß ein »Individuum« zugleich an zwei Orten ist. Der Gesandte, welcher alle Zustände der Awlijâ verkörperte und sogar übertraf, »enthielt« aufgrund dieses Kennzeichens alle Zustände des Weges in sich. Er offenbarte seine Fähigkeiten in der Nacht des *Miraj* (Himmelfahrt), als er sich sowohl in seinem Bett in Medina als auch auf dem Felsen in Jerusalem befand. Der Schaich al-Kâmil sagt von den Stellvertretern in seinem »Diwan«:

> Der Weg der Abdal, ganz an Allah hingegeben, besteht aus:
> Hunger, Schlaflosigkeit, Schweigen, Einsamkeit, Dhikr.

Aus der Reihe der Abdâl kommen die vier *Awtâd* oder Säulen, und zwei davon sind die Imame, und einer der beiden ist der *Qutb* (Pol), der Angelpunkt der Existenz, die Ruhe im Herzen der ungeheuerlichen kosmischen Aktivität.

In der Wissenschaft von den Zuständen haben wir gesehen, wie alles auf Erden von einem Zustand in den nächsten hinübergleitet. Schaich al-Akbar beschreibt das so:

> Die Welt der Zeit bewegt sich in allem, und die Welt des Atems bewegt sich in jedem Atemzug, und die Welt des Tadschallî bewegt sich in jedem Tadschallî. Der Grund dafür ist Sein Wort: »Jeden Tag verrichtet Er ein Werk.«

All die rastlose kosmische Aktivität erfahren wir als das Zusammenspiel greifbarer Formen. Für uns ist die Existenz zähflüssig, undurchsichtig; in unserer Vorstellung ist »wirklich« gleich »greifbar«. Die Formen sind *kathîf* (dick, dicht), während Allah, Er sei gepriesen, Sich Selber als *Latîf* (zart, anmutig, mild, fein) beschreibt. Nach unserem Verständnis ist der Latîf in allen Dingen, so daß, während wir »Hund«, »Katze« und »Stein« und so weiter aussondern, wir doch gewahr sind, daß das Wesen der jeweiligen existierenden Dinge in Wirklichkeit eines ist. Während hinsichtlich der Form dieses nicht jenes ist, behaupten wir, daß hinsichtlich der Substanz dieses dasselbe ist wie jenes. Wir müssen nun sehen, daß in einem auf Einheit begründeten Weltbild das Innen- und das Außensein der Dinge nicht länger haltbar ist. Das bedeutet notwendig, daß die Substanz selbst nichts anderes ist als die absolute Wirklichkeit. Wir sind nun ebenfalls in der Lage zu sagen, die Substanz sei nicht kathîf, sondern im Gegenteil latîf.

Sind wir also doch gegen unseren Willen bei jenem Pantheismus angelangt, welchen die Meister des Weges so kategorisch leugnen? Hier nun müssen wir die letzte Doktrin, welche das Schöpfungsbild der Sufis vollendet, untersuchen.

Sie heißt *an-Nafas ar-Rahmâni,* der Atem des Erbarmers. Es gibt eine Überlieferung, in welcher Allah-Ta'âlâ erklärt: »Ich war ein verborgener Schatz und sehnte mich, gekannt zu werden. Daher erschuf ich das Universum, um gekannt zu werden.« Im Koran ist der Name des Herrn des Universums Allah, und damit gleichgestellt ist der Name des Erbarmers. Dadurch wird die Gnade ausdrücklich mit dem Wesen verknüpft. Diese Hadith weist hin auf die Bewegung, welche von der überfließenden Gnade der Gottheit in ihrer gänzlich Verborgenen Vollkommenheit hin zur Schöpfung der manifesten Energien verläuft. Dieses überfließende Licht des Wesens, welches die Bewegung der Gnade ist, ähnelt dem angehaltenen Atem, der sich schließlich Bahn bricht und über alles dahinfließt. Es ist so, als sei der angehaltene Atem die Namen in der Göttlichen Rangordnung vor ihrer Manifestierung und das Ausatmen das In-Erscheinung-Treten der zahllosen Formen:

> Sein Befehl ist nur, wenn er ein Ding will, daß er zu ihm spricht ›Sei!‹ und es ist *(kun fa-jakûn)*.« (Koran 36.82)

Wir müssen festhalten, daß es sich hier nicht um ein magisches »es werde ...« eines von außen eingreifenden Wesens handelt. Wir haben deutlich gemacht, daß man Ihn nicht mit dem Universum der Formen assoziieren kann und daß Er zugleich die Welt von innen her regiert, und zwar durch die Ur-Formbilder. Er sagt »Sei« zu ihr. Sie ist da im Reich der Ur-Formbilder. Sie bringt sich selbst in Dasein und Wirklichkeit entsprechend örtlicher Gegebenheiten und der Einheit der Ur-Formbilder. Wir sagen weiter, daß das »Ausatmen« des Befehls das Eintreten der Dinge in die Erscheinungswelt ist, aus dem Verborgenen in die Manifestierung. Daraus folgt, daß der Atem selbst eine Substanz ist. Die Natur geht dem vorher, was seinen Ursprung in ihr hat, aber die Natur ist nichts anderes als der Atem des Erbarmers. Daher vollzieht sich die Leben-spendende, Form-gebende Aktivität des Atems, indem er durch alle physischen und leuchtenden Formen hindurchflutet. Deshalb stammt in der Natur alles vom Atem, und dies schließt nicht nur das Physische, sondern auch das Engelhafte ein; denn die Schöpfungs-Wirklichkeit ist in ihrer Existenz von den vier Grundelementen abhängig. Daher ist die Erkenntnis der Welt die Erkenntnis dieses Göttlichen Atems. Das In-die-Wirklichkeit-Treten des Universums aus der Nicht-Existenz in die Existenz ist eine Handlung; aufgrund des Göttlichen Befehls erhebt sich eine Bewegung aus der Ruhe in die Schöpfungsaktivität. Diese Bewegung, dieses Ausfließen – nennen wir Liebe. Dies ist die Sehnsucht, auf welche sich Allah-Ta'âlâ in der Hadith, welche die Schöpfung beschreibt, bezieht. Da die Bewegung die Liebe selbst ist, liebt es die Welt auch, sich selbst existieren zu sehen; denn diese Existenz selbst ist eine Liebes-Aktivität.

Nun wollen wir, um eine lebendigere Vorstellung von dieser Aktivität zu bekommen – und auch, um die Wahrheit des Beschriebenen zu untermauern –, einen Blick darauf werfen, wie die Kernphysiker selbst innerhalb der Disziplinen und Grenzen ihrer Wissenschaft den Prozeß der Existenz betrachten. Das soll keineswegs dazu dienen, irgend etwas zu »beweisen«. Die Weisheits-Lehre basiert nicht auf Beweisen, sondern auf Erfahrung. Die naturwissenschaftliche Parallele soll nur dazu dienen, die Lebendigkeit des physikalischen Verständnisses der erstaunlichen Natur des Schöpfungs-Prozesses zu erläutern. Im folgenden beschreibt der Physiker Fritjof Capra die ständige Bewegung der Materie*:

> Die »Rastlosigkeit« der Materie, welche im Unbestimmtheits-Prinzip impliziert ist, kennzeichnet auf eine fundamentale Weise die atomare und subatomare Welt. In dieser Welt kommt die Materie niemals gänzlich zur Ruhe, sondern sie ist ständig in einem Bewegungszustand. Die Moleküle in den festen Körpern bewegen sich und vibrie-

* Siehe auch: Fritjof Capra: *Der kosmische Reigen*, O. W. Barth-Verlag, München, 5. Aufl. 1982.

ren aufgrund ihrer thermischen Energie. Die Atomkerne innerhalb der molekularen Strukturen sind deshalb in Schwingung, weil sie in diese Struktur eingeschlossen sind. Die Elektronen der Atomhülle sind an einen Bereich ähnlicher Größenordnung gebunden. Aber da sie viel leichter sind als die Kerne, bewegen sie sich viel schneller, und wir haben gesehen, daß sie tatsächlich enorme Geschwindigkeiten erreichen. Und schließlich sind, wie wir sehen werden, die Protonen und Neutronen innerhalb des Kernes durch starke nukleare Kräfte auf einen extrem kleinen Bewegungsraum beschränkt und rasen folglich mit phantastischen Geschwindigkeiten umher.
Wir sehen, daß die moderne Physik die Materie durchaus nicht als unbewegt darstellt, sondern als in einer ständigen tanzenden und schwingenden Bewegung begriffen, deren rhythmische Muster durch die molekulare, atomare und nukleare Struktur festgelegt sind.

In einem Vortrag vor dem I. C. A. in London sagt derselbe Physiker:

Am Anfang unseres Jahrhunderts erbrachte die experimentelle Erforschung des Atoms sensationelle und völlig unerwartete Ergebnisse. Weit davon entfernt, die harten, stabilen Teilchen zu sein, als welche sie seit der Antike gegolten hatten, erwiesen sich die Atome als aus gewaltigen Regionen leeren Raums bestehend, worin extrem kleine Partikel – die Elektronen – sich um einen Kern bewegen. Als die Quantenmechanik – die theoretische Begründung der Atomphysik – in den zwanziger Jahren entwickelt wurde, stellte sich heraus, daß sogar die subatomaren Teilchen wie die Elektronen, die Protonen und die Neutronen im Kern, nichts den stabilen Objekten der klassischen Physik Vergleichbares sind. Die subatomaren Einheiten der Materie sind sehr abstrakte Gebilde. Je nachdem, wie wir sie betrachten, erscheinen sie manchmal als Partikel, manchmal als Wellen.

Dieser Doppel-Aspekt der Materie war äußerst verwirrend und führte zu den meisten der koan-gleichen Paradoxien, auf welchen die Formulierung der Quantenmechanik beruht. Das Bild einer Welle, die ja immer eine Ausdehnung im Raum hat, unterscheidet sich grundlegend von der Teilchen-Auffassung, welche eine exakte Lokalisierung impliziert. Der offenkundige Widerspruch zwischen diesen beiden Auffassungen wurde in einer völlig unerwarteten Weise gelöst, welche das gesamte Fundament des mechanistischen Weltbildes erschütterte und ebenfalls die Konzeption von der Wirklichkeit der Materie. Auf der subatomaren Ebene existiert die Materie nicht mit Sicherheit an genau bezeichneten Orten, sondern eher schon zeigt sie die »Tendenzen zu existieren«. Diese Tendenzen bezeichnet man in der Quantenmechanik als Wahrscheinlichkeiten, und die entsprechenden mathematischen Quantitäten erscheinen in Form von Wellen. Das ist der Grund dafür, warum Partikel zugleich Wellen sein können. Sie sind keine »wirklichen«, dreidimensionalen Wellen wie Schall- oder Wasserwellen. Sie sind »Wahrscheinlichkeits-Wellen«, abstrakte mathematische Quantitäten mit all den charakteristischen Eigenschaften von Wellen, die in Beziehung stehen zu der Wahrscheinlichkeit, die Partikel an bestimmten Punkten im Raum und zu bestimmten Zeitpunkten zu finden.

Auf der subatomaren Ebene lösen sich also die stabilen materiellen Objekte der klassischen Physik in Wellen-gleiche Wahrscheinlichkeitsmuster auf. Aber das erscheint wiederum paradox. Wie kann die physische Welt aus bloßen Wahrscheinlichkeiten bestehen? Nun, es stellt sich heraus, daß die Muster letztlich nicht die Wahrscheinlichkeit von Dingen repräsentieren, sondern eher schon die Wahrscheinlichkeit von Wechselwirkungen. Eine sorgfältige Analyse des Beobachtungsprozesses in der Atomphysik hat gezeigt, daß die subatomaren Teilchen als isolierte Gebilde keine Bedeutung haben, sondern nur als Wechselwirkung zwischen dem Aufbau eines Experiments und den darauffolgenden Messungen verstanden werden können. Das bedeutet, daß die kartesianische Unterscheidung zwischen Ich und Welt, zwischen Beobachter und Beobachtetem, für den atomaren Bereich der Materie nicht gilt. In der Atomphysik können wir niemals über die Natur sprechen, ohne zugleich über uns selbst zu sprechen. Wie Heisenberg es ausgedrückt hat: »Die Naturwissenschaften beschreiben und erklären nicht einfach die Natur, sie sind Teil des Zusammenspiels zwischen der Natur und uns selbst.«

Die Quantenmechanik offenbart damit die grundlegende Einheit des Universums. Sie zeigt, daß wir die Welt nicht in unabhängig voneinander existierende kleine Einheiten zerlegen können. Wenn wir in die Materie eindringen, zeigt uns die Natur nicht irgendwelche isolierten Grundbausteine, sondern sie erscheint eher als ein kompliziertes Beziehungsgeflecht aus den verschiedenen Teilen des Ganzen, und diese Beziehungen schließen immer den Beobachter auf eine elementare Weise mit ein.

Fritjof Capra erläutert dann im Folgenden Einsteins Relativitätstheorie, indem er sie in Beziehung setzt zu dem Bild, welches er von der Quantenmechanik gezeichnet hat:

Die Relativitätstheorie hat, um es so auszudrücken, diese »Muster« mit Leben versehen, indem sie deren zutiefst dynamischen Charakter enthüllt hat. In einer »relativistischen« Beschreibung der subnuklearen Welt, d. h. in einer Beschreibung, welche der Relativitätstheorie Rechnung trägt, sind Raum und Zeit in einem vierdimensionalen Kontinuum miteinander verschmolzen, und das bedeutet, daß wir uns die Partikeln als vierdimensionale Gebilde in Raum/Zeit vorstellen müssen. Ihre Gestalt ist daher Gestalt in Raum und Zeit. Die Teilchen sind dynamische »Muster«, welche einen Raum- und einen Zeitaspekt haben. Ihr Raumaspekt läßt sie als Objekte mit einer gewissen Masse, ihr Zeitaspekt als energiegeladene Prozesse erscheinen, und beides ist verbunden in Einsteins berühmter Gleichung $E = mc^2$.

Die Relativitätstheorie verleiht den Konstituenten der Materie derart einen zutiefst dynamischen Aspekt. Sie zeigt, daß die Aktivität der Materie deren Dasein ausmacht. Die Objekte der subnuklearen Welt sind nicht nur in ihrer schnellen Umlaufbewegung aktiv, sondern sie sind selbst Prozesse. Das Sein der Materie und ihre Aktivität kann man nicht voneinander trennen. Sie sind verschiedene Aspekte der subnuklearen Raum-Zeit-Wirklichkeit.

Bevor wir mit dieser herrlich klaren Beschreibung der Existenz fortfahren, wollen wir auf unsere sufische Perspektive des Atems des Erbarmers zurückkommen.

In einem Kapitel seines Werkes *Die Siegelringsteine der Weisheiten* gibt der Schaich al-Akbar eine Analyse einer Koranstelle, welche das Treffen des Propheten Sulaimân (Salomon), Friede sei mit ihm, und der Königin Bilqis oder Scheba (Saba) wiedergibt. Es wird als die Begegnung einer Frau, die eine große Hierophantin des Wissens war, mit dem Propheten dargestellt, welcher sie an ihr Ziel führen und ihr Wissen vollenden konnte, indem er ihr das Geheimnis der Lehre von der Einheit eröffnete. Der Prophet hatte einen Brief folgenden Inhalts an die Königin gesandt: »Im Namen Allahs, des Erbarmers, des Mitfühlenden, erhebe dich nicht gegen mich, sondern komme in Ergebung zu mir.« Ihre Anhänger schlugen ihr vor zu kämpfen, aber sie erklärte: »Wenn Könige eine Stadt betreten, so verwüsten sie sie.« Für die Gläubigen bedeutet das – in einer seiner Bedeutungen – die Auslöschung der Nafs bei der Ankunft des Königs der Schöpfung, aber Allah weiß es am besten.

Als der Prophet hörte, daß die Königin zu ihm kommen wollte, bat er darum, daß ihm ihr Thron gebracht werde, damit er ihr bei ihrer Ankunft die Überlegenheit seines Wissens demonstrieren könne.

Ein Ifrît (Dämon) von den Dschinn sprach: »Ich bringe ihn dir, bevor du dich von deinem Platze erhebst, denn siehe, wahrlich, ich bin stark dafür und getreu.«
Da sprach der, bei dem Wissen von der Schrift war: »Ich bringe ihn dir, bevor dein Blick zu dir zurückkehrt.« Und da er ihn vor sich stehen sah, sprach er: »Dies ist eine Huld meines Herrn, mich zu prüfen, ob ich dankbar oder undankbar sei. Und wer dankbar ist, ist nur dankbar zu seinem Besten, und wenn einer undankbar ist – siehe, so ist mein Herr reich und großmütig.«
Er sprach: »Machet ihr ihren Thron unkenntlich; wir wollen sehen, ob sie rechtgeleitet ist oder nicht.«
Und da sie ankam, ward gesprochen: »Ist also dein Thron?« Sie sprach: »Es ist so, als ob er's wäre.« – »Und uns ward Wissen gegeben vor ihr und wir wurden Muslime.
Aber was sie außer Allah verehrte, führte sie abseits; siehe, sie gehört zum ungläubigen Volk.«
Gesprochen ward zu ihr: »Tritt ein in die Burg.« Und da sie sie sah, hielt sie sie für einen See und entblößte ihre Schenkel. Er sprach: »Siehe, es ist eine Burg, getäfelt mit Glas.«
Sie sprach: »Mein Herr, siehe, ich sündigte wider mich selber, und ich ergebe mich mit Salomo Allah, dem Herrn der Welten.« (Koran 27.39–45)

Zur Überlegenheit des Weisen über den Dschinn sagte unser Meister:

Dieser Vorrang ist durch das Ausmaß der Zeit gegeben; denn die Rückkehr des Blicks zum Sehenden erfolgt schneller, als es möglich ist, sich von dem Platz, auf dem man sitzt, zu erheben, weil die Bewegung des Auges in der Wahrnehmung dessen, was es wahrnimmt, schneller ist als die Bewegung des Körpers, wenn er sich bewegt. Deshalb ist die Zeit, in welcher das Auge sich bewegt, dieselbe Zeit, welche es mit dem Objekt in Verbindung bringt, und zwar trotz der Distanz zwischen dem Sehenden und seinem Gegenstand. Deshalb ist die Zeit des Öffnens der Augen die Zeit ihrer Verbindung mit dem Himmel der Fixsterne. Die Zeit der Rückkehr ihres Blicks ist dieselbe wie die Abwesenheit ihrer Wahrnehmung. Sich von seinem Platz zu erheben, ist etwas anderes. Es hat nicht eine solche Geschwindigkeit. Daher war Asaf ibn Barchija in seinem Handeln vollkommener als der Dschinn. Das Ur-Formbild des Wortes, das Asaf ibn Barchija aussprach, war zu ein und derselben Zeit das Ur-Formbild des Handelns. Deshalb sah Sulaimân, Friede sei mit ihm, zu ebenderselben Zeit den Thron der Bilqis »vor sich stehen«; man darf sich also nicht vorstellen, er habe den Thron wahrgenommen, während dieser an seinem Platz gewesen sei, ohne sich zu bewegen. Aufgrund der Einheit der Zeit gibt es für uns keine physische Überführung, sondern es handelt sich um ein Eingehen in das Nicht-Dasein und eine Rückkehr in das Dasein, insoweit sich nur derjenige dessen bewußt ist, der Gnosis davon hat. Es gibt ein Wort von Ihm, Er sei gepriesen, das lautet: »Aber sie leben in Ungewißheit hinsichtlich der neuen Schöpfung.« Für sie vergeht kein Augenblick, in welchem sie nicht sehen, was sie (immer schon) gesehen haben. Da es sich so verhält, wie wir schon erwähnt haben, ist die Zeit seines Nicht-Daseins, d. h. die Abwesenheit des Thrones von seinem Platz, identisch mit seinem Dasein vor Sulaimân aufgrund der Erneuerung der Schöpfung durch den Atem. Niemand kennt diese Macht, besser ausgedrückt, der Mensch wird ihrer aus eigener Kraft nicht gewahr, nämlich, daß sie in jedem Atemzug ist. Sie war nicht und dann war sie. Sage das nicht in der Meinung, es impliziere eine zeitliche Verzögerung, denn das ist nicht wahr. Dies verlangt eine wirkliche Kenntnis des Arabischen – der Dichter sagt zum Beispiel: »Er schüttelte den Rudaini-Speer, und dieser zitterte.« Die Zeit, während welcher der Speer geschüttelt wurde, ist zweifellos dieselbe wie die Zeit, während welcher das geschüttelte Ding zitterte. Es gibt keine Verschiebung. Mit der Erneuerung der Schöpfung mittels des Atems verhält es sich genauso. Die Zeit des Nicht-Daseins ist die Zeit des Daseins des Mithâl. Deshalb ist die Frage der Ortsveränderung des Thrones der Bilqis eines der schwierigsten Probleme, außer für jemanden, der Gnosis von dem besitzt, was wir erwähnt haben. Daher hatte Asaf kein anderes Verdienst in der ganzen Angelegenheit, als die Erneuerung der Versammlung des Sulaimân, Friede sei mit ihm, herbeigeführt zu haben. Folglich wurde der Thron nicht von einem Ort zum anderen bewegt, noch löste er sich von der Erde oder brach die Gesetze des Raumes, jedenfalls für solche, die verstehen, was wir erwähnt haben...

Als Bilqis ihren Thron sah und ihr die Entfernung und die Unmöglichkeit, ihn in einem solchen Zeitraum so weit zu bewegen, bewußt wurde, sagte sie: »Er scheint derselbe zu sein«, und sie sprach die Wahrheit in Übereinstimmung mit dem, was wir über die Erneuerung der Schöpfung durch *Amthâl* (Plur. v. Mithâl) gesagt haben. Er ist es. Es war die Wahrheit, genau wie du zum Zeitpunkt deiner Erneuerung derselbe bist wie in der »vergangenen Zeit«.

Der Meister bemerkt, daß sie sich in ihrer Unterwerfung unter das So-Sein dem Herrn des Universums selbst unterworfen hat, wobei sie sich neben Sulaimân, Friede sei mit ihm, als Teil der Schöpfung stellte. Deshalb war ihr Islam mit dem seinen identisch:

Derart sind wir auf dem Geraden Weg, auf welchem der Herr, Er sei gepriesen, sich befindet; denn unsere Stirnlocken sind in Seiner Hand, und es ist für uns unmöglich, uns von Ihm zu trennen. Daher sind wir unausgesprochen bei Ihm und Er bei uns aufgrund einer offenen Erklärung. Er hat gesagt, Er sei gepriesen: »Er ist bei euch, wo immer ihr seid«, und wir sind bei Ihm, wenn Er uns bei unserer Stirnlocke nimmt. Daher ist Er, Er sei gepriesen, bei Sich Selbst, wo immer Er mit uns auf dem Weg geht. Folglich ist jedermann in der Welt auf einem Geraden Weg, und das ist der Weg des Herrn, Er sei gerühmt und gepriesen. Eben dies lernte Bilqis von Sulaimân, daher sagte sie: »Allah, dem Herrn der Welten«, ohne auf eine bestimmte Welt Bezug zu nehmen.

Diese Lehre vom Atem öffnet uns für das dynamische Wesen der Existenz. Diese Schöpfung befindet sich in ständiger Erneuerung *(al-Chalq al Dschadîd)*, die ewig-neue Schöpfung. Diese überwältigende Vision der Schöpfung als in endloser Zerstörung und Erneuerung begriffen, als niemals existierend und niemals endend, ist der Ausblick der Suchenden, bevor sie ihrerseits die Erfahrung ihres eigenen Erlöschens machen. Der Schaich sagt:

Das Feuer ist das Feuer der Liebe für das Licht, welches Sein Gesicht ausstrahlt, welches alle begrenzten Formen und individuellen Wesenheiten im innersten Zentrum des Ozeans der Kenntnis Allahs und des wahren Lebens auflöst. Und dieses wahre Leben ist von einer Art, daß alles durch es Leben erlangt und zugleich von ihm zerstört wird. Es gibt keine größere Verwirrung als die Haira, welche durch den Anblick des Ertrinkens und des Brennens vor Leben und Wissen verursacht wird und durch gleichzeitiges Erlöschen und Weiterbestehen des Selbst.

Wir wollen uns nun wiederum der Beschreibung des Physikers zuwenden. Er hat die neue klassische Theorie des So-Seins der Dinge umrissen. Dann hat er ein neues Modell entworfen, welches wegen bestimmter Aspekte, wie wir gleich verstehen werden, für uns von besonderem Interesse ist. Es handelt sich dabei nicht um einen Beweis, sondern um eine Erläuterung. Das Modell, welches hier beschrieben wird, ist als die mathematisch-analytische Hadronen-Theorie bekannt.

> Die Grundvoraussetzung des Hadronen-Modells ist die Vorstellung, daß man die Natur nicht auf fundamentale Gebilde wie z. B. fundamentale Bausteine der Materie reduzieren, sondern nur mit Hilfe der Übereinstimmung-mit-sich-Selbst verstehen kann. Die ganze Physik muß einzig und allein auf der Bedingung basieren, daß ihre Bestandteile sich in Übereinstimmung miteinander und mit sich selbst befinden.
> Diese Vorstellung hat eine radikale Aufgabe des traditionellen Geistes der Grundlagenforschung in der Physik zur Folge, welche immer darauf aus war, die letzten Bausteine der Materie zu finden. Zugleich ist sie der Höhepunkt der quantenmechanischen Konzeption von Partikeln als einem zusammenhängenden Beziehungsnetz. Doch die Hadronen-Theorie geht sogar noch weiter. Sie verzichtet nicht nur auf die Idee fundamentaler Bausteine der Materie, sondern verwirft fundamentale Gebilde überhaupt – fundamentale Gesetze, Gleichungen oder Prinzipien. Die einzige Bedingung besteht darin, daß sich alles in innerer Übereinstimmung mit sich selbst befinden muß ...
> Die Idee des Hadronen-Modells basiert auf dem Gedanken, daß im Universum alles mit allem zusammenhängt und kein Teil davon den Charakter eines letzten Bausteins hat. Die Eigenschaften jedes einzelnen Teils sind nicht durch irgendwelche Grundgesetze, sondern durch

die Eigenschaften aller anderen Teile festgelegt. Deshalb müssen wir, um ein Phänomen wirklich zu verstehen, alle anderen verstehen. Das ist ganz offensichtlich unmöglich, und in dieser Frage unterscheidet sich die Einstellung der Physik von jener der östlichen Philosophie.

Die Lehre des Weges ist ganz einfach. Es genügt, daß ein Mensch sich selbst versteht, um alles zu verstehen. Er kann, wie wir bereits bemerkt haben, kein bruchstückhaftes Wissen um alle Formen des Raum/Zeit-Kontinuums von »Anfang« bis »Ende« besitzen, was genau Dr. Capras Aussage entspricht. Es ist jedoch verwirrend, daß hier behauptet wird, es gebe gar keine getrennten Teile, die zu erkennen wären. Dennoch kann es, da das Folgende im Rahmen dieses Modells verbleibt, zwischen uns zu kleinen Meinungsverschiedenheiten kommen Denn unsere Sache ist die unsere, seine, die des Modells. Erinnern wir uns daran, daß der Schaich al-Akbar gesagt hat, daß, wenn man ein Modell des Universums entwirft, man schließlich nur ein Modell von sich selbst entwerfen kann. Capra fährt fort:

> Was ist dann also die Partikel aus der Sicht des Hadronen-Modells? Man könnte mit einem provokativen Satz antworten: »Jede Partikel besteht aus allen anderen Partikeln.« Wie alle anderen wissenschaftlichen Modelle kann das Hadronen-Modell nur eine Annäherung sein, und diese Annäherung erweist sich an der Tatsache, daß es nur bestimmte Arten von Partikeln beschreibt, nämlich die sogenannten »Hadrone« oder »Partikeln mit starker Wechselwirkung«. Diese sind Partikeln wie z. B. das Proton oder das Neutron, welche durch starke nukleare Kräfte aufeinander wirken. In dem Hadronen-Modell sind also alle Hadrone zusammengesetzte Strukturen, deren Bestandteile wiederum Hadrone sind. Das entscheidende Merkmal des Modells ist jedoch das Bild der bindenden Kräfte, welche diese Strukturen zusammenhalten. Die

zwischen den »Grund«-Partikeln wirksamen Kräfte bestehen dabei im Austausch anderer Partikeln. Dies ist ein allgemeiner Zug der subnuklearen Physik: Die Kräfte zwischen den Teilchen – d. h. ihre gegenseitige Anziehung und Abstoßung – manifestieren sich als Austausch anderer Teilchen. Diese Auffassung kann man sich kaum bildhaft vor Augen führen. Sie ergibt sich aus dem vierdimensionalen Raum/Zeit-Charakter der subnuklearen Welt, und weder unsere Intuition noch unsere Sprache können dieses Bild besonders gut erfassen. Es ist jedoch grundlegend für die Auffassung der Teilchen im Hadronen-Modell. Die Konstituenten beispielsweise eines Protons sind Teilchen, aber die Kräfte, welche diese zusammenhalten, sind ebenfalls Teilchen, und daher verwischt sich die Unterscheidung zwischen den konstituierenden Teilchen und den Teilchen, welche für die bindenden Kräfte stehen. Die gesamte Vorstellung eines aus konstituierenden Teilchen bestehenden Objekts bricht zusammen.
Jedes Hadron spielt deshalb drei Rollen: Es ist eine zusammengesetzte Struktur, es kann Konstituent eines anderen Hadrons sein, und es kann zwischen Konstituenten ausgetauscht werden und derart einen Teil der Kräfte konstituieren, welche die Struktur zusammenhalten. Jedes Teilchen hilft derart, andere Teilchen zu erzeugen, die ihrerseits es selbst erzeugen. Die gesamte Ansammlung von Hadronen erzeugt sich auf diese Weise selbst oder »zieht sich an den eigenen Schnürsenkeln (engl.: bootstraps) hoch«, weshalb dieses Modell auch »Bootstrap-Modell« genannt wird.

Der Leser wird erkennen, daß es extrem schwierig ist, die Auffassung, daß jedes Teilchen alle anderen Teilchen enthält, sich bildhaft vorzustellen. Das liegt daran, daß es sich dabei um eine relativistische Vorstellung handelt. Die Hadrone sind dynamische Raum/Zeit-Muster, welche einander nicht »enthalten«, sondern eher einander »bedingen«, was man zwar mathematisch exakt, in Worten jedoch kaum ausdrücken kann. Das Hadronen-Modell ist das relativistische Modell eines Netzes von ineinander verwobenen Beziehungen, was ich schon früher in Verbindung mit der Quantenmechanik erwähnt habe.

An einer Stelle der *Mekkanischen Offenbarungen* bezieht sich der Schaich auf einen Qutb der Welt in alten Zeiten und auf dessen Wissen um die Entstehung der Dinge. Sein Name war Der Qutb Mudawi'l-Kulûm, und er sagte zu dieser Frage:

> Das Universum existiert auf der Grundlage dessen, was sich zwischen dem Umfang und dem Punkt befindet, und auf der Grundlage der Ränge und der Kleinheit und Größe ihrer Sphären. Derjenige, welcher dem Umfang näher ist, ist größer als derjenige, welcher darin enthalten ist, und deshalb sind sein Tag und sein Platz ausgedehnter und seine Zunge ist beredter. Alle Dinge richten den Blick auf den Punkt ihres Wesens; und der Punkt sieht trotz seiner Kleinheit seinem Wesen gemäß auf jeden Abschnitt des Umfangs. Daher ist das Komprimierte der Umfang, und sein Komprimiertes ist der Punkt und umgekehrt; daher gebt acht!

In *Die Siegelringsteine der Weisheiten* wird der Meister noch deutlicher. Er sagt:

> Jedes Teilchen der Welt gehört zum Ganzen der Welt. Das heißt – jedes einzelne Teilchen ist fähig, alle Wirklichkeiten aller einzelnen Teilchen der Welt in sich aufzunehmen.

Der Qutb Mudawi'l-Kulûm wiederum hat sich so ausgedrückt:

> Der Mensch ist die Summe aller »Flocken« der Welt. Und vom Menschen her erstreckt sich von jener Flocke eine Flocke bis zu allen Dingen in der Welt. Es gibt nichts im Universum, was nicht auf den Menschen wirkt, und der Mensch wirkt auf es. Und diese Flocken sind Lichtstrahlen-des-Lichts.

Der Brennpunkt dieser universalen Wirklichkeit, welche nichts anderes ist als ein endloses, leuchtendes Schauspiel von Licht über Licht (*nûrun 'alâ nûr,* Koran 24.35), ist der Mensch, nicht gerade die Gattung Mensch, sondern der Mensch auf seinem Höhepunkt, der Vollkommene Mensch, der selber Licht ist und weiß, daß er Licht ist, *al-Insânu'l-Kâmil.* Das Wort für Mensch hat eine Wurzel NAS, was bedeutet: »vor- und zurückgeschüttelt werden«, »in der Schwebe sein«. *Insân* hat eine Parallelbedeutung und heißt dann: »Pupille« (*pupil of the eye,* d. h. »Zögling des Auges«). Der Mensch selbst ist eine schwingende, wie ein Strudel kreisende Energie-Aktivität in endloser Bewegung – auf seinem kleinen Planeten schwebt er im Kosmos, und im Unsichtbaren schwebt er in dem unendlichen Blütenreichtum der Formen, welche das Feuer und den Garten bilden. Zugleich ist er das Auge des Universums, mit dem sein Schöpfer Seine Schöpfung betrachtet. Er ist eine Ansammlung aller Formen, eine Zusammenfassung des gesamten Schöpfungsprozesses, angefangen bei den Urzuständen über die Elemente und Pflanzen bis hin zur höchsten Verdichtung von Aspekten, und daher ist er ebenfalls ein kleines Universum – so wie das Universum nach dem, was der Qutb oben gesagt hat, nichts anderes ist als *al-Insânu'l-Kabîr,* der Große Mensch. Wir sprechen hier natürlich in der Sprache der Sufis und nicht in der Sprache der Unwissenheit und der Buchstäblichkeit. Das vermindert nicht den Wahrheitsgehalt der Übertragung des Namens »Großer Mensch« auf den Kosmos; es bedeutet einfach, daß buchstäbliches Denken eine zu primitive Weise der Reflexion ist, um diese Fragen begreifen zu können. Der Vollkommene Mensch ist gänzlich gewahr und wach, durchdrungen von allen Namen und Vollkommenheiten der Göttlichen Attribute.

Der Schaich al-Akbar hat gesagt, der Prophet Ibrâhîm, Friede sei mit ihm, heiße deshalb *al-Khalîl*, das heißt der teure Freund, weil das Wort sich von einer Wurzel mit der Bedeutung »durchdrungen« herleite. Und derart durchdringt die Gottheit die Existenz der Form des Ibrâhîm. Da Er jedoch Seine ganze Schöpfung durchdringt, muß es in diesem Fall bedeuten, daß Ibrâhîms spezieller Rang Folge davon war, daß dieses Durchdrungen-Sein auch sein Bewußtsein völlig erfaßt hatte. Es sind sein Gewahr-Sein, sein Wissen und die unmittelbare Wahrnehmung des Durchdrungen-Seins, welche ihn als *al-Khalîl* auszeichnen.

> Also ist er der Mensch, sowohl in der Zeit als auch in Vorendloser-Zeit, ein immerwährender und ein Organismus Nach-endloser-Zeit. Er ist das unterscheidende und verneinende Wort. In seiner Existenz liegt die Vollendung des Universums. Für das Universum ist er identisch mit dem, was das Gesicht des Siegels für das Siegel selbst bedeutet; denn das ist der dem Siegel angemessene Platz und daher das Zeichen, mit welchem der König seine Schätze versiegelt. Er nannte ihn aus diesem Grunde den *Chalîfa* (Stellvertreter), da er Seine Schöpfung beschützt, wie man Schätze mit einem Siegel schützt. Solange das Siegel des Königs auf ihnen haftet, wagt niemand, sie ohne Seine Erlaubnis zu öffnen. So hat Er ihn zum Chalifen der Obhut des Universums gemacht, und es wird weiterhin beschützt sein, solange es den Vollkommenen Menschen darin gibt. Seht ihr also nicht, daß nichts von alledem, womit Allah die Welt ausgestattet hat, in ihr bleiben wird, wenn er verschwindet und aus der Schatztruhe dieser Welt entfernt wird? Was in ihr war, wird aus ihr hinausgehen, und jeder Teil wird heimkehren zu seinem Teil, und alles wird in die nächste Welt versetzt werden. Dann wird er

für Endlose-Zeit und in Nach-endloser-Zeit das Siegel auf der Schatztruhe der anderen Welt sein.

Diese Vollkommenheit zu erreichen, ist Bedeutung und Ziel unserer Reise, *fî Sabîlillâh,* auf dem Weg zu Allah, um Allah willen. »Der Weg« *(Sabîl)* leitet sich aus der Gruppe SBL her. Diese hat keine verbale Wurzel, sondern heißt »die Straße«, »ein Weg«, »ein Reisender«, »der Weg Allahs«, »eine Notwendigkeit«. Ihre wirkliche Bedeutung ist jedoch »Regen«. Es gibt kein vollkommeneres Mithâl als dieses für wahre Unterwerfung und ihre Früchte.

Das Ziel ist, wie wir immer wieder gesagt haben, das Erlöschen der illusionären Abgesondertheit, welche den einzelnen begrenzt und in den Panzer der Nafs einschließt. Die Öffnung der Wahrnehmung weitet die Nafs aus, bis sie erkennt, daß sie in der Tat das gesamte Universum ist. Jenseits dieser Erfahrung beginnt die erschütternde, zerstörerische Kraft der Göttlichen Majestät wirksam zu werden, indem durch sie offenbar wird, daß all der Glanz der Schöpfung für sich genommen gar nichts ist. Darauf folgt das Erlöschen; der Suchende ist ungeschaffen. Er ist ausgelöscht. Er war ein Knoten, und der Knoten ist gelöst, nur die Schnur bleibt übrig, Eins, zeitlos. Im »Fanâfillâh« aus dem Diwan des Schaich al-Kâmil werden die drei Stufen des Erwachens für die Einheit und des Ausgeblasenwerdens folgendermaßen beschrieben:

> Durchschneide immerzu deine Illusion mit reiner Tawhîd für Allah.
>
> Daher erscheint die Einheit des Handelns am Anfang von Dhikr Allah.
>
> Und die Einheit der Eigenschaften entsteht aus der Liebe für Allah.

Und die Einheit Seines Grundes gewährt das Weitergehen mit Allah.

In seinem »Kleineren Lied« beschreibt er die auf Einheit gegründete Erfahrung:

Mein Geliebter gab mir einen Trunk aus der Reinheit der Liebe, und so wurde ich in jeder Hinsicht zum Geliebten.

Er machte mich blind für mich selbst, so daß ich nur noch Ihn sah,
und Er zerstörte mein Geheimnis in den Offenbarungen der Gegenwart.

Ich zerschlug, was in mir fest gefügt war und fügte zusammen, was getrennt war: Durch die Isolierung der Einheit erkannte ich meine Tawhîd.

Mein Verlangen wurde gestillt – Seine Vollkommenheit direkt zu schauen
und Seine Wirklichkeit in jeder Bedeutung und Form zu erfahren.

Ich riß die Illusion der Existenz meines Ichs nieder,
welches der größte Schleier ist, und dann fand ich Ihn, zeitlos, in jeglichem Atom.

Ich machte den Weg zu meinem Weisheitsführer, als ich versuchte,
Seine Attribute besser zu verstehen, und mein Herr offenbarte mir das Geheimnis meiner Weisheit.

Daher sehe ich manchmal die Geschöpfe als die Manifestation Ahmads,
und manchmal sehe ich sie als direkte Offenbarungen Göttlicher Kraft.

Manchmal wird meine Daseins-Tat ausgelöscht durch die
Vision Seiner Tätigen Existenz,
und manchmal sehe ich die Attribute aus Ihm in Erscheinung treten.

Und manchmal ziehe ich mich aus diesem metaphorischen Dasein (der Welt) zurück in die Einheit einer Wahrheit,
die frei ist von Schirk.

Für jeden, der sich zurückzieht in das Licht der Wahrheit,
ist die Schöpfung nichts weiter als Staubkörner im Raum.

Im Brennpunkt des Sufismus steht nicht das Ziel des Erlöschens, denn das ist ein Geschenk des Herrn an den Knecht. Die Sehnsucht gilt etwas noch Hinreißenderem, das verborgen ist, wo Fanâ offenbar wird, und andauert, wo Fanâ ein zuckender Blitz ist. Wenn man so will, liegt es jenseits des Ziels; denn richtig ausgedrückt, kann es kein Ziel sein, sondern nur – was der Name *Baqâ* impliziert – ein Weiter-Dauern. Bevor wir uns mit dieser letzten Stufe des Suchenden beschäftigen, wollen wir die Reise zum Ziel des Fanâ in ihrer Mithâl-Form, nämlich der Haddsch, genauer ansehen. Über die Riten des Tawaf und des Sa'j hatten wir schon gesprochen, aber danach geht der Pilger zum Akt der Haddsch selbst, nämlich dem 'Arafât, über. Der Gesandte hat gesagt: »Haddsch *ist* 'Arafât.« Sie ist ein Ritus, welcher den Menschen zu seinem Ursprung zurückführt; denn 'Arafât ist der Punkt der Begegnung, der Punkt der Wiedervereinigung von Âdam und Hawwâ auf Erden, Friede sei mit ihnen. Er ist der Ursprungs-Punkt der menschlichen Situation. Und wenn der Pilger dort ankommt, worin besteht dann der Ritus?

'Amr bin 'Abdallah bin Safwan zitierte einen Onkel mütterlicherseits namens Yazîd bin Schaiban, der gesagt hat:

»Wir standen alle an einem Platz in 'Arafât« – welcher, wie 'Amr andeutete, sehr weit von dort entfernt war, wo der Imâm stand –, »als Ibn Mirba' al-Ansâri zu uns kam und sagte, er habe uns vom Gesandten Allahs die folgende Botschaft gebracht: ›Steht, wo ihr seid, und verrichtet eure Ehrbezeigungen, denn ihr seid in Übereinstimmung mit einem alten Brauch eures Vaters Ibrâhîm.‹« Dies ist von Tirmidhi, Abû Dâwûd Nasa'i und Ibn Madschah überliefert.

Die Bedeutung der Haddsch und ihrer Wirklichkeit liegt also in diesem »Moment« begründet, dieser Zeit am Ursprung des Lebens selbst, und was der Pilger tut, ist, zum Stehen zu kommen. Auf 'Arafât zu stehen, das war der ganze Grund der Reise. Allein auf einer weiten Wüstenebene, umgeben von dem Gedränge anderer Menschen, identisch mit sich selbst, barhäuptig und in zwei weiße Tücher gekleidet – viele der Pilger werden in ebendiesen Tüchern begraben werden –, kommt man zum Stehen: ganz einfach, erschöpft, geblendet, bleibt man stehen. In diesem Augenblick gibt es keinen Ort, wohin du gehen könntest.

Du bist da.

Mit Allah.

Die Reise ist zu Ende.

Danach kommt nur noch Reinigung und Beten.

Du wanderst wieder hinab nach Mekka und verrichtest ein paar rituelle Handlungen, deren Höhepunkt die Rückkehr zur Ka'ba ist, wo der Abschieds-Tawaf und der letzte Aufenthalt in der Ka'ba stattfinden, die zwei Rak'as am *Maqâm al-Ibrâhîm,* dem Stein (Aufenthalt) des Ibrâhîm. Die großen Riten der Haddsch gehen einfach auf die Figuren des Kreises, der Linie und schließlich des Punktes zurück. Der Stein des Ibrâhîm, von al-Khalîl, ist der Ort von *Qurb* (Nähe) und von *Uns* (Intimität, Freundlichkeit).

Das ist das Ziel.

Schaich al-Akbar beschreibt die schwierige Reise, für welche Haddsch ein Mithâl ist:

> Die erste Stufe ist *Islâm*, Unterwerfung, und die letzte Stufe ist *Fanâ*, das Erlöschen im Aufstieg, und *Baqâ*, die Dauer im Weiter-Gehen. Zwischen ihnen ist, was bleibt. Es sind *Îmân*, wahrer Glaube, *Ihsân*, Tugend, reine Einheit, *Tanzîh*, Reichtum, Armut, Demut, Macht, Färbung, die Verfestigung der Färbung, und Fanâ, wenn man hinaus-geht, und Baqâ, wenn man weiter-geht.

Dhu'n-Nûn al-Misrî, möge er Allah wohlgefallen, wurde gefragt: »Was ist das Ziel des Gnostikers?« Er erwiderte: »Wenn er ist, wie er war, wo er war, bevor er war.«

Abû 'Abdallah an-Nibâdschi hat gesagt:

> Sufismus ist wie die Krebs-Krankheit: In den ersten Stadien tobt der Patient, aber wenn die Krankheit ganz von ihm Besitz ergriffen hat, macht sie ihn stumm.

In seiner Beschreibung der Wiederkehr aus Fanâ in den Zustand des Baqâ in »Das Kleid der Nähe« (Qurb) sagt Schaich al-Kâmil in seinem »Diwan«:

> Die Anrufung des Geliebten kleidete uns in Schönheit,
> Lichtstrahlen, Lobpreisung und Freude.
>
> Im Näherkommen warfen wir alle Beschränkungen ab
> und proklamierten den Einen, den wir zu rühmen lieben.
>
> Der Geliebte gab uns von dem Liebestrank zu trinken,
> wodurch alles außer dem Geliebten gezwungen war, den
> Platz zu räumen.
>
> Wir sahen die Geschöpfe als reine Staubpartikel;
> offen sahen wir die Lichter erscheinen.

Nach unserer Auflösung und dem Erlöschen in lichtspendendem Wein kehrten wir in die Schöpfung zurück.

Aufgrund von Allahs Überfließen wurde uns Weiter-Gehen gewährt,
und geduldig hielten wir den Einen, dem unsere Liebe gilt, geheim.

Wie oft schon haben wir auf einen Reisenden gesehen, so daß er sich zum Rang solcher erhoben hat, die in die See hinabgetaucht sind!

Wir haben die Herzen von dem geheilt, was Besitz von ihnen ergriffen hatte, durch Wissenschaften, fein im Geschmack.

Wir beschäftigten uns mit etwas Geheimem, und so war es, und der Eine, den zu lieben wir gewählt haben, ist zu uns gekommen.

Von der Gegenwart des Unsichtbaren erfuhren wir ein Geheimnis:
»Bei uns bist du geliebt, daher sei dankbar.«

Wir haben *Idhu* (die Erlaubnis) erhalten, all denen, die sich nach der Begegnung sehnen und nicht äußeres Wissen suchen, ihren Durst zu stillen.

Gibt es auch Geschenke in Fülle, meide sie und sei arm.

Zeige deine Demut den Leuten des Weges, und sie werden dir zu trinken geben. Schließe dich ihnen nahe an, und fürchte keine Schande.

Entkleide dich jeglichen Wissens und Verstehens,
damit du erlangen mögest, was die Großen erlangt haben.

Entbiete deine Nafs, Liebhaber der Einheit,
und folge dem Schaich in seinem Rat.

Sei Zeuge der Wahrheit in ihm, in Wesen und Herz,
erlösche in ihm, und durch ihn wirst du siegreich sein.

Er ist das Licht des Gesandten in jeder Hinsicht,
und er ist Herzensmedizin, offen und geheim.

Daher sieh ihn an, und preise ihn.
Geh zu ihm, und sei unterwürfig.

Gesegnet seien der Gesandte und seine Gefährten,
und wer immer Menschen dazu angehalten, ihm zu folgen.

Und Friede, moschus- und weihrauchduftend,
in Schönheit und unerreichter Erhabenheit.

Derart setzt Fanâ, obwohl in sich selbst weder Licht noch Dunkelheit, sondern deren Grundlage ohne Gegensatz, in seiner gewaltigen, auslöschenden Kraft eine Flut des Lichtes und der Ekstase frei. Sie ist umgeben von Wundern und Glückseligkeit, und oftmals, wenn Fanâ sich ereignet, werden Menschen von der anderen Seite der Erde zu dem Empfänger gezogen. Seine Wirkung ist so vollständig, daß ein Mensch für den Fall, daß die Macht der Erfahrung, oder besser ausgedrückt, das Aufhören der Erfahrung, zu viel für ihn ist und er danach für immer *madschdhûb*, trunken, wahnsinnig-in-Allah bleibt, beschützt und geleitet und isoliert werden muß. Die Wissenschaft unserer *Tarîqa* (mystischer Weg, Orden) entspricht dennoch dem, was unser geliebter Schaich in dem »Kleid der Nähe« beschrieben hat – und das ist auch der Weg des Schaich Dschunaid, möge Allah sich ihrer beider erbarmen. Denn wo die Fanâ Licht, Bestätigung und Freude spendet, ist das Weiter-Gehen verborgen, demütig und dunkel. Das Weiter-Dauern *(Baqâ)* gibt der Schöpfung den Menschen für den Dienst an seinem Herrn zurück. Er ist der letzte Mensch, nicht der erste. Er ist der geringste der Menschen, er ist kein Herrscher. Unser Schaich, möge Allah ihn gnädig beschützen, unterschrieb mit »der Sklave der Sklaven«, wie wir am Anfang unserer Reise festgestellt haben, und die Antwort des Gesandten, möge Allah ihn segnen und ihm Frieden gewähren, wenn er gerufen wurde, lautete: *»Labbaik!«* – »Zu Diensten!« Das ist die Formel, mit welcher die Pilger auf der Haddsch ihren Schöpfer anrufen.

Weiter-Dauern – ist totale und völlige Unterwerfung. In den Worten des Schaich Abû Su'ûd lautet das so: »Was ist es sonst als die fünf Salât und das Warten auf den Tod?« Es bedeutet, äußerlich Staub und innerlich Gold zu sein. Es ist, wie Imâm Dschunaid es ausgedrückt hat: »Nichts zu besitzen und von nichts besessen zu werden.« Wenn du zu einem solchen Menschen kommst, so gibt es nichts zu sehen. Sie sind die *Sâdiqîn,* die Wahrhaftigen, denn sie wissen, »wie es ist«. Der Koran befiehlt: »Schließe dich den Wahrheitsliebenden an.« Auf die Frage, wie man sie erkennen könne, erwiderte der Gesandte, der Segen und Friede Allahs seien mit ihm: »Wenn du sie siehst, erinnern sie dich an Allah.«

Wenn du schließlich zu einem solchen Menschen kommst, bist du nur bei deinem eigenen Selbst angelangt. Du stehst vor einem Spiegel, denn er ist völlig blankgeputzt – alles, was bleibt, ist eine klare Oberfläche, worin du dein eigenes Licht, jenseits all der illusionären Dunkelheit, welche dich so sehr bekümmert und dich so unerbittlich von innerem Frieden fernhält, erblickst. Du kommst zu ihm als Sklave deiner Nafs, deiner Wünsche, deiner Angst, deiner Vergangenheit, der zu entfliehen du dich sehnst, und deiner Zukunft, wohin du dich zu fliehen sehnst. Und du findest dich plötzlich einem Mann gegenüber, welcher sowohl der Sklave des Augenblicks, *Abd al-Waqt,* als auch der Anbeter des Augenblicks, *Âbid al-Waqt,* ist; denn sonst gibt es nichts, und der

Augenblick ist die Wirklichkeit. »Verflucht nicht die Zeit«, sagte der Gesandte, der Segen und Friede Allahs seien mit ihm, »denn sie ist Allah.«

Der Schaich al-Akbar, der Erneuerer der Dîn und die Erleuchtung unserer Tarîqa, hat gesagt:

> Jeder, der weiß, daß Allah identisch mit dem Weg ist, weiß, wo das Problem liegt. Dann beschreitet Er, Er sei gerühmt und gepriesen, den Weg, weil es außer Ihm nichts Bekanntes gibt, und Er ist das Ur-Formbild des Wanderers und des Reisenden, so daß es keinen Wissenden gibt außer Ihm. Er ist du. Erkenne deshalb deine Wirklichkeit und deine Tarîqa. Die Frage ist dir durch die Zunge des Dolmetschers klar beantwortet worden, wenn du nur verstehen willst. Sie ist die Zunge der Wahrheit, deshalb wird nur der verstehen, dessen Verstehen Allah ist.

Ende

Allah segne Muhammad und seine Familie und schenke ihnen Frieden entsprechend der Zahl aller geschaffenen Dinge.

Glossar

Adab Verhalten, Benehmen, spirituelle Etikette. Im Sufismus allgemein die rechte Weise zu handeln, der Anstand des Herzens.
'Ain ath-Thâbita (Mehrzahl: *'Ujûn ath-Thâbita*) wörtl. »Quelle der Fixsterne«, »Fixstern-Ursprung« oder, da *'Ain* zugleich Auge bedeutet: »Sternbild-Auge«. Zentraler Begriff bei Ibn 'Arabi und seinen Schülern bezeichnet es jene letzteigentlichen Struktur-Prinzipien der Schöpfung, durch die Allah sich ausdrückt. Als Ur-Formbilder Seines Wirkens bleiben diese unserer Wahrnehmung verborgen. Doch kann nichts ohne sie manifest werden. Sie sind die Buchstaben der Schrift Allahs in der Schöpfung. → *Tadschallî*
Âja (Mehrzahl: *Âjât*) Zeichen Allahs, als Symbol wie als Ereignis. Zugleich die Bezeichnung für Koranvers. → Sure
'Aql Die wahrnehmende Vernunft, der Intellekt. Von ihm heißt es, daß Allah ihn als erstes erschaffen hat.
Baqâ' Verweilen, Fortdauer. Das Übrigbleiben der gereinigten Seele nach dem Verlöschen aller schlechten Eigenschaften. → *Fanâ'*
Dhikr Erinnerung. Als *Dhikru'l-Lah* (Erinnerung Allahs) die ständige stille wie vernehmliche innere Anrufung Allahs, Angelpunkt der sufischen Lebensführung.
Dîn Bekenntnis, Religion. Das Wort leitet sich her von einer Wurzel, die eigentlich Schuld, Verpflichtung, Gerichtsstand bedeutet. Seine Deutung als »Religion« im lateinischen Sinne ist daher mißverständlich.
Fanâ' Verlöschen. Das völlige Verschwinden aller schlechten Eigenschaften der Seele. Das Eingehen in den Zustand des → *Baqâ'*.
Fikr Das Denken, die Gedankenwelt, die Spekulation. Wird von der islamischen Lehre nicht verurteilt, doch darf *Fikr* nicht zum Führer des Herzens werden, sondern soll von diesem geführt werden.
Hadîth (Mehrzahl: *Ahadîth*) Beglaubigte Überlieferung des Propheten, Friede sei mit ihm. Die meisten Hadîthe sind Aussprüche Muhammads, die von einem seiner Gefährten später übermittelt wurden und die Grundlage der Sunna bilden.
Hadîth qudsî Geheiligte *Hadîth*. So heißen jene prophetischen Überlieferungen, in denen Allah durch den Mund des Gesandten selbst spricht.
Hâl (Mehrzahl: *Ahwâl*) Zustand, Lage, seelisches Befinden. Einer der wichtigsten Begriffe der Sufis. Die sufische Lehre über die *Ahwâl* ist eine überaus feinsinnige Psychologie der spirituellen Wanderschaft.
Himma Inniges Bestreben, Eifer des Herzens. Für die Sufis das Konzentrat aller frommen Intention. Dem Islam ist jede Verteufelung der seelischen Triebe fremd, denn diese sind als Leihgabe Allahs an seine Geschöpfe immer gut und auch nicht abschaffbar. Aber durch ein Zusammenwirken von schlechter Intention und Erziehung in der Jugend können sie korrumpiert werden. Was dem Gottesdiener zunächst am meisten zu schaffen macht, seine erotische Leidenschaft, erweist sich später in ihrer gereinigten und ursprünglichen Form als sein kostbarster Besitz. Denn *Himma* ist nichts weiter als die himmlische Liebessehnsucht, die sie vor ihrer irdischen Umpolung schon einmal war.
Kâfir Ungläubiger, Undankbarer, wörtl. »Bedecker«, d. h. einer, der die Wahrheit in sich selbst bedeckt, verschleiert. → *Muslim*
Maqâm Aufenthalt, Stadium, geistiger Ort.
Mekkanische Offenbarungen (Arabisch: *al-Futuhât al-Makkîja*) So benannt,

weil dem Autor der Engel der Erleuchtung in Mekka erschien, um ihm sein Buch anzukündigen. Das umfangreichste von Ibn 'Arabis Büchern.

Mithâl Muster, Abbild, Gleichnis, Modell. Die Welt der Vorstellung ist nach koranischem Zeugnis und sufischem Verständnis eine Welt der Gleichnisse.

Munâfiq Heuchler. Die Wurzel des Wortes bedeutet verschwenden, verkaufen, dick auftragen. → *Muslim.*

Muslim Gläubiger, Gottergebener, ein sich Allah unterwerfender. Die Wurzel *sâlam*, von der sich auch das Wort Islam herleitet, bedeutet sich versöhnen, sich ergeben. Muslim ist zugleich das absolute Gegenteil von *Kâfir* als auch das von *Munâfiq* (siehe dort). Die kolonialistische Form »Moslem« ist über das Englische aus dem Persischen entlehnt und wird auch von englischsprachigen Muslimen vermieden.

Nafs Selbst, Ego. Seele im eigentlichen Sinn, denn in der guten Nafs ist das Ego verschwunden. Die Läuterung der Seele ist das Thema des sufischen Strebens und sie ist aufs engste verbunden mit dem *Dhikr*, denn der Koran lehrt, daß Allah die Seele dessen vergißt, der Ihn vergißt. Zugleich lehrt er, daß nichts den Diener von Allah trennt, als gerade die eigene Nafs.

Qibla Gebetsrichtung. Der Muslim beachtet die *Qibla* nicht nur im rituellen Gebet (*Salât*). Er schläft mit dem Gesicht zur *Qibla*, wird so bestattet und achtet darauf, keinesfalls in Richtung der *Qibla* zu spucken oder seine Notdurft zu verrichten. Die *Qibla* ist nur äußerlich die Richtung zur Ka'ba in Mekka, innerlich weist sie zum Thron Allahs.

Qutb Pol, Drehpunkt. Ehrenbezeichnung für die führende geistige Persönlichkeit unter den Sufis.

Rak'a Gebetseinheit, Folge von geordneten, unveränderlichen Positionen und Bewegungen im rituellen Gebet (*Salât*), die sich wiederholt. Der Betende kehrt dabei zum Anfang des Ablaufs zurück, so daß die einzelne Rak'a einen Kreislauf bildet.

Jede der fünf täglichen Andachten hat ihre bestimmte Anzahl Rak'as. Jede Rak'a beginnt mit der Anrufung Allahs und der Eröffnungssure des Korans. Danach folgt eine frei gewählte Rezitation aus dem Koran. Wiewohl äußerlich eine Rak'a der andern gleicht, kann die Dauer entsprechend der Koranrezitation sehr verschieden sein. → *Salât*

Salât Die Gebetsandacht. Die *Salât* wird fünfmal täglich innerhalb bestimmter Zeitabschnitte verrichtet und gehört zu den unbedingten Pflichten des Gläubigen. Inhaltlich dem christlichen Gebet nicht vergleichbar, ist die *Salât* auch äußerlich deutlich ein Akt des Bekennens, des Lobpreisens und der Unterwerfung, nicht des Bittens. Ihr geht daher die rituelle Waschung (→ *Wudû'*) voraus und sie muß in Gebetsrichtung erfolgen. Sie kann zwar ein abschließendes Bittgebet (*Du'â*) enthalten, das aber nicht zum Pflichtteil der Andacht gehört.

Sa'î Der siebenmalige Lauf zwischen Safâ und Marwa, wichtiger Bestandteil der Pilgerpflichten.

Sajjidinâ Unser Prinz, unser Führer. Ehrender Titel, der besonders gern den Namen von Propheten und Heiligen vorangestellt wird.

Schaich Patriarch, Oberhaupt einer Gemeinschaft, Würdenträger. In der etwas abweichenden Bedeutung bei den Sufis ist der Schaich der »Meister des Weges«, der wahrhaft Wissende. Im Unterschied zum Schriftgelehrten, dem *'Âlim* (Mehrzahl: *'Ulamâ*), ist er häufig im herkömmlichen Sinne ungebildet. Schaichs, die zugleich große *'Ulamâ* waren, sind äußerst selten, nach der Überlieferung sollen sie nur alle hundert Jahre einmal auftreten.

In der westlichen Literatur steht für *Schaich* meist das ungenauere persische

Derwîsch (wörtl. »Armer«), das aber auch die Jünger des Schaichs, die Adepten, bezeichnen kann.

Schaich al-Akbar Der größte Schaich. Gemeint ist Muhjiddîn Muhammad ibn 'Alî al-Andalusî, genannt. Ibn 'Arabî. Seine Gegner nannten ihn dafür Schaich al-Akfar, allerungläubigster Schaich, weil er nach ihrer Behauptung in seinen Lehren von den Glaubensinhalten des Islams abweicht. Ibn 'Arabî wurde 560 der Hidschra (1165) in Murcia, Spanien, geboren und starb 638 der Hidschra (1240) in Damaskus. Er hinterließ viele hundert nicht immer leicht zu lesende Schriften über die verschiedensten Themen, unter denen einige sehr umfangreiche sind.

Schaich al-Kâmil Der vollkommene Schaich. So nennen die Darqawis (die Angehörigen der Darqawi-*Tarîqa*) ihren Schaich Muhammad ibn al-Habîb, den Schaich von Schaich 'Abd al-Qadir as-Sufi, dem Autor dieses Buches.

Scharî'a Das umfassende Gesetz, wie es im Koran offenbart und durch die Hadithe präzisiert ist. *Scharî'a* heißt Richtung. Gemeint ist die dem Menschen ein für allemal gezeigte Ausrichtung seines Tuns und somit die bis zum jüngsten Tag geltenden Normen islamischer Orthopraxie. Die *Scharî'a* kennt keine Trennung in »weltliche« und »religiöse« Belange.

Sudschûd Niederwerfung im Gebet. Aus der selben Wurzel gebildet ist *Masdschid* (woraus unser »Moschee«), was soviel bedeutet wie »Ort der Niederwerfungen«.

Sûfî Wörtl. »wollig, in Wolle gekleidet, einer im wollenen Flickenmantel«. Seit ältester Zeit Bezeichnung jener Gottesmänner unter den Muslimen, die zum offiziellen Staats-Islam der Chalifen und Sultane im Gegensatz standen.

Sure (*Sûra*) Abschnitt des Korans. Das Wort heißt eigentlich »Rahmen, Umzäunung«, kommt aber in dieser Bedeutung nicht mehr vor. Es wird gern mit jenem andern arabischen *Sûra* (geschrieben mit *Sâd* statt mit *Sîn*) in Verbindung gebracht, das Form, Bildgestalt, Art und Weise bedeutet. Der Koran enthält 114 Suren von ganz unterschiedlicher Länge.

Ta'âlâ Erhaben ist Er. Gebräuchlichste Anrufung in Verbindung mit dem Gottesnamen.

Tadschallî Manifestation, Verwirklichung. Besonders bei Ibn 'Arabî häufiger und nicht leicht zu fassender Begriff, der von der → *'Ain ath-Thâbita* abhängig ist. Er bezeichnet die durch Allahs Gnade aus ihrer Beständigkeit der Göttlichen Namen ausfließende Veranlagung des Erfahrbaren.

Tarîqa Pfad, Weg. Bei den Sufis der gebräuchliche Ausdruck für »Orden« im Sinne einer gemeinsamen Lehre und Lebensweise. Als Prüfmaß gilt dabei die → *Scharî'a*, die nach übereinstimmender sufischer Überzeugung von keiner *Tarîqa* verlassen werden darf.

Tasawwuf Wissenschaft der Sufis, Sufismus. Lehre vom Inhalt des frommen Verhaltens.

Tawhîd Einheit, absolute Nicht-Dualität und Nicht-Trinität. Brennpunkt aller rein islamischen Lehren.

Wudû' Rituelle Waschung vor der Gebetsandacht. Strenggenommen die kleine im Unterschied zur großen oder vollen Waschung, *Ghusl*, die aber als solche viel seltener notwendig ist. → *Salât*

Walî (Mehrzahl: *Awlijâ'*) Nahestehender, Helfer, Freund. Bei den Sufis in der Bedeutung *Walîju'Llahi*, Freund Allahs, gebräuchlich, bezeichnet das Wort den gereinigten Gottesmann. Die islamische Überzeugung, daß die Fürbitte der Propheten und *Awlijâ'* am jüngsten Tage von Allah angehört wird, hat auch im kultfeindlichen Islam gelegentlich zu unverkennbarer Heiligenverehrung und zu entsprechend scharfer Reaktion der Orthodoxie geführt.